홀로 벼슬하며 그대를 생각하노라

홀로 벼슬하며
그대를 생각하노라

정창권 풀어 씀

사계절

머리말

왜 16세기인가

한국 역사에서 16세기는 정치적으로 지방 중소지주 출신의 사림이 성장하여 기존 훈구세력과 대립하면서 많은 희생을 당하였고, 경제적으로 과전법의 붕괴와 함께 양반 지주층이 상속이나 매득, 개간 등을 통해 농장을 확대해나갔으며, 사회적으로 주자학적 가부장제 의식이 널리 보급되었던 시기라고 알려져 있다.

하지만 이 시기는 17세기 중반 이후인 조선 후기에 비해서는 매우 개방적인 사회였다. 16세기엔 비록 제한적이나마 신분 상승이 가능하였고, 유교 이외에 불교와 도교 사상이 공존했으며, 또 고대로부터 면면히 이어져 내려온 여권 존중의 전통이 여전히 남아 있었다.

실제로 조선 중기만 하더라도, 우리가 흔히 알고 있는 가족사·여성사와는 사뭇 다른 면모를 갖추고 있었다. 우선 이 시기 사람들은 가족 관계에서 아들과 딸을 따지지 않았고 친족 관계에서 본손과 외손을 구별하지 않았다. 혼인풍속과 결혼생활도 남자가 여자집으로 가서 혼례를 올리고 그대로 눌러 사는 장가와 처가살이 혹은 남귀여가(男歸女家)와 친정살이가 널리 유행하였다.

그에 따라 16세기엔 아들과 딸의 차별 없이 재산을 균등하게 나눠주는 균분상속이 이루어졌고, 조상의 제사도 자녀들이 서로 돌려가며 지내는 윤회봉사(輪回奉祀)가 관행이었다. 한마디로 남녀의 권리와 의무가 서로 동등하였던 셈이다.

또한 여성들의 바깥 출입도 비교적 자유로웠을 뿐만 아니라 학문과 예술활동도 장려되었다. 이 시기에 신사임당, 송덕봉, 허난설헌, 황진이, 이매창 등의 명실상부한 여성 예술가들이 대거 출현한 것도 바로 이 때문이다.

이처럼 16세기는 가족사·여성사의 입장에서 보면 대단히 흥미롭고 매력적인 시대임이 분명한데, 여성문학과 생활사를 공부하던 필자는 시간이 흐를수록 그 구체적인 생활상이 더욱 궁금하였다. 도대체 이 시기 사람들은 어떻게 살았으며, 무슨 생각을 하고 살았을까?

이 책은 『미암일기』를 중심으로 16세기 양반가정의 일상생활을 사실대로 재현한 것이다. 『미암일기(眉巖日記)』는 1567년에서 1577년까지 약 11년에 걸쳐 거의 매일같이 한문으로 기록한 미암 유희춘의 개인일기인데, 이 책은 그것을 가지고 미암과 부인 송덕봉을 위시하여 그들의 자녀와 일가친척 및 집안의 수많은 노비들이 서울과 향촌에서 살아가는 모습이 이야기체로 생생하게 그려져 있다. 이 책은 16세기 사람들의 의식주를 비롯한 유형(有形)의 생활사만이 아니라 꿈과 사랑 같은 무형(無形)의 생활사도 중시하였고, 등불이나 목욕, 화장실 같은 기존에 별로 주목하지 않았던 생활사도 폭넓게 다루었다. 그리하여 16세기만 하더라도 한국 가정은 열린 공간이었으며, 여성의 힘이 강하게 자리잡고 있었다고 새롭게 해석하였다.

미암 유희춘과 『미암일기』

『미암일기』는 미암 유희춘의 개인일기이다. 미암(眉巖) 유희춘(柳希春)은 1513년 12월 4일 전라도 해남현 해리의 외가에서 태어났다. 아버지 유계린은

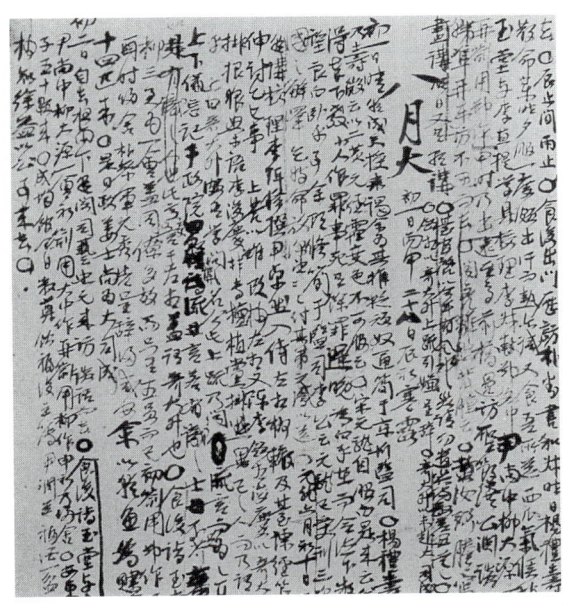

『미암일기』 표지(▼)와 내용(▲)

미암일기는 일기 10책과 부록 1책으로 이루어져 있는데,
현재는 보물 제260호로 지정되어 담양의 종가에서 보관하고 있다.
미암은 거의 매일같이 한문으로 일기를 기록하였다.

성리학에 조예가 깊었으나 벼슬에 뜻을 두지 않았고, 어머니 탐진 최씨는『표해록(漂海錄)』의 저자이자 사헌부 감찰, 홍문관 교리를 지낸 최부의 따님이었다. 미암은 두 분 사이의 2남 3녀 가운데 둘째아들이었다. 미암이란 호는 해남의 진산 금강산 기슭에 있는 미암바위의 이름을 따서 자호(自號)한 것이었다.

그는 어려서부터 영민하고 글읽기를 좋아해서 26세에 과거에 급제한 뒤 홍문관 수찬, 무장 현감 등을 지냈으나, 35세에 이른바 '양재역 벽서사건'에 연루되어 제주도로 유배되었다가, 그곳이 고향 해남과 가깝다고 하여 다시 먼 변방인 함경도 종성으로 이배되었다. 양재역 벽서사건이란 이기, 윤원형 등이 어린 명종 임금을 대신해 정사를 돌보던 문정왕후를 속여서 일으킨 옥사를 말한다.

미암은 20여 년 동안 귀양살이를 하면서 읽지 않은 책이 없었고,『속몽구(續蒙求)』와『육서부록(六書附錄)』등의 책을 지었다. 또 후생들을 가르쳐서 성취시킨 바가 자못 컸다. 그 결과, 1567년 선조 임금이 즉위하자 학문이 해박하다는 이유로 사면되어 귀양살이에서 풀려났을 뿐만 아니라 정5품 홍문관 교리에 제수(除授)되어 임금께 글을 가르치라는 명을 받았다.

그의 학문은 시가와 문장을 짓는 사장(詞章)보다 경전의 문구를 연구하는 경학(經學) 쪽이었다. 그래서 훗날 선조 임금은 경연에서 "유희춘은 경적(經籍)을 널리 보아 학술이 정치(精緻)하고 세밀하니 따르지 않을 수 없다"라고 말한 적도 있었다.

미암은 당대 여러 문인, 학자 들과 교유하였다. 김인후(金麟厚)와는 사돈을 맺을 정도로 절친한 사이였으며, 기대승(奇大升)과는 홍문관에서 함께 근무하며 틈나는 대로 학문을 토론하였고, 송순(宋純)과도 고향에 내려갈 때마다 찾아가서 이야기를 나누거나 술자리를 함께 할 정도로 가까운 사이였다. 또한 그는 퇴계 이황(李滉)과도 교유하였다. 예컨대 1568년 4월엔 이황이 머물고 있는 서울 건천동(현 인현동 부근)을 찾아가 안부를 묻고, 그 해 5월에도 관직에서 물러나지 말라고 찾아가 권유하였다. 한번은 이황이 날이 저물 무렵에 집으로 찾아오자 공손히 맞아들여 술을 대접하였다.

　이밖에도 미암은 16세기 후반의 걸출한 인물들인 이이(李珥), 허봉(許篈), 허준(許浚), 정철(鄭澈), 어숙권(魚叔權) 등과도 교유하였다. 그런 탓인지 오늘날의 역사학자들은 미암을 선조 초반의 대표적인 호남사림 가운데 한 사람으로 꼽고 있다.

　한편 그의 부인 송덕봉(宋德峯)은 다양한 소양을 갖춘 양반여성이자 대단한 시적 감각을 지닌 문인이었다. 그래서 최근에는 신사임당의 뒤를 잇는 인물로 새롭게 주목받고 있다.

　『미암일기(眉巖日記)』는 미암이 55세가 되는 해인 1567년 10월부터 세상을 떠나기 직전인 1577년 5월까지 대략 11년에 걸쳐 거의 매일같이 한문으로 기록한 일기이다. 현재 남아 있는 그의 친필 일기는 모두 11책으로, 일기 10책과 미암과 부인 덕봉의 시문을 모은 부록 1책으로 이루어져 있다. 비록 중간에 빠진 부분도 있으나 조선시대 개인일기 중 가장 방대하며, 『선조실록(宣祖實錄)』 편찬에도 중요한 사료의 역할을 담당한 것으로 알려져 있다.

　미암의 친필 일기는 현재 보물 제260호로 지정되어 종가인 담양군 대덕면 장산리 모현관에 소장되어 있다. 모현관(慕賢館)에는 미암의 친필 일기를 비롯해서 각종 서책과 고(古)문서 및 신발, 도장, 책판 등이 잘 보관되어 있다. 또 모현관 뒷편에는 미암과 덕봉의 신주를 모신 사당이 고색창연하게 세워져 있고, 오른편 산자락 아래 대밭에는 덕봉이 살던 집터가 희미하게 남아 있다.

　『미암일기』는 이미 일제시대에 조선총독부에서 활자본으로 인간(印刊)된 것이 있고(조선사편수회, 『眉巖日記草』 전5권, 1936~1938), 근래에 담양향토문화연구회에서 오랫동안 공력을 기울여 한글로 번역한 것이 있다(담양향토문화연구회, 『미암일기』 전5권, 1992~1996).

　일기의 내용은 조정의 정치사에서부터 집안의 대소사 및 개인의 신변잡기에 이르기까지 그야말로 광범위한 사실을 담고 있다. 예를 들어 왕실 소식, 정국 동향, 사신 접대 등의 역사적 사실과 미암이 홍문관에서 근무할 당시 경연에 관한 기록, 그리고 가계의 수입·지출과 이사, 집수리, 건축, 혼례풍습, 집안 잔치 등 집안의 대소사도 꼼꼼히 기록하였다. 뿐만 아니라 부인 송덕봉과 자식들의 생활 모습, 그들 주변에서 온갖 시중을 들어주는 노비, 첩, 서녀, 의녀, 기녀의 생활도 빠짐없이 꼼꼼히 기록하였다.

그러면『미암일기』를 기록할 당시 미암의 생활은 어떠했을까. 미암은 가족과 함께 끊임없이 서울과 지방을 오가는 생활을 하였다.

1567년 10월 유배에서 풀려나 경연관으로 차출된 미암은 집에 들르지도 못하고 곧바로 서울로 올라와 관직생활을 시작한다. 그 대신 이 해 11월 특별히 휴가를 청하여 고향으로 내려가 조상의 묘소에 제사를 지내고 가족과 일가친척을 만난 후 서울로 올라온다. 일년 뒤인 1568년 9월, 부인 송덕봉이 딸과 사위를 데리고 서울로 오는데 이후 덕봉이 각종 살림을 주관하면서 부녀모임을 갖거나 임금의 행차를 구경하기도 한다.

이듬해 9월 미암은 긴 휴가를 얻어 가족과 함께 고향으로 내려간다. 먼저 처가인 담양으로 내려가 여러 사람들을 만난 뒤 본가인 해남으로 내려가 첩과 함께 생활하며 새집을 짓는다. 하지만 얼마 안 있어 홍문관 부제학에 제수(除授)되어 서울에서 홀로 외롭게 관직생활을 한다. 그러다가 1570년 11월 또다시 휴가를 청하여 고향으로 내려간다. 이번에도 그는 담양에 들렀다가 곧 해남으로 내려가 새 집을 짓는다. 이듬해 2월 덕봉은 미암이 새 집을 보여주고 싶어서 자신에게 해남으로 와달라고 간곡히 청하자 딸을 데리고 해남으로 찾아간다. 그러나 아쉽게도 미암은 며칠 지나지 않아 종2품 전라감사에 제수되어 그 해 10월까지 외직생활을 한다.

이후 미암은 덕봉과 함께 서울로 올라와 사헌부 대사헌, 홍문관 부제학 등을 거치며 4년 동안 내직생활을 하다가 1575년 10월 벼슬을 그만두고 담양 인근의 창평 수국리로 낙향한다. 그곳에서 1577년 5월 세상을 떠나기 전까지 손자들을 가르치고 장가를 보내는 등 한가한 노후를 보낸다.

이 책은『미암일기』를 6개의 테마인 관직생활, 살림살이, 나들이, 재산증식, 부부갈등, 노후생활로 나누어 미암을 비롯한 16세기 사람들의 생활상을 설명하고 『미암일기』에 기록된 실제 사건과 상황들을 필자가 약간의 상상을 가미하여 이야기로 구성한 것이다.

독자들은 이 이야기를 통해 몇백 년 전 사람들의 생활상을 보다 생생하게 파악할 수 있을 뿐 아니라 그 이면에 숨어 있는 심리적인 측면까지 이해할 수 있을 것이다.

이 책을 쓰는 데에 많은 분들의 도움을 받았다. 필자는 국문학을 전공했기 때문에 많은 부분을 선행 연구에 의존하지 않을 수 없었는데, 기본 자료인 『미암일기』는 물론이고 생활사, 가족·여성사, 미술사, 음식사, 복식사, 건축사, 농업·노비사 등 각종 생활사 관련 연구 성과에 큰 도움을 받았다. 그래서 이 책의 말미에 따로 참고문헌을 첨부하였다.

항상 애정으로 돌봐주시는 설중환 지도교수님과 장효현·유영대·인권환·서종택 선생님을 비롯한 고려대 국문과 교수님들, 가히 실험적인 작업에 기꺼이 동참해준 윤종선·노혜진·양우영·여봉수 등의 고려사 회원들, 각종 자료를 제공해주신 담양향토문화연구회의 이해섭 선생님과 해남의 향토사학자이신 정윤섭 선생님, 담양 모현관의 노혜남 할머니와 유근영님, 이 책의 출간을 적극 도와준 사계절 출판사의 류형식 인문팀장과 강현주씨, 차분하고 꼼꼼하게 교정을 해주신 김현주씨, 그 모든 분들께 고개 숙여 감사드린다.

2003년 1월
정창권

차 례

머리말 5

관직생활

1. 이른 새벽에 출근하여 임금께 학문을 가르치다 17
2. 봄철 녹봉을 받던 날에 29
3. 마의(馬醫)를 불러 말을 치료하다 39
4. 노비는 양반의 수족이라 45
5. 중부 장통방으로 이사하다 55

살림살이

6. 부인이 딸을 데리고 서울로 올라오다 65
7. 비로소 서울살림을 주관하다 73
8. 자기 조상의 제사는 자기가 지내야 81
9. 임금이 미암의 관복을 하사하다 91
10. 여인의 손으로 이루어진 서책정리 97
11. 결단코 무녀를 청해서는 안 된다! 107

나들이

12. 꿈도 생활의 일부였다 117
13. 임금의 행차를 구경가다 125
14. 생활의 느낌을 시로 표현하다 133
15. 전별연을 베풀고 고향으로 돌아가다 143

재산증식

16. 마을 사람들이 그녀의 다복함을 치하하다 151
17. 중소지주의 재산 규모 157
18. 부사! 식물과 군사를 보내주시오 165
19. 네가 집을 지으면 당장 불을 질러버리겠다! 173
20. 홀로 벼슬하며 그대를 생각하노라 181

부부갈등

21. 부부가 사랑한다는 것은 …… 191
22. 첩과 서녀의 생활 201
23. 부부가 한바탕 입씨름을 벌이다 211
24. 기녀 옥경아와의 사랑 219

노후생활

25. 초야로 물러나 한가롭게 지내다 229
26. 며느리 김씨가 본가로 돌아가다 237
27. 큰손자 장가가는 날 247
28. 생일을 맞아 집안잔치를 열다 257
29. 후일담 265

맺음말 267

참고문헌 271

{관직생활}

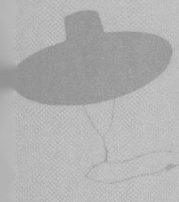

 미암이 함경도 종성에서 충청도 은진으로 유배지를 옮겨 귀양살이를 하고 있을 때였다. 하루는 새 임금이 즉위함에 따라 그가 경연관으로 차출되었다는 조서(詔書)가 내려오는데, 이에 따라 미암은 급히 서울 소건청동에 살 집을 마련하여 혼자서 서울로 올라온다. 임금은 그를 정5품 홍문관 교리에 제수하여 경연에서 학문을 강론하도록 하는데, 이로써 그는 20여 년간의 기나긴 귀양살이를 마치고 1567년 11월 55세의 나이로 다시 홍문관으로 출근하기 시작한다.
 1장에서 5장까지는 미암이 다시 홍문관으로 출근하기 시작한 1567년 11월부터 부인이 딸과 함께 서울로 올라오는 1568년 9월까지 그의 관직생활과 관련된 주변 일상을 재현한 것이다. 예컨대 미암의 출·퇴근 모습과 경연 모습, 가계의 수입·지출과 경제활동, 관직생활의 필수적인 수단인 노비와 말, 기타 가족을 맞기 위한 새집 마련 등등을 설명과 이야기로 재현하였다.

출근길 풍경

필자미상, 「담와 홍계희 평생도(淡窩洪啓禧平生圖)」의 일부분, 국립중앙박물관 소장.

16세기 조정에서는 날마다 서리와 구종을 보내 관원들의 출퇴근을 수행하도록 하였는데 대문 밖에서 말고삐를 잡거나 횃불을 놓고 있는 구종들의 모습이 퍽 인상적이다.

이른 새벽에 출근하여 임금께 학문을 가르치다

홍문관 교리의 출근길

1567년(선조 즉위년) 11월 5일 이른 새벽이었다. 멀리서 통행금지를 해제하는 파루(罷漏)의 종소리가 들려왔다. 이미 잠에서 깬 미암은 이불 속에 누운 채 손가락을 꼽아가며 그 소리를 헤아리고 있었다.

"……스물여섯, 스물일곱, 스물여덟."

종소리는 모두 스물여덟 번을 울렸다. 당시 서울에서는 매일밤 10시경에 인정(人定)종을 울려 야간 통행을 금지했다가 새벽 5시경에 파루종을 쳐서 풀곤 하였다.

초겨울인지라 아직도 주위는 어두컴컴하였다. 하지만 오늘 아침에 임금 앞에서 첫 강론을 해야 했기에 서둘러 출근 준비를 하지 않을 수 없었다. 게다가 부인 송덕봉이 고향 담양에서 딸과 함께 살고 있어서 그는 요즘 안팎의 집안일을 모두 스스로 처리해야만 하였다.

미암은 가볍게 헛기침을 하고 종을 향해 분부를 내렸다.

"으흠, 등불을 들여라."

"예이."

아랫방에서 잠을 자던 종 대공이 말이 끝나기 무섭게 불을 붙인 등잔을 가지고 들어와 등잔대에 올려놓았다. 대공(大工)은 본래 덕봉에게 딸린 담양 노비였으나 얼마 전 미암에게 불려와 각종 심부름과 출퇴근 수행을 해주고 있었다.

　미암은 비로소 이불을 젖히고 일어나 거울 앞에 앉아 머리를 빗기 시작하였다. 밤새 흐트러진 머리를 풀어 고운 빗으로 촘촘하게 빗은 다음, 정수리 위로 끌어올려 뿔처럼 뾰족하게 맸다. 거울을 통해 바라보니 잔털이 하나도 보이지 않았다. 그는 스스로 만족스럽게 생각하며 세수를 하려고 대청으로 나갔다.

　대청마루 위에는 둥글넓적한 큰 대야에 따뜻한 세숫물이 담겨 있었다. 부엌에서 심부름을 하는 여종이 방금 전에 떠놓은 모양이었다. 미암은 소매를 걷어올리고 대야 앞에 쭈그려 앉아 손과 얼굴, 목덜미 주위를 물이 튀지 않도록 조심스럽게 씻었다. 그리고 대공이한테 수건을 건네받아 물기를 닦으면서 말하였다.

　"냉큼 가서 조반이 어찌 되었는지 알아보거라."

　그리고 나서 서둘러 방 안으로 들어갔다.

　평소 미암은 하루에 네 번 식사를 하였다. 아침, 낮, 저녁의 식사와 이른 새벽의 조반이 그것이다. 조반(早飯)으론 주로 흰죽을 먹어 위장을 돌보았는데, 이는 55년을 살아오면서 경험으로 터득한 그만의 양생법(養生法)이었다. 한번은 미암이 임금께 "대저 사람이 저녁밥은 혹 거를 수 있으나 아침과 점심은 거를 수 없는 것이옵니다. 새벽에 흰죽을 들면 위가 부드러워져서 진액을 내게 되는데 이것은 양생하는 방법이니 주상께서도 시행해보소서"라고 아뢴 적도 있었다.

　얼마 후 여종 유지가 조반을 들여왔는데 밥상 위에는 흰죽을 비롯해 게젓, 무김치, 간장 따위의 간단한 반찬이 올라와 있었다. 유지(有之)는 가끔 심부름을 다니기도 했으나 밥을 짓고 반찬을 장만하는 찬모(饌母)였다. 기묘생(1519년)으로 올해 나이 49세였으며, 가족은 서른이 된 한양이란 아들이 있는데 그는 양민의 여자와 결혼하여 지금 해남에서 살고 있었다.

　미암이 한창 조반을 먹고 있을 무렵이었다. 날마다 그의 출근을 돌봐주는 홍문관 서리(하급 관리)가 찾아와 문 밖에서 아뢰었다.

"나으리, 행차가 준비되었습니다."

"알았느니라. 그래, 구종들도 모두 도착했느냐?"

"예, 모두들 대문 밖에서 기다리고 있습니다."

구종(驅從)이란 관에 소속된 관노비로서 벼슬아치를 모시고 다니도록 파견된 하인이었다. 본래는 지방에서 농사를 짓고 살았으나 1년에 2교대로 올라와서 무상으로 관원의 출퇴근을 수행하였다. 그 대신 근무를 하는 동안 두 명의 봉죽꾼으로부터 면포 한 필씩을 거두어 생활했지만, 식량과 의복, 잠자리 등 모든 경비를 스스로 부담해야 했기에 그것으로는 턱없이 부족하였다. 그래서 이들은 관청의 처마 밑에서 겨우 비바람을 피하고, 취사도 어려워서 굶기 일쑤였다. 게다가 때때로 관원의 심부름을 다니고, 여름에는 서울 근교에 가서 풀을 베어오기도 하였다.*

미암은 곧장 밥상을 물리고 일어나 천천히 의관을 정제(整除)하였다. 평소 입고 다니던 바지와 저고리 위에 관복인 천릭과 단령을 차례로 걸치고 허리엔 관대를 둘렀다. 또 머리에는 귀가리개인 이엄(耳掩)을 쓰고 두 개의 뿔이 달린 검정색 사모를 썼다. 그제서야 엄연한 관원의 풍모가 나왔다.

그때 대문 밖에선 새벽부터 달려온 구종들이 주인집 종들과 함께 미암이 나오기만을 기다리고 있었다. 마부는 말고삐를 잡고, 호위하는 하인들은 횃불을 들고 있었다. 날씨가 쌀쌀한데도 속옷조차 제대로 입지 못한 듯, 모두들 처마 밑에서 몸을 잔뜩 움츠리고 있었다.

---

*1568.8.10. 구종 둘이 나첨정댁 노비 둘과 전관에 가서 풀을 베었다.
　　　　　　丘從二與羅僉正宅二名, 往刈箭串草.
1568.8.28. 생각하니 다음달 구종들을 아내의 행차에 보내서 가마꾼을 더 보태야겠다.
　　　　　　思得開月, 送丘從于細君之行, 添轎夫也.

1. 이른 새벽에 출근하여 임금께 학문을 가르치다　19

이윽고 미암이 관복 차림으로 대문을 나서자 그들은 일제히 일어나 허리를 굽혀 인사를 올렸다.

"나으리, 밤새 무고하셨나이까?"

"오냐, 어서들 가자구나."

미암은 종들의 부축을 받아 말안장에 올랐다. 그러자 구종 하나가 서리와 함께 앞장 서서 큰소리를 외치며 출근길을 인도하였다.

"에라, 쉬! 물렀거라."

그 뒤로 다른 구종 하나가 왼쪽 앞에서 말고삐를 길다랗게 늘여잡고 출발하고, 두세 명의 집안 종들은 횃불을 들고 뒤에서 따라갔다.

미암은 임금 앞에서 행할 첫 강론을 생각하니 말을 타고 가는 내내 초조함을 감출 수 없었다. 그래서 마음을 진정시키기 위해, 어젯밤에 잠을 이루지 못하면서 지은 시 한 수를 속으로 읊어보았다.

남쪽 바다 북쪽 바다 쓸쓸한 땅에	南溟北海凄涼地
23년 동안 버려뒀던 몸.	二十三年棄置身
옛 친구 생각하며 쓸쓸히 문적부(聞笛賦)만 읊고	懷舊空吟聞笛賦
고향 오니 어느덧 도끼자루 썩은 사람과 같다.	到鄕翻似爛柯人
가라앉은 배 옆에 온갖 배들 가는 것을 보지만	沈舟縱見千帆過
병든 가지에 그래도 한 점 봄이 있다.	病枝猶含一點春
오늘밤은 장락궁 곁에서 종소리를 들으니	今夜聞鐘長樂畔
술 마시지 않아도 정신이 상쾌하다.	不憑杯酒暢精神

오랜 귀양살이를 마치고 돌아오니 그는 마치 도끼자루 썩은 사람과 같았다. 동료들은 저만큼 앞서 가고 있어 그를 더욱 초라하게 만들었다. 하지만 뒤늦게나마 다시 임금을 모실 수 있게 되었으니 결코 희망이 없는 것도 아니었다. 미암은 이렇게 시로써 자기 마음을 위로하였다.

조선시대 홍문관 관직표

품계	관직	품계	관직
정1품	영사(領事) 1명	정5품	교리(校理) 2명
정2품	대제학(大提學) 1명	종5품	부교리(副校理) 2명
종2품	제학(提學) 1명	정6품	수찬(修撰) 2명
정3품	부제학(副提學) 1명	종6품	부수찬(副修撰) 2명
정3품	직제학(直提學) 1명	정7품	박사(博士) 1명
종3품	전한(典翰) 1명	정8품	저작(著作) 1명
정4품	응교(應敎) 1명	정9품	정자(正字) 2명
종4품	부응교(副應敎) 1명		

행차는 어느새 광통교(廣通橋)를 건너 광화문 앞 육조 거리를 지나고 있었다. 길을 인도하는 구종은 여전히 교만방자한 목소리로 길을 치우고, 아침을 준비하느라 바쁘게 지나가던 사람들은 그들 일행을 피해 이리저리 비껴섰다.

당시 서민들은 관원의 출근 행차를 만나면 아무리 급한 일이 있더라도 잠시 길을 피해 주어야 했다. 만약 무엄하게 길을 범했다가는 관원에게 끌려가서 호되게 매를 맞았다. 하루는 미암의 퇴근길이었다. 길을 치우라는 구종의 호령에도 불구하고 광통교에서 말과 부딪치는 사람이 있었다. 미암은 당장 잡아다가 혼쭐을 내고자 했으나 그 주인이 승문원 정자(正字, 정9품)라고 해서 그냥 놓아주었다.

마침내 궁궐 정문인 광화문에 이르니 일찍 출근한 관원들이 옹기종기 모여 잡담을 나누고 있었다. 미암도 말에서 내려 그들과 함께 문이 열리기만을 기다렸다. 다행히 이날은 날이 밝기도 전에 문이 열려서 미암은 서둘러 궁궐 안 홍문관으로 들어갔다.

경연의 실제

홍문관은 궁궐의 서적과 문서를 관리하고 임금의 자문을 맡아보던 부서였다. 관원들이 주로 하는 업무는 임금 앞에서 학문을 강론하는 경연(經筵)이었는데, 경연이 없는 날에는 관청에 모여서 앞으로 강론할 자료를 살피거나 정리하였다.

경연은 통상 아침, 낮, 저녁으로 하루 세 차례씩 했으나 심한 추위와 더위에는 임금의 건강을 위해 낮과 저녁으로 하루 두 차례만 했다. 『논어』, 『맹자』, 『대학』, 『소학』 등 주로 유교 경전을 강론했는데, 요즘은 학문의 근본 의의를 제시한 『대학(大學)』을 강론하고 있었다.

미암은 잠시 홍문관에 들렀다가 동료 관원인 조정기와 함께 경연청(經筵廳)으로 올라갔다. 조정기(趙廷機)는 정9품 홍문관 정자로 유능한 경연관이었는데, 얼마 전에 복직한 미암에게 많은 도움을 주었다. 경연청에는 의정부와 사간원의 으뜸 벼슬아치인 우의정 민기(閔箕)와 대사간 목첨(睦詹)을 비롯한 여러 관원들과, 기록을 담당한 사관 등 십여 명이 모여 있었다.

미암이 조정기를 앞세우고 경연청으로 들어가 공손히 절을 올리니 윗사람은 앉은 채로 허리를 굽혀서 답례하고 아랫사람은 일어나서 답례하였다. 오늘은 미암이 임금 앞에서 강론할 예정이어서 우의정이 미암한테 잠시 오늘 강론할 대목을 풀이해 보라고 하였다. 그리고 시간이 묘시(오전 5~7시)에 이르자 임금이 평소에 거처하는 사정전(思政殿)으로 데리고 들어갔다.

미암이 십여 명의 경연관과 함께 사정전으로 들어가니 자전은 발을 치고 북쪽 서편에 앉아 있고 임금은 어탑(御榻)을 차려 그 동편에 앉아 있었다.

이즈음 조선은 임금의 나이가 15세에 불과하여 그 어머니인 자전(慈殿)이 발을 치고 정사를 돌보고 있었다. 이른바 수렴청정을 하고 있었다. 모든 공사의 처분은 자전이 하고 오직 벼슬을 제수할 때 낙점만을 임금이 하였다.

자전은 선왕 명종의 왕비인 인순왕후 심씨로 금년 나이 36세였다. 훗날 미암은 심씨에 대해 '자전이신 심대비께서는 널리 경사(經史)를 보시어 의론(議論)이 줄줄 나오시고 일을 처리하는 데에도 한결같이 지극히 공정하게 하시며 모두 절도에 맞게 하고 실수가 없으시니 참으로 여중의 요순이시다'라고 일기에 기록한다.

우의정 민기가 먼저 들어가 북쪽을 향해 땅에 엎드리고, 나머지는 뒤따라 들어가서 책을 놔두고 땅에 엎드려 절을 올린 뒤 각각 동서로 나뉘어 앉았다. 기록을 담당한 사관은 우의정 뒤에 자리를 잡았다.

신하들은 입대(入對)할 때 저마다 몸을 잔뜩 굽히고 마치 오리가 걷는 것처럼 종종걸음으로 나아갔는데, 그것을 본 자전이 발 안에서 넌지시 경계하였다.

"군신 사이는 실로 부자 사이와 같으니 입대할 때 너무 엎드리지 않도록 하라. 비록 내가 수렴을 하고 있지만 발 안에서 굳이 바깥 사람을 보지 않으니 그렇게 엎드리지 않아도 된다."

대개 경연은 임금이 전날 배운 것을 읽고 나면 신하가 그날 배울 대목을 두 번 읽고 한 번 풀이한 뒤에 강론을 하는 순서로 진행되었다. 그리고 글을 보고 말할 때는 자리를 떠나지 아니하고, 만일 별도로 아뢸 일이 있으면 강론이 끝난 뒤 앞으로 나가서 아뢰었다.

경연관이 모두 자리에 앉자 임금이 전날 배운 것을 한 번 읽었다. 목소리가 아주 낭랑하였다. 이어 미암이 오늘 배울 대목인『대학』의 정심장(正心章)을 음으로 두 번을 읽고 한 번을 풀이했더니, 임금이 다시 이렇게 음으로 한 번 읽고 한 번을 풀이하였다.

"소위수신(所謂修身)이 재정기심자(在正其心者)는 신유소분치(身(心)有所忿懥)면 즉부득기정(則不得其正)하며 유소공구(有所恐懼)면 즉부득기정(則不得其正)하며 유소호요(有所好樂)면 즉부득기정(則不得其正)하며 유소우환(有所憂患)이면 즉부득기정(則不得其正)이니라."

"이른바 몸을 닦음이 그 마음을 바름에 있다는 것은 마음에 성내는 바가 있으면 그 바름을 얻지 못하며, 두려워하는 바가 있으면 그 바름을 얻지 못하며,

기뻐하는 바가 있으면 그 바름을 얻지 못하며, 근심하는 바가 있으면 그 바름을 얻지 못하느니라."

그러자 미암이 방금 읽은 대목에 대해 차근차근 강론하기 시작하였다.

"호요(好樂)에서 '요'는 음을 '락'으로 하지 않사옵니다."

"찰(察)이란 병을 다스리는 약이옵니다."

그리고 풀이하기를,

"기뻐하고 성내고 근심하고 두려워하는 마음은 없앨 수 없을 뿐더러 또한 없애서도 안 되는 것이옵니다. 다만 평상시 일이 있을 때 먼저 이 네 가지 마음을 가슴속에 담고 있어서는 안 된다는 것이옵니다. 모름지기 이 마음을 가라앉혀 사물을 응하지 않을 때에는 담담하게 비우고 안정시켜 마치 거울 속같이 비어 있어야 하고 저울대같이 평평하게 해야만이 사물을 응할 때에 이르더라도 바야흐로 틀리지 않는다는 말이옵니다."

하였다.

이어서 경연관 조정기가 강론하였다.

"대학의 긴요한 대목은 성의(誠意)에 있사옵니다."

"사람의 마음이 발하기 쉽고 억제하기 어려운 것은 오직 화내는 것이 심하기 때문이옵니다. 그래서 이 장에서도 '분치(忿懥)'를 맨 먼저 말했으며, 정자(程子)도 말하기를 '사람이 화났을 때에는 곧 그 화난 것을 잊고 도리에 옳으냐 그르냐를 살펴보라'고 했사옵니다. 대저 화낸 것이 옳지 못할 때에는 마땅히 극복해서 없애고 화낸 것이 옳을 때에는 그대로 행하는 것이옵니다."

끝으로 우의정 민기가 말하였다.

"익숙하게 읽고 잘 음미해 보소서. 항상 기대하거나 편벽되거나 얽매이거나 담아두는 심사에 대해 생각하시고 조심을 하소서."

강론을 마치자 우의정이 먼저 책을 덮으니 나머지도 따라서 책을 덮었다. 그와 함께 대사간 목첨이 자전이 앉아 있는 발 앞으로 나아가 아뢰었다.

"을사년(1545년에 일어난 을사사화를 말함)에 죄에 걸린 사람들의 억울함을 풀어주옵소서."

요즘 국정 현안은 지난 을사년에 화를 입은 사람들을 풀어주고 널리 인재를 구하는 문제였다. 하지만 자전의 답변은 간명했다.

"마땅히 옳고 그름을 가려서 정해야 할 일이지만 나는 식견이 없는 부인이고 주상도 아직 어리니 성학(聖學)이 고명해지기를 기다렸다가 결정하여도 늦지 않을 것이다."

이렇게 해서 경연이 모두 끝나니 신하들은 입실할 때와 마찬가지로 우의정만 동쪽 협문으로 나가고 나머지는 서쪽 협문을 통해 차례대로 물러나왔다. 그리고 백관의 조회를 받는 근정전의 북쪽 계단 아래에 이르러 서로 공손히 인사를 하고 아침밥을 먹기 위해 빈청(賓廳)으로 들어갔다. 시간이 벌써 새참 먹을 때를 지나고 있었다.

아침밥이 나오기를 기다리는데 동료 관원인 조정기가 미암에게 오늘 강론의 문제점을 대강 일러주었다.

"나으리, 글을 읽을 때 너무 늘어지시더이다."

"깨우쳐줘서 고맙구려. 근 25년 만에 다시 경연에 들게 되니 아무래도 예의 절차에 소루함이 많을 듯하오."

미암은 고개를 숙여 고마움을 표시했다.

잠시 뒤 그들은 궁궐에서 주는 아침밥을 먹었다. 임금은 경연관이 아침을 먹을 때면 언제나 내시를 시켜 선온(宣醞 : 임금이 신하에게 내리는 술)을 보내주었으므로 그들은 밥을 먹을 때에도 반드시 의관을 갖추고 있다가 내시가 잔을 들어 술을 권하면 차례대로 나가서 땅에 엎드려 받아 마셨다.

한번은 미암이 그 술을 마시고 크게 취하여 곤욕을 치른 적도 있었다. 1573년 2월, 여느 때처럼 내시가 술과 안주를 가지고 나와서 차례대로 술을 따라주었다. 술잔은 두 개의 해바라기 꽃을 담을 수 있을 만큼 아주 컸다. 본디 술을 잘 마시지 못하는 미암은 겨우 절반을 마시고 크게 취하고 말았다. 그래서 안주와 과일을 많이 품고 나와야 했지만 예의상 조금만 집어서 소매에 넣고 땅

십이지와 시간 계산법

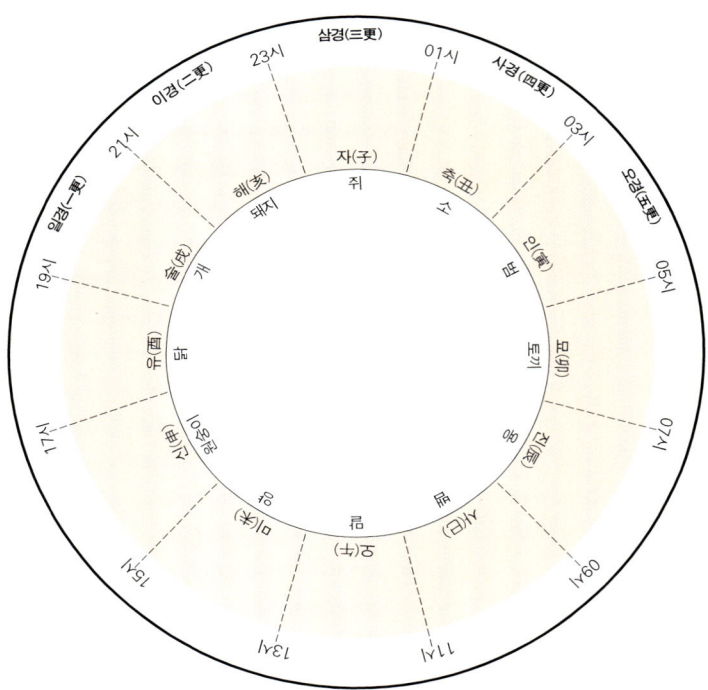

에 엎드렸다가 나왔다. 섬돌을 내려와 뜰을 걷다가 남쪽 계단으로 오르는데 몸이 자꾸만 비틀거렸다. 다행히 쓰러지지 않고 문을 나서니 서리들이 좌우에서 붙들어줘 방 안으로 들어가 거꾸러졌다. 그는 하사받은 술이 영광이요 은총이기에 토하지도 못하고 끝까지 참다가 잠이 들었다.

이날도 미암은 아침밥을 먹고 선온 한 잔을 마신 뒤에 정오 무렵 홍문관에서 퇴근하여 돌아왔다.

짐을 싣고 가는 노비

필자미상, 「경기감영도(京畿監營圖)」의 일부분, 호암미술관 소장.

녹봉은 매달 받는 것이 아니라 봄·여름·가을·겨울 등 일 년에 네 번을 받았는데,
집안 노비들이 광흥창으로 가서 직접 받아오곤 하였다.

2. 봄철 녹봉을 받던 날에

『미암일기』의 내용 가운데 가장 큰 비중을 차지하는 것은 집안의 수입과 지출에 관한 기록이다. 그만큼 미암은 살림에도 관심이 많았는데, 집안에 나고드는 물건들을 매일같이 일기에 꼬박꼬박 기록하곤 하였다. 이를 통해 우리는 16세기 양반가의 살림 규모를 비교적 소상히 파악할 수 있다.

미암의 수입 내역으로는 관직생활의 대가로 받는 녹봉과 찬품(饌品), 지방관의 증여와 이웃들의 선물, 그밖에 임금의 하사품, 선상대립가, 노비신공 등이 있었다. 반면에 지출 내역으로는 무엇보다 많은 부분을 차지하는 주식비를 비롯해 노비 월급과 의복비, 선물에 대한 답례와 살림 장만 비용, 첩과 서녀의 신공, 집세, 부조 등이 있었다. 특히 그는 서책을 좋아해 책값으로도 적잖은 비용이 지출되었다. 그리하여 미암의 녹봉은 거의 대부분 자신의 생활비로 쓰였다.

다음은 1568년 봄철 녹봉을 받던 날의 이야기를 토대로 미암 일가의 수입과 지출 내역을 자세히 살펴보자.

수입 내역

1568년(선조 1년) 1월 28일, 밤새 내리던 비가 아침에는 눈이 되어 조금씩 내렸다. 이날도 미암은 출근하지 않고 오전 내내 방 안에 누워 있었다. 얼마 전 고향을 다녀오느라 몸이 피곤하여 며칠 말미를 받아 집에서 몸조리를 하고 있었다.

미암은 지난 겨울에 고향으로 내려가 조상의 묘소에 제사를 지내고 부인 송덕봉과 첩 방굿덕을 비롯한 가족들을 만난 뒤 금년 1월 23일에 종손 유광문을 데리고 서울로 올라왔다. 도중 그의 관직도 정5품 홍문관 교리에서 정4품 사헌부 장령으로 상승하였고, 얼마 지나지 않아 종3품 사간원 사간으로 승진한다. 이처럼 미암에 대한 임금의 신임은 날이 갈수록 두터워졌다.

그가 방 안에 누워 한참 선잠을 자고 있을 때였다. 집안 심부름을 도맡아 하는 종 대공이가 문 밖에서 큰소리로 아뢰었다.

"나으리, 소인들 다녀왔사옵니다."

아침에 광흥창으로 녹봉을 받으러 갔던 종들이 벌써 돌아온 모양이었다.

"으흠, 알았느니라."

미암은 알았다는 기척을 보이고 즉시 일어나서 대청으로 나갔다. 대공, 몽근, 치산 등 남종 다섯은 곡식을 담은 섬을 말에 나누어 싣거나 직접 등에 지고, 여종 유지와 부용은 삼베를 머리에 이고 대문 안으로 들어왔다. 눈비가 내려 마당이 질퍽거렸기 때문에 종들은 우선 대청의 처마 밑에 녹봉을 차곡차곡 내려놓았다.

미암은 그것을 보고 갑자기 부자라도 된 듯이 기쁨을 감추지 못하였다.

"그래, 얼마나 되더냐?"

"예이, 쌀이 여덟 섬에서 한 섬을 감해 일곱 섬을 받았고, 콩이 일곱 섬, 명주베 한 필, 삼베 세 필을 받았사옵니다."

"아주 후하다 하겠다!"

대개 녹봉은 3개월 단위로 1, 4, 7, 10월에 받았는데, 중국 사신이 오거나 흉년이 드는 등 나라에 일이 있으면 조금씩 감해지기도 하였다. 이번에도 머잖아 중국 사신이 올 예정이므로 쌀 한 섬을 녹봉에서 감한 것이다.

미암은 대청마루에 앉아서 종들로 하여금 그것들을 일일이 되로 되어보도록 하였다. 가끔씩 되를 속여 녹봉이 모자라는 수가 있었기 때문이다. 그리고는 다시 대공이를 향해 이렇게 물었다.

"박명성의 녹봉은 얼마나 된다더냐?"

"예이, 쌀이 여섯 섬에 보리가 한 섬이라고 하더이다."

"언제쯤 주겠다더냐?"

"당장 내일이라도 주겠다고 했사옵니다."

박명성은 충의위(忠義衛 : 공신의 적실 자손 및 첩의 자손으로 조직된 군대)이자 송덕봉의 일가친척으로 현재 담양 인근의 창평에서 살고 있었다. 그런데 무슨 까닭인지 미암이 그의 녹봉을 대신 받아서 썼다. 이로써 1월분 녹봉을 모두 합하면 쌀 13섬, 보리 1섬, 명주베 1필, 삼베 3필 등이었다.

한편 찬품(饌品 : 반찬거리)은 그가 다니는 부서에서 매달 세 차례씩 보내주기로 되어 있었는데, 그것들은 모두 부패를 막기 위해 말리거나 절인 형태였다. 찬품을 가져올 때마다 그는 한없이 기뻐하며 임금을 향해 절을 올리고 가져온 사람에게도 약간의 물건을 주곤 하였다.

예컨대 1568년 10월, 홍문관에서 매월 초하루에 주는 하사품이 왔는데, 말린 노루 한 마리, 말린 꿩 네 마리, 말린 대구 네 마리, 말린 큰 새우 네 두름, 젓 한 항아리 등이었다. 그러자 미암은 콩 한 말과 부채를 가져온 사람에게 주었다.

하지만 그것은 일정하지 않았고, 오히려 미암은 각지에서 근무하는 지방관의 증여(贈與)에 의해 찬품을 해결하였다. 당시 지방관은 미암에게 매우 많은 물건을 보내주었는데, 고기, 생선, 채소, 양념 같은 반찬거리에서 쌀이나 콩 같은 식량, 칼과 가위 같은 살림도구까지 그 종류도 매우 다양했다. 때로는 부채와 종이, 베 같은 고가의 물건도 보내주었다.

또한 미암은 반찬거리를 포함해서 그때마다 필요한 생활필수품을 주로 가까운 사람들의 선물(膳物)에 의해 충당하였다. 이웃이나 동료, 친척, 문생 등은 거의 매일같이 선물을 보내왔는데, 그들은 자잘한 반찬거리에서 식량과 의복까지 일상생활에 필요한 거의 모든 것을 보내왔다. 그때마다 미암은 다른 물건으로 보답하는 걸 잊지 않았다. 이날도 민전한(閔典翰)이 간장과 함께 편지를 보내왔고, 허엽(許曄)이 좋은 띠와 홰 열 자루를 보내왔다.

그밖에 미암의 수입으론 임금의 특별한 하사품, 선상대립가(選上代立價), 노비신공 등이 있었다. 먼저, 임금은 사신을 접대하거나 국가의 제사를 지내고 남은 음식을 항상 신하들에게 골고루 나눠주었다.

하루는 저녁에 서리가 임금이 하사한 제사음식 당육(唐肉)과 약과를 가져오자 미암은 감격을 금할 수 없어 절을 하였다.

또 나라에서 관노비인 구종을 지급하여 관직생활의 편의를 제공했는데, 그들은 춘·하·추·동으로 1년에 4회, 1회당 면포 3필씩을 납부하고 신역(身役)을 면제받고자 하였으므로 그 수입도 상당하였다.*

끝으로 미암은 주인과 독립해서 사는 외거노비로부터 해마다 면포 두 필씩을 신공으로 거두었다. 하지만 그것은 규정에 불과할 뿐, 실제로 노비들은 다른 물건으로 대납하거나 때로는 몇 년씩 바치지 않기도 하였다. 예컨대 이로부터 며칠 뒤에 개성에 사는 노비인 내은석(內隱石)이 유기그릇 두 개와 구리쟁반 한 개를 가지고 와서 십 년 동안 신공을 바치지 못한 데 대한 대가로 드린다기에 웃으면서 받을 수밖에 없었다.

한동안 처마 밑에서 되질을 하던 종들이 미암을 보고 아뢰었다.

"나으리, 크게 모자라진 않고 대충 맞사옵니다."

녹봉이란 으레 그러했기 때문에 그는 별다른 불평 없이 고개를 끄덕였다.

"그럼 너희들의 월급만 덜어내고 나머지는 곳간에 잘 들여놓거라."

---

*1568.8.2. 관리가 또 추등선상목 18필을 가지고 왔다. 이는 3인의 품삯이다.
館吏, 又持秋等選上木十八正, 蓋三人之價布也.

지출 내역

　미암은 노비를 불러다가 사역시키는 대신에 남종에게는 매달 쌀 다섯 말을, 여종에게는 세 말씩을 지급하였고, 철 따라 옷을 지어 입도록 베 반필씩을 주었다. 지금 부리는 노비가 모두 일곱이었으므로 그 부담도 결코 만만치 않았다.

　사실 위와 같은 많은 수입에도 불구하고 미암의 가계 사정은 매번 빠듯하거나 도리어 쪼들렸는데, 그것은 우선 엄청난 밥량과 대식구 때문이었다. 당시 사람들의 주요 먹거리는 밥이었고, 거의 밥을 통해 필요한 영양분을 섭취하였다. 한마디로 먹을 것이라곤 밥밖에 없던 시대였다. 그래서 현존하는 기록화나 풍속화에 보이는 것처럼 당시 사람들은 커다란 주발에 수북하게 담긴 밥을 먹었던 것이다.

　이 시기 사람들은 한 끼니에 보통 5홉밥, 많게는 7홉밥을 먹었다. 미암도 '마흔여덟부터는 비록 겨울밤일지라도 초저녁에 즉시 눕고, 음식은 젊어서부터 늙도록 4~6홉에 지나지 않는데 가감이 없고 밥맛이 좋다' 라는 일기의 기록처럼 한 끼니에 평균 5홉밥을 먹었다. 그러니까 미암만 하더라도 하루에 1되 반, 한 달에 4말 5되의 곡식을 소비한 셈이다. 그는 종손 유광문, 노비 7명과 함께 살았으니 모두 계산해보면 그의 식구들이 한 달에 소비한 곡식은 무려 40말 5되나 된다.

　당시엔 도량형이 일정하지 않아서 정확히 파악할 수는 없으나 대략 1홉은 한 움큼(줌), 1되는 10홉, 1말은 10되 정도였다. 그러나 1섬은 13말, 15말, 20말 등으로 시대와 지방마다 차이가 있었다. 1섬을 대략 15말로 친다면 미암의 식구들이 한 달에 소비한 식량만도 거의 3섬이나 된다. 물론 이것은 당시 양반가에는 언제나 들끓게 마련인 일가친척과 문생, 친구 같은 각종 식객들을 제외한 계산이다.

　여기에다 미암은 해남에 살고 있는 첩 방굿덕과 서녀 해성 등의 신공으로 매년 베 두 필씩을 그 주인한테 바쳐야만 하였다. 금년 2월과 3월에도 첩과 서녀의 신공으로 백미(白米) 열 말과 참깨 한 말을 그 주인집에 각각 보냈더니 그들은 좋아하면서 미암의 종한테 술을 주었다.

또한 가까운 사람들의 선물에 대한 보답도 큰 부담이 아닐 수 없었다. 미암은 이웃들이 선물을 보내올 때마다 그에 상응하는 다른 물건을 챙겨서 보내거나 밥과 술, 심지어는 부채로써 사례하였다.

당시 부채의 용도는 매우 다양했는데, 단순히 여름에 땀을 식히고 곤충을 쫓는 기능 이외에 양반의 특별한 장식구 및 화폐 대용의 기능까지 담당하였다. 예컨대 '삼베 두 필, 부채 열 개를 이정서의 집으로 보냈다. 『사문유취』의 값이다' 라는 기록처럼 당시의 부채는 화폐의 일종으로서 유통되었다. 그러므로 부채는 선물 중에서도 아주 고급스런 선물에 속하였다.

뿐만 아니라 예기치 않게 들어가는 비용도 많았다. 미암은 채소, 옷감, 땔감, 마초(馬草) 등 급히 필요한 물건이 있으면 종들로 하여금 쌀이나 보리를 가지고 시장에 가서 사오도록 하였다.

특히 땔감과 마초는 서울 근교의 하급 관리가 매달 정기적으로 보내주었지만 매번 부족해 여름과 가을에는 집안 노비를 시켜 베어오게 하거나 시장에 가서 물건을 주고 사오게 하였다.*

미암은 책값으로도 적잖은 비용을 지출하였다. 그는 서책에 대한 욕심이 남달라 책장수를 통해 각종 국내 서적을 사들이거나 중국 가는 사신에게 값비싼 인삼을 주어 중국 서적을 구입하기도 하였다.

이밖에 그는 서울에선 남의 집을 빌려서 살았으므로, '포육 한 조각과 말린 꿩을 심봉원의 집에 보냈다. 달마다 반찬거리를 몇 번씩 보내니 집을 빌린 데

---

*1568.8.11._종 몽근이 도미의 나무 벤 곳에서 돌아왔는데, 나무 일천오십 속을 직제학의 종이 벤 삼백오십 속과 함께 배에 실려서 마포에 와 닿았다고 한다.
奴夢勤, 還自渡迷刈柴處, 柴一千五十束, 及直提學奴所刈三百五十束, 同船回泊于麻浦云.

대한 보답인 것이다'라는 기록처럼 매달 쌀이나 반찬거리로 집세를 대신해야만 했다. 그리고 안면이 있는 사람들 가운데 죽은 자가 있으면 부조를 했으며, 화재를 당하거나 병이 들면 소금이나 의복, 약재 등을 보내주었다.*

결국 미암의 녹봉은 대부분 자신의 생활비로 쓰였을 뿐 별도로 모아 재산을 축적한다거나 고향에 있는 가족들한테 보내주지는 못하였다. 오히려 그는 거의 매년 해남에 있는 농장에서 벼, 보리 같은 양식을 배로 운송해서 먹어야 할 형편이었다.

금년 5월에도 해남 누이댁의 종 주면이 미암집의 짐을 실은 배를 타고 올라왔는데 벼가 12섬 14말이요, 사위 윤관중이 보낸 쌀 6섬도 왔다. 벼 10말은 이미 말삯으로 주고 나머지 18섬 4말이 왔다.

이처럼 양반 관료 가운데 녹봉으로 살아간 사람은 극히 일부에 지나지 않았고 대부분 자기 힘으로 살아가야 했다. 그래서 이들은 걸핏하면 부모 봉양이나 학문 수양, 은거 등의 이유로 벼슬을 그만두고 고향으로 돌아가고자 하였다. 하지만 휴가를 받아 고향에 내려가면 여러 지방관한테 식물(食物)과 군사를 청해서 땅을 사들이거나 집을 짓기도 하였다.

1568년 봄철 미암가의 상세한 수입과 지출 내역을 다음쪽에 실었다. 기간은 봄철 녹봉을 받은 1월 28일부터 여름철 녹봉을 받은 4월 7일까지이다. 단 '남쪽 이웃에서 약과를 보내와 부채로 답례를 했다'처럼 정확한 수치를 가늠할 수 없는 경우도 있었음을 밝혀둔다. 또 이 시기에 해당사항이 없는 경우는 그냥 빈칸으로 남겨두었다.

---

*1567.10.5._큰 초 한 쌍, 메밀쌀 두 말, 찹쌀 두 말을 충순의 집으로 보내 장례 비용에 부의를 했다.
　　　　以大燭一雙, 蕎米二斗, 糯米二斗, 送于忠順宅, 賻葬需也.
1569.5.26._백미·소금 각 한 말과 팥 다섯 되를 윤심중에게 보냈다. 이는 재난을 구해준 예이다.
　　　　以白米鹽各一斗, 小豆五升, 送尹審中, 救災也.

1568년 봄철 미암가의 수입 내역

녹봉	쌀 13섬, 보리 1섬, 콩 7섬, 명주베 1필, 삼베 3필.
찬품	
땔감	땔감나무 5동, 숯 3섬.
마초	100뭇음.
증여	벼 3섬, 밀가루 3말, 메밀쌀 2말, 마초 200뭇음, 포육 19첩.
	말린 꿩 13마리, 생꿩 3마리, 생기러기 1마리, 말린 청어 30마리.
	청어 100마리, 말린 문어 3마리, 문어 10마리, 전복 13첩, 생전복 100개.
	숭어 2마리, 전어 20마리, 말린 대구 5마리, 김 10첩, 곶감 2접, 김치.
	새우젓 1말, 간장 1병, 깨 8말, 꿀, 빗 6개, 도롱이, 안장, 가죽신 4켤레.
	방자리 1잎, 초 8쌍, 가위 2개, 인두 2개, 숫돌, 칼, 적쇠, 무명 3필.
	종이 41권, 먹 7정, 부채.
선물	마초 200뭇음, 홰 25자루, 포육 10첩, 생꿩 4마리, 말린 꿩 5마리.
	닭 1마리, 말린 숭어 2마리, 숭어 7마리, 청어 2마리, 조개, 전복 20개.
	김 13첩, 대추 10되, 배 15개, 김치 2동이, 채소, 간장 2동이, 된장 20말.
	생강 1말, 엿 1상자, 떡, 방석 2개, 자리 2개, 등잔대 2개, 띠, 보자기, 먹 23정.
임금의 하사품	고기, 약과, 떡.
선상대립가	
신공	유기그릇 2개, 구리쟁반 1개.

1568년 봄철 미암가의 지출 내역

주식비	쌀 40말 5되.
부식비	콩 41되.
노비월급	63말, 부채 5개.
신공납부	쌀 20말, 참깨 2말.
선물보답	쌀 12말 2되, 말린 꿩 1마리, 은어 4마리, 청어 10마리, 전복 10첩. 김 3첩, 곶감, 장지 3권, 붓, 먹 7정, 부채, 머리빗, 바늘, 분.
물품구입비	무명 1필, 쌀 5말 3되, 콩 1되.
책값	삼베 2필, 부채 10자루, 장지 34권 32장, 김 2첩, 술, 전복.
집세	쌀 1말, 반찬거리.
약값	쌀 2말.
부조	의약품, 쌀 1말.

마구간의 마동

조영석(1686~1761), 「사제첩(麝臍帖)」의 일부분, 개인 소장.

양반들은 외출할 때는 언제나 말을 타고 다녔는데, 설사 벼슬하지 않는 양반이라 할지라도
말 한 필에 종 한 명을 갖추고 다니는 게 풍속이었다.

3 마의(馬醫)를 불러 말을 치료하다

말의 중요성

이 시기 양반의 대표적인 교통수단은 말이었다. 그들은 외출할 때는 언제나 말을 타고 다녔는데, 설사 벼슬하지 않는 양반일지라도 최소한 말 한 필에 종 한 명을 갖추고 다니는 게 풍속이었다. 미암도 역시 종 2품이 되어 초헌(軺軒: 수레)이나 가마를 타고 다니기 전까지는 출퇴근을 비롯한 가까운 거리의 왕래뿐만 아니라 먼 고향을 다녀올 때도 항상 말을 타고 다녔다.

물론 양반여성도 가마를 탈 형편이 되지 못하면 말을 타고 다녔으며, 여종도 먼 거리를 다닐 때에는 말을 타고 다녔다. 한번은 미암의 여종 말이(末伊)가 말을 타고 집으로 돌아가다가 갑자기 말이 미끄러지는 바람에 바윗돌 위로 굴러 팔이 부러지고 말았다. 그래서 미암은 남종을 시켜 업고 데려와 치료하도록 하였다.

말은 대단히 비싸서 사람인 노비의 몸값과 맞먹었다. 뒤에서 보겠지만 미암은 해성, 해복, 해명, 해귀 등 네 명의 서녀들을 차례로 속량(贖良: 양민이 되게 함)시켜 주었는데, 그 몸값으로 매번 말 한 필씩을 주인한테 바쳤다.

이처럼 말은 당시 대표적인 교통수단이자 값비싼 짐승이었으므로 누구나 탐내지 않을 수 없었다. 1569년 6월, 하루는 미암이 예전에 왕세자께 글을 가르친 공로로 말을 하사받도록 되어 있으나 그 후에 외지로 나가는 바람에 받지 못한 일을 생각해낸다. 이에 당시 함께 경연에 참여했던 민기문(閔起文)이란 사람에게 물어보니 그는 이렇게 말하였다.

"지난 1543년 가을 왕세자께서 『강목(綱目)』을 다 읽었음을 이유로 대궐 뜰에서 잔치를 베풀어 주시고 말을 주라고 명하시어 1544년 여름에 어린 말을 받았소. 선왕의 은혜를 헛되이 저버릴 수 없으니 이제라도 사유를 갖추어 아뢰면 말을 받을 수 있을 것이오."

미암은 즉시 사복시(司僕寺 : 궁궐의 말과 가마에 관한 일을 맡아보던 관청)의 관리한테 편지를 보내 문서를 상고해달라고 요청하였다. 얼마 후 사복시의 심부름꾼이 미암의 노비를 데리고 가서 부노마란 말을 내주었다. 부노마(夫老馬)는 1565년생으로 주위 사람들에게 물어보니 모두 좋다고 하고 퍽이나 장래성이 있다고 하였다. 그래서 미암은 '26년 전에 하사해준 명마를 다시 얻게 될 줄 어찌 생각이나 했으리오. 감격하고 흐뭇함을 금할 수가 없다'라고 일기에 기록하였다.

마의(馬醫)

추운 겨울 날씨가 서서히 풀려가는 2월 중순이었다. 이즈음 미암은 관리들의 풍기를 바로잡는 사헌부 장령(정4품)으로 있었는데, 이날은 병을 핑계로 출근하지 않고 그동안 밀어둔 집안일을 처리하였다. 이른 아침부터 종들을 보내 마초를 실어오도록 하였고, 또 말이 갑자기 다리를 절기 시작하여 마의 정세붕을 불러오도록 하였다. 정세붕은 사복시에 근무하면서 틈틈이 민간의 말을 봐주고 생계를 꾸려가는 전문적인 마의였다.

말은 생각보다 예민하여 자주 아프곤 하였다. 미암이 조금만 허술하게 관리하면 곧바로 탈을 일으켜서 마의를 불러 치료해야만 했다. 이번만이 아니라 금년 4월과 5월에도 두 번이나 마의를 불러 발에 침을 놓아 피를 뺐다.

이 때문에 그는 말 관리에 무척 신경을 썼다. 얼마 전에는 종들이 매어둔 말을 함부로 타 수십 대씩 매를 때린 일이 있었고, 또 비록 훗날의 이야기지만 종 한풍이가 말 먹이를 훔쳐먹자 정강이와 볼기를 때리기도 하였다.*

"나으리, 소인 정세붕이옵니다."

그때 문 밖에서 마의 정세붕이 아뢰었다. 미암이 그 소리를 듣고 일어나서 대청으로 나가 보았다. 어느새 들여왔는지 말이 마당에 매여 있고 마의는 곁에 서서 목덜미를 쓰다듬고 있었다. 그의 손에는 말을 치료할 때 쓰는 침, 편자, 망치 등을 담은 연장 자루가 들려 있었다.

미암은 마의를 향해 우선 그 말의 종류부터 물었다.

"이 말이 분명 백총마(白驄馬)렸다?"

"아니옵니다, 나으리. 이는 백총마가 아니라 백송고라(白松高羅)라고 하는 말입니다. 빛깔은 희지만 주둥이, 발, 불알, 눈이 모두 검고 뒷다리와 갈기에 청색이 섞여 있습니다. 그래서 백송고라라고 하는데, 한 가지 흠도 없습니다."

마의는 손가락으로 일일이 짚어가며 자세히 설명해주었다. 미암은 그제야 믿을 만한 사람이라 여기고 목소리를 낮추어 다시 물었다.

"저렇게 다리를 저니 어찌하면 좋겠느냐?"

"이는 얼음을 밟고 힘줄이 늘어졌으니 다니기에 아주 불편합니다. 일단 다리에 침을 주어 피를 빼야겠습니다."

마의는 비로소 연장 자루에서 바늘처럼 뾰족한 침을 꺼내었다. 그러자 말이 본능적으로 콧김을 내뿜고 입을 씰룩거리며 고개를 하늘로 바짝 쳐들었다.

---

*1567.11.18. 종 치산, 개금, 대공이 굴레를 찌논 말을 함부로 탔기에 각기 매를 수십 대씩 때려줬다.
　　　以奴致山, 開金, 大工等, 濫騎籠馬, 各笞數十.
1572. 9.17. 종 한풍이 말먹이를 도둑질하여 먹는 바람에 백총마가 야윈 사실을 여주의 이마소가 알려와, 그 죄를 다스리고자 정강이와 볼기를 때렸다.
　　　以奴漢風, 偸食馬料, 致白驄馬之瘦, 爲驪州理馬所識, 故追治其罪, 而笞脛臀.

이윽고 마의는 말고삐를 잡아당겨 목덜미를 서너 번 쓰다듬은 뒤 주변에 서 있는 구종들을 불러 단단히 붙잡도록 하였다. 그리고 익숙한 솜씨로 말의 다리에 침을 주어 피를 빼기 시작하였다.

마부 몽근이

미암이 대청에 앉아 마의가 피를 빼는 모습을 한참 동안 지켜보고 있을 때였다. 종 몽근이가 대문 밖에서 서성대다가 집 안으로 들어왔다. 물들이지 않은 누런 삼베옷을 입고 양쪽 어깨는 축 늘어져 있었다.

몽근(夢勤)은 마직비(馬直婢)인 얼개의 둘째아들로 대대로 미암집에 딸린 노비이자 말을 돌보는 마부였다. 기해생(1539년)으로 나이는 서른이었다. 본래는 아내 구화와 함께 해남에서 살았으나 지난해부터 미암에게 불려와 출근길 수행, 풀 베기, 콩 구입 등 주로 말을 관리하는 일을 도맡아 하고 있었다.

그런데 얼마 전 몽근이는 아내 구화가 집을 버리고 도망쳤다는 소식을 들었다. 그가 미암을 따라 서울로 올라온 후 집안이 파산 지경에 이르자 어디론가 살 길을 찾아 떠난 모양이었다.

그때부터 몽근이는 슬픔에 빠져 밥도 먹지 않고 일도 전혀 하려 들지 않았다. 며칠 전에는 미암을 수행하다가 대공이와 함께 멋대로 이탈해서 호되게 매를 맞았고, 그 얼마 지나지 않아서는 풀베기를 싫어하여 툴툴대다가 불손하다는 이유로 종아리 40대를 맞았다. 오늘 아침에도 미암이 교외에 있는 마초 200묶음을 실어오라고 하였으나 그는 여태까지 가지 않고 있었다.

미암은 그를 보자마자 버럭 큰소리를 질렀다.

"네 이놈, 몽근아! 그예 가지 않았더냐?"

그는 묵묵히 허리를 굽히고 미암이 앉아 있는 대청 아래까지 나아가 무릎을 꿇고 휴가를 청하였다.

"나으리, 당장 내려가서 구화를 찾아보겠나이다."

미암은 답답하다는 듯이 손으로 마룻바닥을 내리치며 호령하였다.

"저런, 고얀 것. 미련하기 소새끼로다! 네 놈이 내려간들 어디 가서 찾을 것이며, 또 설령 찾은들 무슨 수로 데려오겠느냐. 이다음에 내가 내려가면 고을 현감들한테 부탁해서 손쉽게 찾아주겠다고 하지 않았더냐."

이는 결코 빈말이 아니었다. 왜냐하면 이듬해의 일기를 보면, '이른 아침에 종 몽근이 함평에서 돌아왔다. 현감 이희장이 도망친 몽근의 처 구화를 잡아 보내고 겸하여 말린 노루 한 마리와 조기 열 묶음, 말린 낙지 서른 첩을 보내왔다'라고 기록되어 있기 때문이다.

그런데도 몽근이는 굳이 안달을 부리며 고집을 꺾지 않았다.

"분명 지어미가 사는 함평으로 갔을 터이니 지금 내려가면 찾을 수 있을 겝니다요."

"네 이놈! 도대체 몇 번을 말해야 알아듣겠느냐. 지난번처럼 종아리를 맞아야지 정신을 차리겠느냐."

그제야 몽근이는 포기한 듯 힘없이 일어나 마당 한쪽으로 물러섰다.

이윽고 마의가 말의 다리에 침을 모두 놓았다고 아뢰자 미암은 물건으로 사례하고 몽근이에게 분부를 내린 뒤 도로 방 안으로 들어갔다.

"네 이놈! 저 말을 마구간에 들여놓고 일찌감치 마죽이나 쑤어주거라."

대개 마죽(馬粥)은 꼴과 콩, 물을 적당히 섞어 솥에 넣고 끓이는데, 하루에 보통 꼴로는 10여 묶음, 콩으로는 7되에서 1말 가량을 주었다.

몽근이는 말고삐를 잡고 대문 밖으로 나가 행랑채의 마구간에 들여놓았다. 마구간 앞에는 소나무로 만든 기다란 말구유가 걸려 있었는데, 여물이 한 터럭도 남아 있지 않았다. 그는 늘 하던 대로 마구간 옆 헛간으로 들어가 미리 썰어 놓은 꼴과 콩 한 그릇을 솥에다 넣은 뒤 맨 나중에 물 한 동이를 붓고서 끓이기 시작하였다. 얼마 후 솥에서 나온 수증기가 천장으로 올라갔다가 물방울이 되어 밑으로 떨어져 내렸다.

양반과 시동

정선(1676~1759), 「고산방학(孤山放鶴)」, 독일 성오틸리엔 수도원 소장.

부유한 양반들은 따로 시동(侍童)을 두어 마치 자신의 수족처럼 부렸다.
위의 그림도 손자와 할아버지가 아니라 시동이 주인 양반을 모시고 서 있는 모습이다.

4 노비는 양반의 수족이라

노비의 존재 이유

우리는 앞에서 두 부류의 노비를 보았다. 구종으로 대표되는 관노비와 대공, 유지, 몽근 등의 사노비가 바로 그것이다. 이들은 미암의 관직생활에 없어서는 안 될 필수적인 수단이었다.

관노비(官奴婢)란 국가기관에 소속된 노비를 말하는데, 이들은 중앙과 각 지방의 관아에 속한 선상노비(選上奴婢)와, 그렇지 않고 일 년에 면포 한 필 가량의 몸값을 바치는 납공노비(納貢奴婢)로 나뉘었다.

사노비(私奴婢)는 개인에게 딸린 노비로, 이들도 주인과 함께 사는 솔거노비와 주인과 떨어져 살면서 몸값을 바치는 외거노비로 나뉘었다. 솔거노비(率居奴婢)는 주인집 행랑채나 인근에 살면서 각종 집안일을 하였고, 만일 주인이 농촌에 거주하면 들판에 나가 농사를 짓기도 하였다. 외거노비(外居奴婢)는 주인과 따로 살면서 일 년에 면포 두 필씩을 납부했는데, 자신의 집과 토지 및 노비를 가질 수도 있었다. 하지만 앞의 몽근처럼 외거노비도 주인이 부르면 언제든지 와서 집안일을 해주어야 했다.

근래 사학계의 조사에 따르면, 15~17세기에 이들 노비의 수는 전체 인구의 3~4할, 즉 3분의 1이나 되었다고 한다. 실제로 15세기 성현은 "우리나라 사람 가운데 노비가 절반 이상이다"라고 말하였고, 1653년 조선에 체류했던 네덜란드인 하멜은 '우리는 2, 3백 명의 노예를 가진 양반을 보았다'라고 기록하였다. 미암도 '우리 부부 양쪽에 딸린 노비가 거의 백여 구가 된다'라는 일기의 기록처럼 부인 송덕봉과 함께 백여 명의 노비를 소유하고 있었다.

그렇다면 당시 양반들은 왜 그토록 많은 노비를 두었을까? 이 시기 양반들은 자신의 일을 스스로 하지 않고 대부분 노비에게 의존해서 생활하였다. 한마디로 모든 걸 노비가 해줘야만 살아갈 수 있었다. 예를 들어 미암의 하루 일과를 보아도, 새벽에 일어나면 종들이 등불을 켜주고 세숫물과 밥상을 갖다 바치며, 집을 나설 때는 의관과 신발까지 준비해주었다. 출근길도 구종과 종들이 수행하였고, 점심 역시 관노비가 마련해주었다. 퇴근 후에도 마찬가지로 종들이 저녁밥을 차리고 요와 이불을 깔아서 편안히 잠들도록 해주었다.

이처럼 양반들은 노비가 안팎으로 모든 시중을 들어주어야만 살아갈 수 있었는데, 그래서 노비를 자신들의 수족이라 여기면서 노비법을 결코 폐지할 수 없는 제도라고 주장하였다. 다음은 세조 14년(1468) 양성지(梁誠之)가 임금에게 올린 상소문 가운데 일부이다.

우리나라에서 노비법을 숭상하면서부터 사대부는 노비에 의지하여 살게 되었습니다.…… 대저 토지는 사람의 명맥(命脈)이고 노비는 선비의 수족(手足)이라 서로 경중이 같으니 편벽되게 폐지할 수 없습니다.

양반과 노비의 관계가 결코 일방적인 것만은 아니었다. 양반은 노비를 자신의 수족처럼 부리는 대신에 그들의 생활을 책임져야만 했다. 비록 변변찮은 반찬이나마 하루 세 끼를 꼬박꼬박 챙겨주고, 철 따라 옷감을 주어 옷을 지어 입도록 했다. 또 만약 노비가 병이 들면 의원을 불러다가 치료해주었다.

또한 양반은 노비의 신변까지 보호해야 했다. 하루는 종 대공이가 남에게 맞아 다친 일이 있었다. 미암이 즉시 형조(刑曹)의 관원한테 알렸더니, 그 관원이 대답하기를 "이는 나와 문을 마주하고 있는 이웃 어른집의 일입니다. 하지만 이미 사람을 상한 죄가 있으니 감히 사실을 동료에게 알리지 않을 수 있겠습니까"라고 하였다. 그리고 다음날 연락하기를, 그 주인이 때린 노비들을 잡아놓고 대공이가 보는 앞에서 각기 곤장 80대를 쳤다고 하였다. 미암은 "가히 공정하고 광명하다 하겠다!"라고 말하면서 종을 보내 사례하였다.

노비는 또한 주인을 잘 둔 탓에 적잖은 권력을 누릴 수도 있었다. 미암이 말년에 창평으로 물러나 한가롭게 노후생활을 보내고 있을 때이다. 하루는 종 한수가 집을 나가 오랫동안 오지 않아서 그 처를 가두었더니 비로소 돌아왔다. 미암은 즉시 매 30대를 치고, 아울러 집안 노비들한테 이렇게 훈계하였다.

"세간에 유향소(留鄕所 : 지방 수령을 보좌하던 자문기관)의 종들이 오히려 방자하다는 소문이 나도는데, 하물며 재상집 노복들은 더욱 삼가야 한다. 너희들이 만약 논일을 하면서 남과 물을 고루 대지 않거나, 시장에 들어가 남과 이익을 다투거나, 그밖에 권세를 믿고 남을 침해하는 일을 일체 해서는 안 된다. 감히 내 명을 범하는 자가 있으면 볼기를 때리고 종아리를 칠 뿐만 아니라 심지어는 발바닥까지 칠 것이니, 너희들은 각별히 조심하고 삼가라."

그러자 노비들이 모두 일제히 대답하고 물러갔다. 이렇게 노비들은 분명 주인의 권세를 믿고 횡포를 부리는 경우도 있었다.

미암은 평소 은혜와 위엄을 병행하는 방법으로 노비들을 다스렸다. 노비가 병들면 의원까지 불러서 치료해주되, 만약 명령에 순종하지 않거나 교만하게 행동하면 호되게 매를 때렸다.

특히 그는 「가정의 교훈(庭訓)」이란 글에 자신의 노비 부리는 방법을 하나씩 적어두었는데 그것을 옮겨보면 다음과 같다.

함께 웃으면서 이야기하지 않는다.
노비가 소유한 물건을 빼앗지 않는다.
금령(禁令)을 명백히 밝혀준다.
까다롭게 살피지 않는다.

죄가 드러나지 않으면 포용한다.
죄가 이미 드러났으면 적절히 매질한다.
자복하고 사실을 아뢴 자는 죄를 덜어준다.
근거없는 말로 남에게 죄를 전가하는 자는 더욱 벌한다.
공이 있는 자는 재물과 의복으로 상을 내린다.
수고함이 있는 자는 음식으로 상을 내린다.
마구 상을 주면 다른 노비들이 질투하고 원망하니 살피지 않을 수 없다.
서로 싸우는 자는 이치의 곡직과 상해의 정도에 따라 죄를 결정한다.
혐의를 품고 상대방을 무고한 자는 벌한다.
이 모든 것의 요체는 공정하고 명확한 태도를 갖고 은혜와 위엄을 병행하는 것이다.

이들 노비는 매우 분업화된 형태로 집안일을 하였다. 수십, 수백 명에 이르는 양반 가정의 노비들은 아무 일이나 닥치는 대로 하는 것이 아니라 저마다 하는 일이 있어서 그 일만 처리하였다. 예컨대 대문을 지키는 문지기, 주인을 대신해서 안팎의 집안일을 맡아보는 겸인(傔人), 좌우에서 시중드는 몸종, 음식을 장만하는 찬모와 그 아래의 수많은 여종들, 음악을 담당하는 악노(樂奴)와 악비(樂婢) 혹은 가비(歌婢) 등이 그것이다.

미암의 노비도 이와 마찬가지였다. 대공은 미암의 각종 심부름을, 유지는 음식 장만을, 몽근은 말 관리를 주로 도맡아 하였다. 다만 미암의 노비들은 그 수가 많지 않았기 때문에 꼭 한 가지 일만 전담한 것은 아니었다. 몽근은 말 관리와 더불어 풀베기나 심부름을 다니고, 유지는 음식 장만 이외에 간혹 심부름을 다니기도 하였다.

이밖에도 미암은 옥석이란 어린 종을 두어 곁에서 온갖 시중을 들도록 하였는데, 아래에서는 옥석이에 얽힌 이야기와 함께 전통시대의 등잔과 화장실 및 목욕 문화까지 살펴보자.

시동 옥석이

옥석(玉石)은 신해생(1551년)으로 올해 나이 18세인 사내아이이다. 신분이 노비인 탓으로 성(性)은 붙이지 않았으며 사람들도 그냥 '옥석이'라고 불렀다. 당시 노비는 성이 있어도 거의 사용하지 않았고, 또 호적이나 재산문서에도 기록되지 않았다.

그의 아버지 마귀석(亇貴石)은 관노비로 여기저기 떠돌며 살았고, 어머니 설매(雪梅)는 덕봉의 사노비로 담양에서 살고 있었다. 옥석은 3남 4녀 중 둘째로 태어나 종모법에 의해 덕봉의 노비가 되었다. 종모법(從母法)이란 노비의 신분과 소유권을 동시에 규정한 것으로, 어머니가 노비이면 자식도 노비가 되고 그 소유권도 어머니의 주인한테 있다는 것이다. 어머니가 주인집에 의지하여 자식을 낳고 길렀기 때문에 자연히 그 소유권이 어머니의 주인한테 있을 수밖에 없었다.

옥석이가 미암의 시중을 들게 된 것은 지난 2월 아버지 마귀석이 미암의 구종으로 새로 편입된 후부터이다. 그동안 마귀석은 국가의 노역을 피해 어느 고관댁에서 종노릇을 하며 살았는데, 미암이 그것을 밝혀내고 자신의 구종으로 새로 편입시켰다. 대신에 마귀석은 3월~8월까지, 옥석이는 9월~2월까지, 1년에 2교대로 신역을 치르도록 하였다. 미암은 이 일에 대해 '내가 마귀석의 숨은 일을 밝혀낸 것은 이른바 정을 베어내고 의를 따른 것이요, 공을 위하여 사를 버린 것이다'라고 일기에 기록하였다.

옥석이가 하는 일은 늘 미암 곁에 머물며 온갖 몸시중을 드는 것이었다. 방 안을 쓸고 닦는 일과 이불을 깔고 개는 일, 요강을 비우고 냄새가 나지 않도록 닦는 일, 미암이 집을 나서면 신발을 챙겨서 신겨 주는 일, 기타 등불 관리와 세숫물 떠다주기, 먹물 갈기 등이다. 한마디로 미암의 시중드는 아이, 곧 시동(侍童)이었다.

그런 탓인지 미암은 평소 옥석이를 극진히 보살폈다. 1572년 9월, 하루는 옥석이가 추위에 상하여 심장이 아프고 기가 막히려 한다기에 미암이 급히 소합원(蘇合元)을 달여 먹여서 구했다. 다음날 아침 의원을 불러 보이니 맥박이 순하여 곧 나을 것이라고 하였다. 또 하루는 옥석이가 감기로 앓아 눕자 온 집안 식구가 걱정하며 보살피고, 미암은 의원을 불러 치료하도록 하였다.

1568년 3월 10일 이른 새벽이었다. 주위엔 아직도 칠흑 같은 어둠이 깔려 있었다. 미암은 아랫배를 움켜쥔 채 이부자리를 젖히고 일어나 다급하게 시동 옥석이를 불렀다.

"옥석아, 냉큼 일어나 등불을 밝혀라!"

금방이라도 설사를 할 듯하였다. 근래 날씨가 풀려 털옷을 벗었더니 감기에 걸린 모양이었다.

미암은 더위를 먹거나 감기에 걸리면 곧장 설사를 하는 이상한 버릇이 있었다. 특히 겨울에서 봄으로 넘어가는 환절기에 찬바람을 쐬면 금새 감기에 걸려 설사를 하였다.

이내 아무런 반응이 없자 미암은 다시 한번 소리쳐서 분부했다.

"냉큼 일어나 등불을 밝히렸다!"

"예이, 나으리."

아랫방에서 깊은 잠에 빠져 있던 옥석이는 그제야 황급히 일어났다. 손을 더듬어 방문 곁에 놓아둔 등잔을 들어보니 지난밤에 타다 남은 기름이 거의 바닥을 밑돌고 있었다.

'아차, 어제 저녁에 그냥 잠들었구나.'

옥석이는 재빨리 벽에 걸린 기름병을 내려 등잔에 기름을 부었다.

당시 양반집의 조명기구는 초와 등잔이었다. 초는 벌꿀을 짜내고 남은 찌꺼기인 밀랍을 끓여서 원추형으로 굳히고 그 속에 심지를 박아 만들었다. 하지만 초는 아주 귀한 물건이라서 제사 때나 사용했고, 평소엔 주로 등잔에 기름을 부어 불을 밝히는 등불을 사용했다.

등잔용 기름으로는 참깨, 들깨, 아주까리(피마자), 수박씨, 봉선화씨, 면화

씨 등 여러 가지가 있었으나 양반집에서는 들깨를 짜서 만든 들기름을 많이 썼다. 기름이 맑고 양이 많이 나왔으며 등잔에 켜도 그을음이 없기 때문이었다. 반면에 서민들은 아주까리 기름을 많이 썼는데, 눈에 크게 해로워 글 읽는 등잔에는 켜지 않았다.

이윽고 등잔에 기름을 부은 옥석이는 불을 붙이기 위해 조심스럽게 들고서 부엌으로 갔다. 대개 불씨는 밤에 장작을 때고 남은 숯불을 화로에 담아두거나 아궁이에 그대로 묻어두기도 하였다.

부엌 아궁이 앞에 앉아 이리저리 잿더미를 뒤적거려 불씨를 찾아낸 뒤 마른 풀을 한줌 집어넣고 입으로 '훅훅' 하고 불어서 불꽃을 일으켰다. 그러고는 베를 돌돌 말아 만든 등잔 심지에 불을 붙여 안방으로 들어갔다.

"나으리, 어디 불편하시옵니까?"

"이놈아! 왜 이리 꾸물대느냐. 얼른 앞장 서거라. 측간에 좀 가야겠다."

미암은 나무랄 겨를도 없이 옥석이를 앞세우고 측간으로 줄달음쳤다. 설사를 해서 이미 속옷이 젖은 듯하였다.

측간은 대문채의 헛간 옆에 있었다. 두세 평 남짓한 공간에 대소변을 배출하는 구덩이가 있고 그 위로 두 개의 판자가 가로놓여 있었다. 측간 담벼락에는 오늘날의 화장지격인 짚단(벼의 이삭을 털어내고 남은 줄기)이 수북이 쌓여 있었다. 당시에는 종이가 무척 귀했기 때문에 이와 같이 볏짚이나 나뭇잎을 화장지로 사용했다.

옥석이가 측간 앞에 등잔을 내려놓자 미암은 서둘러 안으로 들어갔다. 그리고 가로놓인 판자 위에 두 발을 딛고 쭈그려 앉아 비로소 설사를 하기 시작했다.

당시 사람들은 밤에도 대변은 측간에 가서 누었지만 소변은 방 안에서 요강으로 간단히 해결하였다. 오줌은 자주 누기 마련이고, 또 밤에는 호환(虎患)이 두려웠기 때문에 요강은 그들에게 아주 유용한 도구였다.

『미암일기』에 따르면, 16세기에도 호환은 드물지 않게 일어났던 듯하다.

실례로 1569년 6월 전라도 해남에선 건장한 사내 종이 호랑이에게 잡아 먹혔으며,* 1574년 4월에는 같은 고을에서 어린 종을 문 밖에서 호랑이가 덮치는 놀라운 일이 일어나기도 하였다.**

심지어 1571년 9월에는 서울 근처에서 호랑이가 극성을 부려 대낮에도 사람을 잡아먹거나 혹은 맘대로 집을 뚫고 들어가 사람을 잡아먹어서 임금이 군사를 풀어 잡도록 지시한 적도 있었다. 이때 군사들은 호랑이를 무려 열세 마리나 잡았다.

미암이 설사를 하고 나서 보니 과연 속옷이 조금 젖어 있었다. 밑도 역시 꺼림칙하여 아무래도 씻을 수밖에 없을 듯하였다. 미암은 담벼락에 놓인 볏짚을 집어 서너 마디 정도로 곱게 접어 밑을 닦은 뒤 속옷을 벗어 밖으로 내밀며 분부했다.

"옥석아, 뒷물을 해야겠으니 대야에 물을 좀 떠오거라. 그리고 이 옷을 가져다가 젖은 부분만 대강 주물러서 빨아오거라."

"예이."

측간 처마 아래에서 주인이 나오기를 기다리던 옥석이는 물을 뜨러 부엌으로 달려갔다.

미암은 뒷날 '저녁에 내가 흥문에게 목욕을 자주 하지 말라고 훈계를 했다'라고 기록할 정도로 목욕에 대해 부정적인 생각을 가지고 있었다. 겨울에는 아예 하지 않았던 듯하고, 여름 6월에 제사를 지내거나 더위를 먹을 때만 온몸을 씻었다.*** 대신에 국부와 항문을 씻는 뒷물을 하거나 속옷을 자주 갈

---

*1569.6.23. 윤원래가 지난달 신암하는 건장한 노비가 호랑이에게 잡혀 먹어 놀라고 슬퍼하며 경계하는 중이라고 하니 이 무슨 액운이 윤씨 집안에 이토록 닥친단 말인가.
尹元禮, 去月信任壯奴, 爲虎所攬食, 驚悼戒心, 是何尹門之厄至此耶.

**1571.4. 1. 부인의 편지가 왔는데 전번에 주인의 종 아이를 문밖에서 범이 덮쳐 갔다고 한다. 놀라운 일이다.
夫人書來, 頃者, 虎攬主人家僮於門外而去, 可驚可驚.

아 입었다.

　얼마 후 옥석이가 세숫대에 물을 가득히 떠오자 미암은 헛간으로 나가서 대야 위에 쭈그려 앉아 밑을 닦았다. 하지만 물이 미지근하여 뒤가 영 개운하지 않았다.

　이날 아침에도 미암은 자주 측간을 들락거렸다.

***1568.6. 5._나는 냉수로 목욕을 했다. 재계를 하기 위해서이다.
　　　余浴于冷水, 以齋戒也.
　1568.6.12._낮에 장서각에 들어가 더위를 먹어서 홍화 삶은 물에 목욕을 했다.
　　　浴紅湯, 以書入藏書閣感署故也.

이사 가는 날

필자미상,「경기감영도(京畿監營圖)」의 일부분, 호암미술관 소장.

오늘날과 마찬가지로 중세 사람들도 생활 형편에 따라 자주 이사를 다녔다.
또 집이 없으면 세를 들어 살기도 하였다.

5. 중부 장통방으로 이사하다

빈번한 거주 이동

중세는 농경사회였기 때문에 사람들이 한 곳에만 정착해 살았을 것이라고 짐작하기 쉽지만, 실제로는 안정된 생계 유지를 위해 더 나은 곳을 찾아 자주 옮겨 다녔다. 상류층 양반들은 수학이나 관직 및 결혼생활을 이유로, 하류층 노비들은 그러한 주인의 이동에 따라 빈번히 거주지를 옮겨야 했다. 일반 양민들도 기근이나 전염병으로 먹고살기가 힘들어지면 언제든지 살 만한 땅을 찾아서 떠돌아다녔다.

미암의 경우도 홍문관으로 복직한 이후 세상을 떠나기 전까지 십일여 년 동안 무려 여덟 번씩이나 이사를 다녔다. 본래 그는 지방에 경제적 기반을 둔 양반관료였다. 그래서 서울과 지방을 계속 왕래하며 생활할 수밖에 없었는데, 서울에서는 모두 세 번, 향촌에서는 모두 다섯 번의 이사를 다녔다.

홍문관으로 복직한 후부터 소건청동 맹창선의 집에서 내내 살다가 부인 송덕봉을 비롯한 가족들과 함께 살기 위하여 중부 장통방에 있는 심봉원의 집을 빌려 이사한다. 이후 1571년 10월 다시 현재 명동에 해당하는 남부 명례방동으로 집을 옮긴다. 그때 미암이 전라감사를 지내고 서울로 올라오니 아들 유경렴이 명례방동에 집을 얻어 깨끗이 수리해놓고 기다리고 있었다. 미암은 명례방동 집이 허술하여 썩 마음에 들지는 않았지만 '이 집에는 우물도 있고 비록 궁궐과는 거리가 멀지만 길이 험하지 않으므로 그대로 머물러 옮겨 가지 않을 작정이다'라고 하면서 아들 경렴을 시켜 안방의 벽을 종이로 바르게 한다. 이웃 사람에게 물어보니 그곳은 고상하고 샘물도 깨끗하여 살기가 좋다고 하였다.

또 1574년 2월에는 제생원동으로 이사를 간다. 당시엔 부인 송덕봉과 자식 내외 등과 함께 살고 있었는데, 전염병이 돌아 노비 네 명이 병들어 눕자 급히 처소를 피하였다. 미암은 서둘러 제생원동 윤목중의 집을 빌린 뒤 말 다섯 필로 살림살이를 실어 보낸다. 그리고 집이 마음에 들어서 무척 기뻐한다.

다음 이야기는 소건청동 집에서 중부 장통방으로 이사를 하는 과정을 그린 것이다.

이삿날

연일 화창한 날씨가 계속되는 1568년 3월 말경이었다. 오늘도 일찍 퇴근하고 돌아온 미암은 여느 때처럼 대문에 들어서자마자 종들한테 집안일부터 묻기 시작하였다.

"누구 찾아온 사람은 없었느냐?"

"예이, 윤첨지께서 찾아오셨다가 그냥 가셨사옵니다."

집을 지키던 종 치산이가 허리를 굽히고 그의 뒤를 따르며 길게 대답했다. 치산(致山)은 평소 집을 지키면서 미암이 시키는 각종 심부름, 예컨대 소식 전달이나 물건 등을 운반하였다. 본래는 덕봉의 담양 노비로서 팔순이 넘은 노모가 담양에서 살고 있었다.

"오전에 보내온 선물(膳物)은 무엇이더냐?"

"예이, 장흥부사께서 부채 세 자루를 보내왔고 최참의께서 각대(띠) 고친 것을 보냈사옵니다."

치산이 아뢴 뒤에 찬모 유지가 이렇게 덧붙였다.

"변백유의 부인께서 채소를 보내왔고 유동지의 부인께서도 시비를 시켜 간장을 보내왔사옵니다."

미암은 알았다는 듯이 '으흠' 하고 헛기침을 내뱉고 대청마루에 걸터앉아 또다시 치산을 향해 물었다.

"광문이는 여태 돌아오지 않았느냐?"

"예이, 그렇사옵니다."

광문은 종손 유광문으로 미암 일가의 생활에서 아주 중요한 인물이다. 미암의 형 유성춘의 둘째손자인 그는, 일찍이 부모를 잃은 뒤로 늘 덕봉의 곁에서 살았으나 지난 1월 과거를 보기 위해 미암을 따라 서울에 올라와 있었다.

미암과 덕봉은 그를 마치 친자식처럼 아끼고 사랑하였다. 어릴 적부터 슬하에 두고 길렀을 뿐만 아니라 커서도 힘써 장가를 보내고 과거급제까지 도와준다. 그래서 훗날 광문은 덕봉의 조카 송진에게 말하기를,

"내가 어려서 부모를 잃고 의지할 데가 없어서 열세 살에 함경도 종성에 가서 특별히 할아버지와 할머니의 친자식처럼 귀엽게 길러주심을 받았으니 이는 실로 불행 중의 다행이었소. 지금같이 형통한 때에 구제해서 보살펴주심은 굳이 말할 것도 없지만, 종성에서의 궁한속에서 할머니가 손수 내 옷을 만들어 나에게 먼저 입히시고 당신은 겹저고리를 입고 고초를 겪으시며 추위를 견디셨으니 이 은혜를 어떻게 잊는다는 말이오."

하면서 눈물을 흘린 적도 있다.

미암이 신발을 벗고 막 방으로 들어가려는데 광문이 대문을 열고 들어왔다.

"집은 거처할 만하더냐?"

"예, 할아버지. 이 집보다 훨씬 넓고 모든 것이 빠짐없이 갖추어져 있었습니다."

"다행이로다!"

부인 덕봉이 딸과 함께 담양에서 살고 있었기 때문에 미암은 지금까지 모

든 집안일을 혼자서 주관해왔다. 하지만 당시의 집안일은 그야말로 복잡 다단해서 혼자서 주관하기란 여간 힘들지 않았다. 그래서 미암은 보다 큰 집을 구해 그녀를 서울로 올라오도록 하고 싶었다.

때마침 중부 장통방(현 종로구 관철동) 근처에 있는 심봉원의 집을 빌릴 수 있었다. 심봉원(沈逢源)은 올해 나이 72세로 그림·음율·글씨·의술에 두루 능하였고, 또 소년 시절에 『환백장군전(歡伯將軍傳)』을 짓고 지난해에는 『효창설(曉窓說)』을 짓는 등 문학 애호가이기도 하였다. 비록 왕의 외척이었지만 성격이 차분하고 겸손하여 정치에 관여하지 않고 병만을 치료하니 사람들이 모두 고상하게 여겼다.

미암은 곧바로 편지를 써서 선물과 함께 그 집으로 보냈다. 그러자 심봉원은 무척 기뻐하면서 날씨가 온화할 때 초청을 하겠다고 말했다. 과연 며칠 뒤에 찾아가니 그가 손을 잡고 반가워하면서 언제든지 집을 빌려 주겠다고 하였다. 이에 미암은 매달 고기나 생선 같은 반찬거리로 집세를 대신하기로 하고 즐겁게 술을 마시며 이야기를 나누다가 돌아왔다. 그리고 오늘 아침에 광문을 보내 그 집을 자세히 둘러보게 한 것이다.

"할아버지, 그 부근 저전동에 좋은 약수터도 있다고 하더이다."

"허허. 그럼 종들을 시켜 매일 물을 길어오게 해야 하겠구나."

미암은 기쁜 표정을 감추지 못한 채 치산과 유지를 돌아보며 분부하였다.

"너희들은 먼저 짐을 꾸리고 내일부터 구종들과 함께 나르거라. 또 미리 가서 청소도 해두거라."

그들은 일제히 "예이" 하고 큰소리로 대답한 뒤 물러가서 짐을 챙기기 시작했다. 여종은 부엌 살림을 싸고, 남종은 안방과 곳간의 자질구레한 살림을 싸는 등 서로 분담해서 바쁘게 움직였다. 미암도 광문을 데리고 농에 서책을 넣었는데 서책이 얼마나 많은지 가히 헤아리기조차 어려웠다.

미암의 살림은 어느덧 눈에 띄게 불어나 있었다. 지난달 그가 유배를 떠나기 전에 맡겨두었다가 찾아온 물건만 해도 다음과 같다.

심준이 옛날 우리집에서 맡겨두었던 물건을 챙겨서 보내줬는데 책상 1, 큰상 2, 작은상 8, 중솥 1, 작은솥 1, 세발솥 1, 중독 3, 중시루 1, 작은옹기 4, 토기 동이 1, 토기 세숫대야 1, 사발 1죽(10개), 사기 접시 1죽, 종지기 1죽, 숫돌 1 등이었다.

다음날 미암은 이 집을 지키는 맹창선의 노비 두 명에게 쌀 한 말씩을 주었다. 내일 장통방 심봉원의 집으로 이사할 것이기 때문이다. 그리고 치산을 시켜 이삿짐을 싣고 먼저 새 집으로 가도록 하였다.

이튿날 아침에는 말 두 마리를 빌려 쌀과 콩을 실어 보냈다. 미암은 이날 진시(오전 7~9시)에 새 집으로 들어갔는데, 미리 보낸 물건이 잘 보관되어 있었고 치산도 나와서 인사를 하였다.

장통방 집

16세기에 지어진 서울집 가운데 현재까지 남아 있는 건물은 한 채도 없다. 일기를 보면 미암이 살았던 중부 장통방의 집도 예전에 살던 집과 같이 안채, 대문채, 바깥행랑채로 이루어진 'ㅁ'자형 남향집이었다.

안채는 가운데에 대청마루가 있고, 동서로 온돌방이 있었으며, 온돌방마다 몇 개의 아랫방이 딸린 ㄷ자형 집이었다. 그래서 '나는 먼저 안채 서쪽방으로 들어가 보았다. 이곳은 딸이 거처할 방이다'라는 기록처럼, 동쪽 안방은 미암 부부가, 서쪽 건넌방은 딸 내외가 차지하고 살았다. 사랑채는 따로 없고 'ㅡ'자형 대문채의 몇 칸을 사랑방으로 꾸며서 손님을 접대하는 공간으로 이용하였다.

흔히들 전통 가옥에서는 사랑채를 따로 지어 남녀가 엄격히 구분되는 생활을 하였다고 말하는데, 이는 조선 후기의 시각에서 바라본 것에 불과하다. 건축학계의 연구에 따르면, 한국 건축사에서 사랑채에 대한 관심은 17세기 이후 중국의 주자학이 본격적으로 수용되면서 높아지기 시작했다고 한다. 그래서 영남지방에서는 안채 끝에 사랑채를 덧붙이고, 호남지방에서는 안채와는 별도로 대문 가까운 쪽에 '一' 자형 사랑채를 지었다고 한다.

이러한 사실은 미암과 덕봉의 경우만 놓고보더라도 충분히 확인할 수 있다. 덕봉의 담양집은 사랑채가 따로 없이 바깥 행랑채 두 칸을 수리해서 손님을 접대하는 장소로 이용했고, 창평집도 역시 안채와 행랑채를 짓고 난 뒤 1575년에야 사랑채를 증축하기 시작하였다.

끝으로 바깥행랑채는 흙으로 벽을 하고 볏짚으로 이엉을 한 '一' 자형 초가집으로, 여기에는 노비들이 살았다. 여종들은 주로 대문이나 부엌 곁에 딸린 행랑방에서 살았다.

이 장통방 집은 비록 우물도 없고 정원도 좁고 주변 서민들의 집 가운데에 있어서 번잡하기는 했지만, 옛집에 비한다면 안팎이 넉넉하고 작은 누각까지 있어서 참으로 좋았다. 또 남쪽으로 서울의 남산이 한눈에 들어와 그 정경이 가히 볼 만하였다.

미암은 기쁨을 감추지 못하고 즉시 감사의 뜻을 표하는 시 한 수를 지어 심봉원에게 보냈다.

늙은이가 서울에 올라와 무릎이 편치 않더니	白首還京膝未安
좋은 집의 문을 열어주어 감사하오이다.	華堂偏荷許抽關
한가롭게 지내게 되고 또 무궁한 낙이 있으니	優遊更有無窮樂
북쪽 대궐, 남쪽 산도 지척간이라.	北闕南山咫尺間

얼마 지나지 않아 심봉원도 시 한 수를 보내왔다.

도를 지닌 몸과 마음이 간 곳마다 편하신데	體道身心到處安
거처한 집의 좋고 나쁨이 무슨 상관이랴.	居堂美惡有何關

| 누추한 집에 들어 사례하시니 부끄럽소. | 愧將陋止承傾謝 |
| 서로가 믿는 것은 마음속에 있을 뿐. | 相許唯存腔子間 |

이후로 미암은 매달 반찬거리로 집세를 대신하며 6, 7년 동안 이 집에서 거처하였다.*

---

*1568.7.17. 포육 한 묶음과 말린 꿩을 심봉원의 집에 보냈다. 달마다 반찬거리를 몇 번씩 보내니 집을 빌려준 데에 대한 보답이다.
　　以脯肉一束及乾雉, 送于沈同知希容宅, 每月遺饌味者數度, 感假舍之恩也.

{ 살림살이 }

1568년 9월 덕봉은 딸과 함께 서울로 올라온다. 지난 1년 동안 그녀는 담양에서 농장을 경영하며 창평 수국리에 새집을 짓고 있었다. 말년에 손자들을 데리고 한가롭게 노후생활을 보낼 집이었다. 하지만 미암이 혼자 사는 것을 못내 걱정하던 그녀는 '부인이 딸을 데리고 서울로 올라갈 뜻이 있다'라는 일기의 내용처럼 벌써부터 서울로 올라오고자 하였다.

6장에서 11장까지는 이처럼 덕봉이 서울로 올라와 각종 살림을 주관하는 모습을 차례대로 재현한 것이다. 예컨대 집안의 살림 점검과 제사를 지내는 모습, 미암의 의복수발과 서책 정리, 그리고 이 과정에서 앓게 되는 질병까지 자세히 살펴볼 것이다.

유천점봉로도

이인상(1710~1760), 「유천점봉로도(柳川店逢爐圖)」, 개인 소장.

역은 본래 공무로 나다니던 관리들에게 끼니와 잠자리 같은 여행의 편의를 제공하기 위해 설치된 것이었다.

6 부인이 딸을 데리고 서울로 올라오다

송덕봉

덕봉은 중종 16년(1521년) 12월 20일 전라도 담양에서 태어났다. 홍주 송씨로 본이름은 알 수 없고, 자가 성중(成仲), 호가 덕봉(德峯)이었다. 자는 결혼 후 본이름 이외에 부르는 이름을 말하고, 호는 본이름과 자 이외에 쓰는 이름을 말한다. 당시 양반층은 부모가 지어준 본이름을 매우 존귀하게 여겨서 따로 자와 호를 지어서 불렀다.

한국 역사상 어느 시대에도 여자한테 본이름이 없었던 경우는 없다. 다만 기록으로 남기지 않았을 뿐이다. 미암과 비슷한 시기를 살았던 이문건(1494~1567)은 손자의 양육 과정을 시로 엮은 『양아록(養兒錄)』이란 책에서, '부인 김씨'나 '며느리 김씨'와 같이 성씨로만 기록했지만 그들은 각각 김돈이, 김종금이라는 본이름을 가지고 있었다. 물론 그도 결혼하지 않은 손녀에 대해선 이숙희, 이숙복, 이숙녀처럼 본이름을 그대로 썼다.

덕봉의 아버지 송준은 사헌부 감찰, 단성현감을 지냈고, 어머니 함안 이씨는 사헌부 대사헌, 전라감사, 예조판서를 역임한 이인형의 딸이었다. 덕봉은 이들 사이의 3남 2녀 중 막내로 태어났다.

미암의 평생 행적을 기록한 글[諡狀]에 따르면, 그녀는 천성이 명민하고 경서와 사서를 두루 섭렵하여 여성 선비[女士]로서의 풍모가 있었다고 한다. 실제로 그녀는 여느 16세기 여성 예술가처럼 평생 시와 문, 편지 등을 써서 『덕봉집(德峯集)』이란 시문집을 남겼다.

덕봉은 열여섯에 스물네 살의 미암과 결혼하여 유경렴과 은우어미를 낳았다. 딸의 정확한 이름이 기록으로는 확인되지 않아 '은우어미'라고 부르기로 한다.

당시에는 남자가 여자의 집으로 가서 결혼식을 올리고 그대로 눌러사는 장가와 처가살이 혹은 친정생활이 보편적인 혼인풍속이었다. 한마디로 딸의 부모를 사위가 모시고 사는 시대였다. 덕봉 역시 결혼한 뒤에도 계속 담양에서 부모를 모시고 살았고, 부모가 죽은 뒤에는 그 집과 전답을 물려받아 조상의 제사를 모시며 살았다.

그렇다고 덕봉이 시부모를 전혀 모시지 않은 것은 아니었다. 미암이 귀양을 떠나자 덕봉은 시어머니 최씨를 모셔다가 지성으로 봉양했다. 이에 최씨는 덕봉의 효성에 감동하여 미암의 귀양지인 함경도 종성까지 편지를 보내기도 했다. 또 시어머니가 돌아가셨을 때에도 혼자서 예에 따라 장례를 치렀다.

뿐만 아니라 덕봉은 시어머니의 삼년상을 마친 뒤에는 함경도 종성으로 가서 미암을 모시고 충청도 은진으로 가서 함께 살기도 하였다. 그때 덕봉이 함경도 종성으로 가면서 지은 시가 아직까지 남아 있는데 그것을 옮겨보면 다음과 같다.

마천령 위에서 읊다

가고 또 가서 드디어 마천령에 이르니	行行遂至磨天嶺
동해는 끝이 없어 거울처럼 평평하다.	東海無涯鏡面平
만리 길을 부인이 무슨 일로 왔는고	萬里婦人何事到
삼종의 의는 무겁고 한 몸은 가벼운 것.	三從義重一身輕

하지만 1567년 10월 미암이 귀양에서 풀려나 서울로 올라가는 바람에 두 사람은 다시 떨어져 지낼 수밖에 없었다. 이처럼 미암과 덕봉은 함께 사는 시간보다 떨어져 사는 시간이 훨씬 더 많았다.

다음 이야기는 이 해 가을에 덕봉이 딸을 데리고 서울로 올라오는 모습을 일기를 토대로 재현한 것이다.

12일이 걸린 서울길

1568년 9월 8일 점심 무렵이었다. 서울 하늘엔 구름이 잔뜩 끼었지만 비는 오지 않았다. 모든 일이 순조롭게 풀릴 징조인 듯싶었다. 덕봉은 미암에게 편지를 보낸 뒤 양재역에서 가마와 가마꾼이 도착하기를 기다리고 있었다.

> 호남지방에서는 날씨가 따뜻하여 옷을 가볍게 입었기 때문에 두 사람이 함께 가마를 탈 수 있었는데 이제는 날씨가 추워져 옷을 두텁게 입었기 때문에 함께 가마를 탈 수가 없소. 딸자식이 말을 타며 곤란을 겪고 있으니 빨리 가마를 중로에까지 보내주시오.

양재역은 서울 남쪽에 위치한 첫번째 역으로서 한강을 건너기 직전에 이용하는 마지막 역이었다. 대개 남부지방에서 올라오는 사람들은 이곳 양재역이나 부근의 과천현에 당도하여 말에게 먹이를 주고 점심을 먹은 뒤 한강을 건너 서울 성 안으로 들어가곤 하였다.

역(驛)은 본래 공무로 나다니던 관리들에게 끼니와 잠자리 같은 여행의 편의를 제공하기 위해 설치된 것이었는데, 그들은 대개 뜨겁게 달궈진 방에서 몸을 지져 피로를 풀기를 좋아하였다. 그래서 역의 방은 계절과 상관없이 뜨겁게 달궈져 있었다.

그런 탓인지 아까부터 딸 은우어미는 잠이 든 은우를 무릎 위에 누인 채 벽에 기대어 꾸벅꾸벅 졸고 있었다. 은우어미는 윤관중과 결혼하여 두 살 된 딸 은우(恩遇)를 두고 있었다. 당시의 혼인풍속에 따라 결혼 후에도 계속 부모를 모시고 살았기 때문에 다른 누구보다 서로의 정이 각별하여 덕봉은 어디를 가든지 항상 그녀를 데리고 다녔다.

그렇다고 두 사람이 항상 웃고 지낸 것만은 아니었다. 1574년 여름 아주 무더운 날이었다. 은우어미가 여종에게 화를 내며 덕봉에게 대들자 덕봉이 '저렇게 사납고 못된 딸년하고는 살 수가 없다!'라고 하니 미암이 크게 꾸짖어 꺾었다. 당시 은우어미는 남편 윤관중이 첩을 둔 문제로 신경이 매우 날카로운 상태였는데, 아마 거기에서 비롯된 마찰이었던 듯하다. 두 사람의 갈등은 두 달이 지난 가을 9월에 은우어미가 조촐한 술자리를 마련해 남편과 함께 부모에게 술을 올리면서 점차 풀어졌다.

사위 윤관중(尹寬中)은 고산 윤선도로 잘 알려진 해남 윤씨 효정(孝貞)의 손자요, 항(衖)의 외아들이었다. 그도 미암처럼 해남에서 태어나 담양으로 장가들어 본가에 근친(覲親)을 다녔다. 자연히 결혼 후 그의 생활은 유동적일 수밖에 없었다. 올해 나이 서른하나인 그는 특별한 직업이 없었고, 이후 1573년에야 미암의 추천으로 선전관(宣傳官)이 된다.

덕봉이 방 안에 앉아 한참 쉬고 있을 때였다. 몸종 옥지가 달려와 문 밖에서 아뢰었다. 옥지(玉枝)는 미암의 노비로 본래 해남에서 살았으나 덕봉에게 불려와 곁에서 온갖 잔심부름을 해주고 있었다.

"마님, 나으리께서 보내신 가마와 가마꾼이 도착했사옵니다."

덕봉은 방문을 열고 물었다.

"그래, 점심은 어찌 되었다더냐?"

"여태까지 소식이 없다고 하더이다."

점심은 이 역을 관할하는 과천현감이 보내주기로 약속했으나 시간이 지나도록 소식이 없는 걸 보니 아마도 약속을 어긴 듯하였다.

'지금쯤이면 틀림없이 나으리가 한강에서 기다리고 계실텐데.'

덕봉은 이렇게 혼자말처럼 내뱉고서

"은우어미야, 어서 일어나거라. 아무래도 점심은 틀린 모양이다."
라고 딸을 깨운 뒤 외투인 장옷을 걸치고 밖으로 나갔다.

역 안에는 가마꾼들이 옹기종기 모여 앉아 이야기를 나누고, 역 밖에는 마부들이 여기저기 흩어져서 말에게 꼴을 먹이고 있었다. 이번 덕봉의 행차에 동원된 말은 대략 23필 가량이었다.

덕봉은 옥지를 보내 아들 유경렴을 찾았다. 경렴은 처가인 장성에 살았으나 어머니를 안전하게 호송하기 위해 큰아들 광선을 데리고 따라왔다. 기해생(1539년)으로 올해 나이 서른인 그는 윤관중처럼 내내 관직이 없다가 1570년에야 미암의 도움으로 영릉참봉(세종의 능을 지키는 종9품 벼슬)에 제수된다.

경렴이 다가오자 덕봉은 서두르며 말했다.

"점심은 도착해서 먹도록 하고 그만 출발하자꾸나."

"예, 어머니."

경렴의 대답이 짤막하게 떨어지자 가마꾼과 마부 들이 일제히 고개를 들어 하나같이 원망하는 눈빛으로 쳐다보았다.

사실 그들은 12일 전 담양을 출발하여 옥과·순창·임실·전주·삼례·여산·은진·니산·광정·공주·전의·천안·직산·진위·수원을 지나서 어제인 9월 7일에 경기도 용인에 도착했다. 또 자시(밤 11~1시)에 일찍 그곳을 떠나 진시(오전 7~9시)에 판교에 이르렀다가 오시(오전 11~1시)에 이곳 양재역으

---

*1568.9.9. 호남지방에서 내준 짐바리의 말을 낱낱이 회계해보니 담양에서 5필, 순창에서 3필, 창평·광주·나주·함평·부안·장흥·전주·고부에서 각 1필, 무안에서 2필을 보내 은진까지 보내줬고, 공주에서 2필을 보내 서울까지 보내줬으니, 모두 해서 19필이었다. 또 집안의 말이 2필, 사위의 말이 2필이었다. 모두에게 사례의 편지를 썼다.
點計湖南列邑卜馬, 則潭陽五匹, 淳昌三匹, 昌平·光州·羅州·咸平·扶安·長興·全州·古阜各一匹, 務安二匹, 送至恩津, 公州二匹, 又送至京城, 凡十九匹, 家馬二匹, 尹壻馬二匹, 皆修謝簡.

로 들어왔다. 담양에서 서울까지 무려 12일을 걸어왔을 뿐 아니라 이날은 한밤중부터 걸어와서 몹시 지치고 굶주린 상태였다.

경렴이 서둘러 가마를 대령하라고 이르자 그들은 마지못해 방금 전에 도착한 가마꾼과 함께 두 대의 가마를 나란히 대기시켰다. 이에 덕봉은 손자 광선을, 은우어미는 딸 은우를 안고 두 대의 가마에 각각 나누어 올랐다.

일행은 마침내 한강을 향해 남은 길을 재촉했다. 아들과 사위가 말을 타고 맨 앞에서 길을 인도하고 두 대의 가마가 바로 뒤를 쫓았다. 그리고 남종이 이끄는 10여 필 가량의 짐말과 여종을 태운 말들이 맨 뒤에서 꼬리에 꼬리를 물고 따라갔다.

그때 미암은 남쪽 한강에서 덕봉을 비롯한 가족들을 애타게 기다리고 있었다. 전날 저녁에 덕봉의 편지를 받고 가마와 가마꾼을 차려 보낸 그는, 새참에 손수 말을 타고 한강으로 마중을 나갔다. 이미 의정부의 서리와 하인들이 덕봉 일행을 맞기 위해 성대하게 장막을 치고 있었다. 이에 마음이 초조해진 그는 아예 배를 타고 한강을 건너 남쪽 나루터까지 나아갔다.

미암은 지난 4월 심봉원의 집으로 이사한 뒤로 차근차근 가족을 맞이할 준비를 해왔다. 5월에는 안채를 수리하고, 7월에는 목수와 기와장이를 불러 서까래와 굴뚝을 고쳤으며, 덕봉의 서울행이 임박해서는 문 뜨락과 굴뚝을 수선하였다. 또 대공을 담양으로 마중보낸 뒤 경기, 충청, 전라 3도의 감사에게 편지를 보내 덕봉의 행차를 잘 호송해달라고 부탁하였다.

얼마 지나지 않아 가족들이 하나 둘 연달아 도착하였다. 아들과 사위가 맨 먼저 달려와 땅에 엎드려 절을 올리고, 곧이어 덕봉과 은우어미의 가마가 도착했다. 미암은 절을 하는 자녀들의 손을 붙잡고 "무사히 도착했으니 참으로 다행이로다!"라고 하면서 반가운 마음을 감추지 못했다.

덕봉은 가마에서 나오면서 미암에게 말하였다.

"영감, 과천현감이 점심을 보내지 않아 양재역에서 곧장 이리로 왔답니다."

"그렇게 부탁했는데도 약속을 어겼구먼. 강 건너에 조촐한 음식상을 차려 놨으니 어서 배에 오릅시다."

미암은 서둘러 덕봉의 손을 잡고 배의 포장 속으로 들어갔다. 그리고 '나는 부인과 상대하여 다과를 먹으면서 강을 건넜다'라는 일기의 기록처럼 오붓하게 강을 건넜다.

일행이 무사히 한강을 건너 강변에 있는 정자에 오르니 의정부에서 먼저 점심을 대접하였고, 점심 후에는 미암이 다니는 홍문관에서 약간의 음식 대접을 해주었다. 이즈음 미암은 사간원에서 자리를 옮겨 홍문관에 다니고 있었다. 그밖에도 여러 친척들이 떡을 준비하여 종을 보내 마중을 하였다.

이윽고 시간이 신시(오후 3~5시)에 이르자 덕봉은 은우어미와 두 길로 나뉘어 성 안으로 들어갔다.

당시 서울은 성곽을 중심으로 성 안의 시가지와 성 밖의 들판으로 나뉘어 있었다. 성 안의 시가지는 궁궐과 각종 관공서, 시장, 주택이 담장을 이어가며 빽빽이 들어서 있었고, 성 밖의 들판은 여느 농촌과 다름없이 논과 밭, 수풀 등의 풍경이 펼쳐져 있었다. 특히 성 밖의 십리 이내에서는 나무를 자르거나 묘소를 쓰는 것이 금지되어 있어서 산에는 나무가 울창하고 마을도 별로 없어 인구밀도가 대단히 낮았다.

덕봉은 유시(오후 5~7시)에 남대문으로 들어가 중부 장통방에 이르렀다. 집은 넓고 깨끗했으며 문 뜨락과 창문도 말끔히 수리되어 있었다. 바라보는 곳마다 자신을 맞기 위한 미암의 정성을 실감할 수 있었다.

길쌈

전(傳) 유운홍(1797~1859), 「풍속도(風俗圖)」의 일부분, 국립중앙박물관 소장.

안주인은 가족들의 일상생활에서 의복수발, 봉제사, 접빈객, 살림장만, 경제적 책임, 정신적 지주, 기타 구휼까지 안팎의 집안일을 모두 주관함으로써 집 안의 실질적인 중심 역할을 하였다.

7 비로소 서울살림을 주관하다

가족공동체 사회

16세기에는 채소, 식량, 의복, 땔감 같은 의식주에 필요한 생활필수품을 가정 내에서 직접 만들어 사용하거나 이웃간의 선물로 충당하였고, 자녀 교육과 질병 치료 및 종교 활동도 집안의 어른들에 의해 해결되는 시대였다.

게다가 가족의 규모도 현대인은 좀처럼 상상하기 힘들 정도로 방대하였다. 현대의 가족 개념은 17세기 이후로 변화된 개념, 곧 할아버지·아버지·아들로 이어지는 부계(父系)만으로 한정되어 있으나, 16세기까지만 해도 부계만이 아니라 어머니 쪽의 모계, 처가 쪽 일가인 처계까지를 포함하고 있었다. 그래서 이 시기 사람들의 가족 개념은 '일가(一家)는 구족(九族)', 즉 부·모·처의 형제자매 등으로 대단히 폭넓었다. 뿐만 아니라 그들은 능력만 허락한다면 팔촌의 권속(眷屬)과 여기에 딸린 수십, 수백 명의 집안 노비까지도 거느리고 살았다.

미암과 덕봉 일가족을 보더라도 그들 부부를 비롯해서 딸과 아들 내외, 종손 유광문과 조카 송진 및 그 자녀들, 또 빈번히 집안을 들락거리는 주변의 일가친척들, 기타 100여 명의 노비 등 실로 엄청난 가족이 더불어 살았다.

이렇게 16세기는 가족공동체 사회였기 때문에 당시 조정에서는 무엇보다 먼저 가족을 강조하였다. 이 시기 관리들은 '수신제가 치국평천하(修身齊家 治國平天下)'를 중요한 덕목으로 삼았고, 가뭄이나 홍수로 나라에 기근이 발생하면 일차적으로 해당 가족이 책임을 지도록 하였다.

당시 가족은 오늘날 웬만한 기업체와 맞먹을 정도로 거대한 사회였으며 따라서 집안일도 엄연한 사회활동으로 간주되었다.

안주인의 역할과 권력

16세기 양반 가정의 여성들이 하는 일은 매우 방대했다. 당시에는 의식주를 비롯한 경제적 측면은 여성이 주도하고, 외부와의 접촉이나 관직을 통한 집안의 지위 상승 같은 대사회적 측면은 남성이 주도하였는데, 이 시기 남성들은 근친, 수학, 관직, 유배 등의 이유로 자주 집을 비우고 떠돌아다녔기 때문에 실질적으론 여성들이 안팎의 집안일을 거의 다 주관하였다.

실제로 이 시기 여성들이 하는 일은 매우 방대했는데, 덕봉의 경우를 통해 그것을 살펴보자.

첫째, 덕봉은 가족들의 일상생활을 책임졌다. 너무 흔한 일인지라 일기에는 기록되지 않았지만, 음식장만을 비롯해서 집안청소와 빨래, 방아찧기 등을 주관하였다. 또 옷감을 구입해서 물을 들이고 옷을 짓는 의복수발도 하였다. 물론 실제 노동은 대부분 노비인 여종이 담당하였다. 남종과 마찬가지로 여종도 분업화된 형태로 집안일을 처리했는데, 음식을 장만하는 찬모와 그 밑에서 허드렛일을 하는 여종들, 안주인의 시중을 드는 몸종과 심부름꾼, 베를 짜고 옷을 짓는 의비(衣婢), 집안의 음악을 담당하는 가비(歌婢) 혹은 악비(樂婢) 등이 그것이다.

둘째, 제사를 지내고 손님을 접대하는 봉제사 접빈객(奉祭祀 接賓客)도 덕봉의 역할 가운데 하나였는데, 제사 풍속에 대해서는 나중에 보기로 하고 여기서는 손님 접대에 대해서만 간략히 살펴보자.

평소 미암집에는 각양각색의 사람들이 그야말로 끊임없이 찾아왔다. 덕봉이 서울살림을 주관하기 시작한 9월 12일만 하더라도 단성령(丹城令)과 최첨지(崔僉知)를 비롯해서 사인사(舍人司)의 아전 김광필(金光弼), 전 현감 김응정(金應禎) 등 무려 열 명의 손님이 찾아왔다. 그때마다 미암은 가까운 일가친척은 안으로 불러들여 만나보고, 나머지는 바깥 사랑방으로 나가서 접견하였다. 또 손님이 찾아오면 안주인은 으레 차와 술, 밥 같은 음식을 대접하기 마련이었다. 하루는 퇴계 이황이 찾아오자 덕봉은 술을 내주고, 아울러 그 종들에게도 음식을 대접했다.

셋째, 덕봉은 장인을 불러 병풍을 만들거나 가마를 수리하는 등 각종 살림을 장만하였다. 1574년 9월 여름에 덕봉은 화공 윤인걸(尹仁傑)을 불러 쌀 두 말을 주고 여덟 첩의 병풍을 그리도록 한다. 그리고 가을에 도배장이 효도금(孝道金)을 불러다가 틀을 짜고 발라서 병풍을 만들도록 한다. 병풍은 완전하고 치밀하게 되어 볼 만하였다. 이에 미암은 '모두가 부인의 성물(成物)하는 지혜로 말미암은 것이다. 나의 사려(思慮)가 미칠 바가 아니다'라고 감탄을 아끼지 않는다.

나아가 덕봉은 '부인이 노비를 시켜 사랑방 동편에 토우(土宇)를 만들었다. 바로 세속에서 말하는 헛간이다'라는 일기의 기록처럼 집을 짓기도 하였다. 특히 미암과 덕봉이 말년에 살았던 창평집은 순전히 덕봉이 설계하고 공사를 주도해서 지은 집이었다.

넷째, 덕봉은 가족 관리는 물론 미암의 정신적 지주 역할까지 담당하였다. 그녀는 평소 딸과 아들 및 손자들을 기르고 가르쳤을 뿐 아니라, 때로는 미암의 건강 관리와 친구 관계 및 관직생활까지 도와주었다. 심지어 미암의 서책을 관리하고 정리하는 한편 저작작업에도 많은 도움을 주었다.

다섯째, 덕봉은 집안의 수입·지출과 재산증식 등 갖가지 경제적 책임을 떠맡았다. 우선 그녀는 집안에 나고드는 물건을 관리했는데, 당시는 서로 필요한 물건을 주고받으며 살아가는 선물경제 시대였기 때문에, 그것은 우리가 생각하는 것보다 훨씬 중요한 경제활동이었다. 이날만 하더라도 허봉(許篈)이 서책 두 권과 책상 하나를 보내왔고, 권옥천(權沃川)이 버들고리 세 개와 병풍 하나 및 소반 두 개를 빌려줬으며, 김재부(金在孚)가 백지 두 권을 선사하였다. 반면에 덕봉은 여종을 시켜 후한 물건을 이정진(李正震)의 집으로 보냈다고 한다.

또 '부인이 스스로 말하기를, 서울로 오면서 짐을 싣고 왔던 말을 팔아 가지고 쌀을 사서 내놨다가 받아들이는 일을 시작했다고 한다'라는 일기의 기록처럼 쌀을 빌려주고 이자를 계산해서 받기도 했으며, 고향에서는 지방관의 도움으로 적잖은 토지를 매입하기도 하였다.

여섯째, 덕봉은 곤궁에 처한 사람을 도와주는 구휼(救恤)을 통해 마을의 안주인 역할을 담당하기도 하였다. 평소 덕봉은 재난을 당한 일가친척을 자주 도왔고, 앞의 유광문처럼 어려운 일가친척을 데려다가 마치 친자식처럼 돌봐줬다. 또 '부인이 충주 기유(己酉)년의 옥사에 억울하게 죽은 한성판윤의 처를 보고 불쌍함을 견딜 수 없어 웃옷과 속옷, 신발, 양곡, 콩 등을 줬고, 딸도 버선 등을 줬다'라는 기록처럼 곤궁한 이웃을 도와주기도 하였다.

이 시기에는 여성의 집안일이 생존과 직결되는 매우 중요한 일이었고, 그런 만큼 충분한 대우를 받았다. 즉 하는 일이 많은 만큼 존경도 받았다. 게다가 16세기까지는 여권을 제도적으로 보장했기 때문에 여성의 권력은 남성 못지 않게 강하였다.

다음 이야기는 서울로 올라온 덕봉이 살림을 주관하는 모습을 일기를 토대로 사실적으로 재현한 것이다.

살림 점검

1568년 9월 12일 오후 무렵이었다. 지난 8일 서울로 올라온 덕봉은 며칠을 푹 쉬고 비로소 안살림을 주관하기 시작했다. 평소 잔병이 잦은 편인데다 먼 길을 오느라 피곤하여 그녀는 줄곧 방 안에서 몸조리를 하였던 것이다. 하지만 곧 친정어머니 제사가 돌아오고, 또 지난번에 마중을 보낸 사람들에게 답례도 하지 않은 채 마냥 누워 있을 수만은 없어서 이날 오후부터 가볍게 단장하고 안채와 아랫채에 딸려 있는 부엌으로 나갔다.

우선 전통시대 부엌 모습을 그려보면, 벽에는 찬장과 선반을 두어 그릇과 밥상 같은 것을 올려놓았고, 그 밑에는 둥그스름한 설거지통이 놓여 있었다. 또 아랫방 쪽으로는 솥을 걸고 불을 때는 아궁이가 가로로 줄줄이 배치되어 있었다. 대개 양반가에서는 큰솥, 중솥, 작은솥 등 최소한 서너 개의 솥을 걸어 두고 썼는데, 그래야만 동시에 밥과 국을 만들고 물을 데울 수 있었기 때문이다. 그리고 부엌 옆에는 제법 널찍한 마루방을 두어 밥상을 차리고 반찬을 만들기도 하였다.

덕봉이 부엌으로 들어가니 찬모 유지가 여종 백은비와 함께 앉아서 저녁 찬거리를 다듬고 있었다. 백은비(白隱非)는 덕봉을 따라 올라온 노비였는데, 고문서(古文書)에 따르면 기축생(1529년)으로 올해 나이는 마흔이었다. 두 사람은 덕봉을 보자 얼른 일어나 인사를 올렸다.

"마님, 나오시옵니까?"

"그래, 벌써 저녁을 준비하느냐?"

덕봉은 찬모와 함께 부엌에서 마루까지 두루 살펴보았다. 평소 큰 살림을 주관해온 터라 언뜻 보아도 한 집안의 살림 규모를 쉽게 파악할 수 있었다.

그런데 막상 자세히 둘러보니 부족한 것이 한두 가지가 아니었다. 찬거리를 담아두는 바구니는 말할 것도 없고 당장 필요한 밥상도 턱없이 부족한 형편이었다.

"여보게, 찬모. 어디서든 바구니와 밥상을 좀 빌려오게. 또 머지 않아 제사가 돌아오니 병풍도 빌릴 수 있으면 빌려오게나."

부엌 살림을 모두 둘러본 덕봉은 백은비를 데리고 바로 옆의 곳간으로 들어갔다. 곳간은 쌀, 보리, 콩 등의 양식과 자질구레한 물건을 넣어두는 곳이었다. 옹기에 든 쌀을 확인해보니 아직도 충분한 양이 남아 있었다. 하지만 말먹이 콩은 며칠 지나지 않아서 떨어질 듯하였다.

덕봉은 곳간 한 쪽에서 마른 전복 두 묶음을 찾아 작은 보자기에 쌌다. 사흘 전에 이정진의 부인이 반찬과 과일을 보내왔는데 그에 대한 보답을 하기 위해서였다.

그때 마침 여종 부용이 광주리에 빨랫감을 가득 담아 머리에 이고 집 안으로 들어왔다. 부용(芙蓉)은 덕봉의 노비로 본래는 담양에서 살았으나 지난해 유지와 함께 미암을 따라 올라와 빨래, 방아찧기, 심부름 등 온갖 허드렛일을 도맡아하고 있었다. 지난 7월에는 '여종 부용이 대공과 서로 싸우기에 그들의 종아리를 때려줬다'라는 일기의 기록처럼 대공과 맞붙어서 크게 싸운 적도 있었다. 가족은 남편 춘세(春世)가 지금 황해도 해주에 살면서 매년 신공을 납부하였고, 자식 가시(嘉屎)는 이태 뒤에 홍역으로 죽는다.

"부용아, 빨래는 백은비한테 널도록 하고 너는 이것을 이씨 댁에 갖다 주고 오너라."

"예, 마님."

부용은 머리에 이고 있던 광주리를 내려놓고 덕봉에게 보자기를 건네받아 서둘러 집을 나섰다.

덕봉은 다시 마당을 가로질러 미암을 찾아갔다. 그녀가 사랑방 앞에 이르자 툇마루에 앉아 있던 시동 옥석이가 방 안을 향해 "나으리, 마님이 나오셨사옵니다"라고 아뢰면서 스르르 방문을 열어주었다. 이날도 미암은 여느 때와 마찬가지로 일찍 퇴근하고 돌아와 사랑방에서 조용히 책을 보고 있었다.

덕봉은 방 안에 들어서자마자 길게 한숨을 내쉬면서 미암을 나무랐다.

"휴우. 아무리 주인 없는 살림이라고 저토록 내버려둘 수가 있소. 예나 지금이나 살림에 무심한 건 여전하구려."

실제로 후대 허균은 『성소부부고』에서 미암의 성품을 이렇게 지적하였다.

미암은 학문이 매우 정밀하고 행실이 독실했으며 배우는 이를 대할 때마다 성명지학(誠明之學)을 자세히 가르쳐서 게을리하지 않았다. 그러나 성품이 매우 오활해서 가사를 다스릴 줄 몰랐고 의관과 버선이 해져도 부인이 새 것으로 바꿔주지 않으면 꾸밀 줄을 몰랐다. 거처하는 방은 책을 펴놓은 책상 외에는 비록 먼지와 때가 끼어 더러워도 쓸고 닦지 않았다.

미암은 보던 책을 밀치고 의아한 얼굴로 물었다.
"아니, 갑자기 그 무슨 소리오? 내 딴엔 잘한다고 했는데 말이오."
덕봉의 불평은 계속되었다.
"이번에 우리집 식구가 얼마나 많이 늘었소. 그런데도 밥상이 고작 손가락으로 꼽을 지경이니 도대체 뭘로 상을 차리란 말이오. 곳간의 콩도 내일 모레면 떨어지겠습디다."
"그렇지 않아도 생각은 했는데 그만 깜박하고 말았소. 내 지금 곧 사람을 보낼 테니 너무 나무라지 말구려."
미암은 밖을 향해 소리쳤다.
"게 옥석이 있느냐. 나가서 몽근이와 한풍이를 불러오너라."
미암은 그들을 청주로 보내 콩을 구해오도록 하였다. 이날의 일기를 보면, '노비 몽근과 한풍을 청주에 보냈는데 콩을 구하기 위해서다. 지방관아에서 구하는 것을 좋아하지 않지만 이는 부득이한 일이다'라고 기록되어 있다.
미암이 심부름 보낼 사람을 찾자 덕봉은 천천히 일어나 사랑방을 나왔다. 그리고는 은우어미를 불러 저녁 준비를 맡기고 도로 안방으로 들어갔다. 해가 벌써 서쪽으로 반쯤 기울고 있었다.

제사 상차림

필자미상, 「감모여재도(感慕如在圖)」, 개인 소장.

제사는 양반가에서 반드시 지켜야할 덕목의 하나로, 손님 접대와 함께 안주인의 살림살이 가운데 중요한 부분을 차지하였다.

자기 조상의 제사는 자기가 지내야

제사의식

제사란 죽은 조상께 음식을 바쳐 정성을 표하는 의식으로 이 시기 양반 가정에서는 반드시 지켜야 할 덕목이었다. 기록으로 전하지는 않지만 하층민도 드물게나마 제사를 지냈을 것으로 학자들은 추정하고 있다.

제사의 종류는 해마다 돌아가신 날에 지내는 기제(忌祭), 철 따라 일 년에 네 번(2, 5, 8, 11월) 지내는 시제(時祭), 무덤에 가서 지내는 묘제(墓祭), 명절이나 생일에 지내는 다례(茶禮) 등이 있었다.

미암은 대개 모든 종류의 제사를 지냈는데 다만 생일날의 다례는 아예 지내지 않았고, 명절의 다례는 형편에 따라서 지낼 때도 있고 그렇지 않을 때도 있었다. 시제는 조부모와 부모 2대에 한해서만 모시다가 뒤늦게 2품의 반열에 오르자 증조 이하 3대까지 모셨다. 기제는 부모만 모셨고, 외갓집 식구들과 돌아가면서 외조부모의 기제를 지냈으며, 처부모의 기제를 지내기도 하였다. 16세기까지는 여전히 아들과 딸이 공평하게 재산을 분배받았기 때문에 제사도 서로 돌아가면서 지내는 것이 관례였다.

미암은 제사를 지내기 전날엔 재계를 이유로 가급적 손님을 접대하지 않았고 제삿날에는 출근도 하지 않았다. 그리고 흥미롭게도 개가 새끼를 낳으면 제사를 지내지 못하는 것으로 여겼다.*

덕봉은 부모의 기제만 지냈는데 가풍에 따라 두 분을 함께 모셨다. 그러니까 어머니의 제삿날에는 아버지도 함께 모시고 아버지의 제삿날에는 어머니도 함께 모셨던 것이다. 하지만 고향에 있을 때는 문수사란 절에서 불교식 제사를 지내기도 하였다.** 원래 불교식 제사는 고려시대에 주로 행한 제사방식이었으나 덕봉의 집안은 아직까지 그것을 따르고 있었다.

미암은 기본적으로 자기 조상의 제사는 자기가 지내야 한다고 생각하였다. 그는 덕봉이 서울에 올라오기 전까지 자신이 직접 주관해서 제사를 지냈고, 덕봉이 올라온 뒤부터는 지방과 축문을 쓰고 제례를 안내하는 역할은 자신이, 제사 음식인 제수를 장만하는 역할은 덕봉이 하였다. 미암은 제사를 지낸 뒤 항상 일기에다, '제물이 정결하고 풍족하게 갖추었으니 부인이 내조한 힘이다', '제물이 깨끗하고 풍비했으니 부인이 준비한 힘이다'라고 기록하면서 부인의 노고에 감사를 표하였다.

결국 자기 조상의 제사는 자기가 책임을 지고 지내야 하는 것으로 여겼다. 미암 일가의 월별 제사 일람표를 작성해보면 아래와 같다.

1월: 외할머니 기제(8일).
2월: 어머니 기제(11일), 시제(20일).
4월: 덕봉의 아버지 기제(3일).
5월: 시제(15일).

---

*1573. 8.10._내일은 조비 설씨의 기일인데 일전에 집안 개가 새끼를 낳았기 때문에 제사를 지내지 못한다.
明日, 乃祖妣薛氏之忌, 而以頃日家庭內狗産兒, 故不得祭.

**1569.10. 4._식후에 장모의 기제를 지내기 위해 문수사로 갔다. 바로 재실인 것이다. 송군직과 송진은 주인으로 가고, 경렴과 윤관중도 따라갔고, 서희익·채원서·이의는 객으로 왔다. 제사를 지낸 뒤 두부밥을 먹고 해가 기울 무렵에 왔다.
食後, 爲過外姑忌日祭, 詣文殊寺, 卽齋室也, 宋君直, 宋震, 以主人, 景濂, 尹寬中, 亦隨行, 徐希益, 蔡元瑞, 李義, 以客至, 祭後, 食豆腐飯, 日昳, 乃來.

미암 유희춘의 가계도

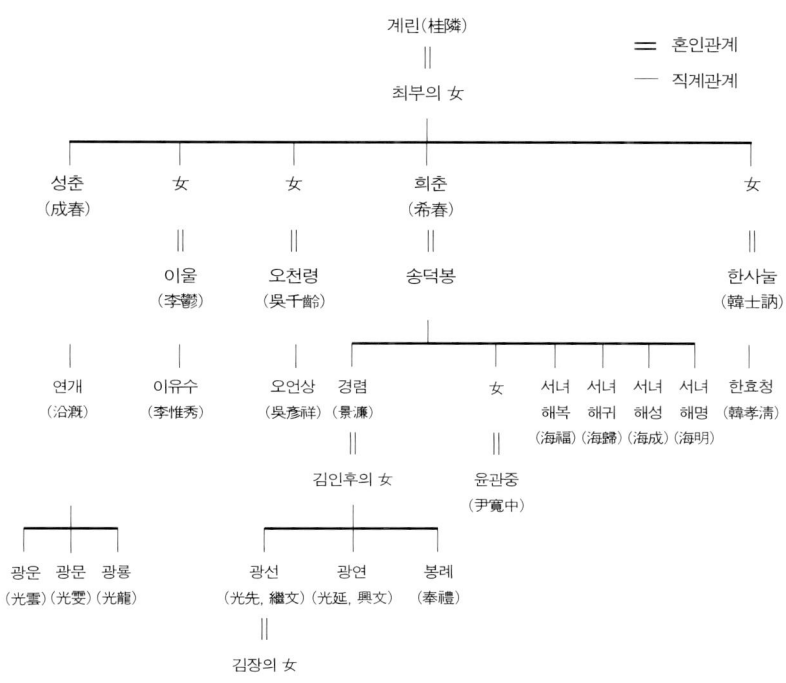

송덕봉의 가계도

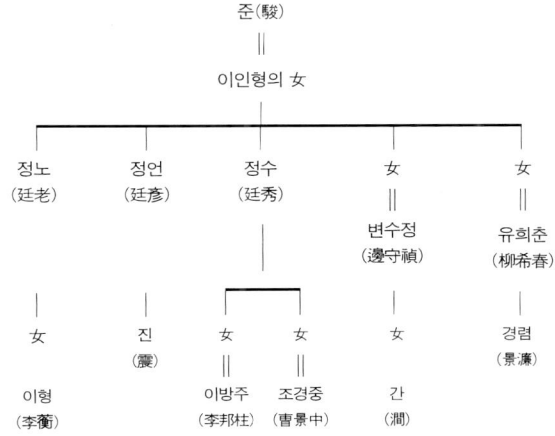

6월: 아버지 기제(6일).

8월: 시제(20일).

9월: 다례(9일).

10월: 덕봉의 어머니 기제(14일), 외할아버지 기제(24일).

단, 묘제는 미암이 휴가를 얻어 고향에 내려갈 때마다 수시로 지냈기 때문에 별도로 기록하지 않았다.

다음 이야기는 이 해 10월에 있었던 덕봉의 어머니 제사 모습을 일기를 토대로 사실적으로 재현한 것이다.

친정어머니 제삿날

1568년 10월 14일, 이날은 덕봉의 친정어머니 제삿날이었다. 덕봉은 새벽 닭이 울기 전에 일어나 몸단장을 하고 제복인 연한 옥색 치마저고리를 입었다. 이 시기 제사는 주로 새벽에 일어나서 날이 밝기 전에 지냈다.*

전날 하루 종일, 그리고 밤새 제수를 장만하고 잠깐 눈을 붙인 탓인지 그녀의 얼굴은 퉁퉁 부어올라 있었다. 서울에 올라온 지 얼마 되지 않아 제수와 제기가 많이 부족했지만 다행히 여기저기서 집안에 제사가 있다는 말을 듣고 보내줘서 겨우 제물을 장만할 수 있었다.

임백영(任百英)이 유자 10개와 전복 7고지를 선물하고, 또 권동보(權東輔)

---

*1568.5.14._파루를 치기 전에 일어나 머리 빗고 세수하고 관 쓰고 띠 띠고 지방과 축문을 쓰고 먼동이 틀 무렵에 조부와 부친의 양위 등 4대의 제사를 지냈는데 제물이 퍽 갖추어져 흐뭇했다.
未罷漏起寢, 梳洗冠帶, 書紙榜祝文, 昧爽, 設祭于祖考兩主凡四尊, 祭物頗備, 可喜可喜.

가 집에서 보낸 콩으로 두부를 만들어 보내와서 가까스로 제물을 장만하였다.

그래서인지 덕봉은 '상에 올릴 음식은 빠진 게 없을까, 제물을 너무 인색하게 준비한 건 아닐까' 등등 제삿날만 돌아오면 느끼는 마음의 부담이 오늘따라 유난히 심하게 느껴졌다.

어느새 종들이 마당에 횃불을 켜놓았는지 불빛이 문풍지를 통해 환하게 비쳐왔다. 그녀는 방문을 열고 대청마루로 나가 딸 은우어미를 불렀다.

"은우어미야."

"예, 어머니."

은우어미가 하던 일을 멈추고 부엌에서 나왔다.

"준비는 다 되었느냐?"

"예, 이제 차리기만 하면 됩니다."

"그럼 서서히 대청으로 나르도록 하거라."

덕봉은 이렇게 지시한 뒤 몸종 옥지를 보내 행랑채의 종들을 불러들여 말하였다.

"너희들은 어서 대청에 병풍을 두르고 자리를 깔거라. 자리는 두 장을 갖다가 하나는 상 밑에 깔고 다른 하나는 상 앞에 깔거라."

제사는 주로 대청에서 지내는데 날이 아주 추우면 안방에서 지냈다.

덕봉의 지시를 받은 종들은 서로 분담해서 대청에 병풍을 두르고 자리를 깐 뒤에 제물을 차릴 제상, 신주를 모실 교의(交椅) 등을 차례대로 옮겨왔다. 제사 때에는 으레 그렇듯이 그들은 모두 분주하지만 조용하게 움직였다.

한편 미암은 사랑방에서 재계를 하고 있었다. 재계(齋戒)란 제사를 지내기 위해 몸과 마음을 깨끗이 하고 부정한 일을 멀리하는 것을 말한다. 그는 제사가 있는 날이면 항상 이틀 전부터 육식을 하지 않고 물을 만 밥에 오이, 생강, 김치를 먹으면서 소식(素食)을 하였고, 하루 전에는 부인과 떨어져서 밖에 나가 잠을 잤다. 또 여름에는 '나는 냉수로 목욕을 했다. 재계를 하기 위해서이다'라는 기록처럼 특별히 목욕을 하기도 하였다.

이날도 사위 윤관중과 사랑방에서 자고 일어난 미암은 덕봉과 마찬가지로 의관을 정제하였다. 아들 유경렴은 7일 정도 머물다가 곧 처가인 장성으로 되돌아갔고, 종손 유광문은 공부를 하기 위해 어제 아침에 황해도 해주로 떠나고 없었다.

미암은 갓을 쓰고 흑색 단령을 입은 뒤 허리에 띠를 둘렀다. 그리고 좋은 붓과 깨끗한 물로 지방(종이로 만든 신주)과 축문(제사 때 신명께 고하는 글)을 써서 사위를 데리고 안채로 올라갔다. 덕봉은 가풍에 따라 두 분의 제사를 함께 모셨기 때문에 오늘은 두 장의 지방을 써가지고 갔다.

제사 음식과 상차림

16세기의 일상 음식은 기본적으로 밥과 국, 김치, 장 그리고 생선과 고기 반찬으로 구성되어 있었다. 물론 그 집안의 경제 사정이나 가족의 기호에 따라 반찬의 종류는 다소 달랐다.

이에 비해 제사 음식은 매우 다양하게 구성되었다. 제사 음식에는 밥과 국, 김치 같은 기본 음식만이 아니라 떡과 술, 과일, 과자 등 온갖 음식이 올라갔다. 하지만 상차림에서는 평소의 밥상 차림과 별반 차이가 없었다.

평소의 밥상 차림을 보면 상을 죽 늘어놓고 주인 어른부터 순서대로 차렸다. 당시엔 모든 식구들이 함께 앉아 식사하는 것이 아니라 주인과 노비, 나이의 많고 적음, 남자와 여자가 각각 구별하여 식사를 하였다. 그래서 작고 가벼운 좌식 식탁이 발달했으며, 밥상은 각 방으로 옮겨서 먹었다. 단, 부부는 한 상에서 밥을 먹고 한 방에서 잠을 자는 것을 선호하였다.

매 끼니의 음식은 여종들이 준비했고, 안주인은 단지 그들이 만든 음식으로 상을 차리기만 하면 되었다. 대개 안주인은 여종들이 미리 준비한 반찬을 하나씩 집어 올린 뒤 마지막으로 밥과 국을 퍼서 상에 올렸다. 상차림은 수저

『미암일기』에 나타난 식품류

● 주식류

벼(禾), 보리, 밀(兩麥), 콩(太), 팥(小豆), 녹두(綠豆), 메밀(蕎)

● 부식류

육류 ——— 소(牛), 돼지(猪), 멧돼지(山猪), 노루(獐), 닭(鷄), 꿩(雉), 비둘기(鳩), 참새(雀)

수산물 ——— 어류 ……… 청어(靑魚), 문어(文魚), 숭어(秀魚), 은어(銀口魚), 조기(石首魚), 도미(道味魚), 오징어(烏賊魚), 낙지(絡締), 대구(大口魚), 민어(民魚), 잉어(錦鱗魚)

　　　　　　패류 ……… 전복(全鰒), 홍합(紅蛤), 굴(石花, 牡蠣)

　　　　　　해조류 …… 미역(甘藿), 김(海衣), 감태(甘苔)

채소류 ——— 무(菁根), 오이(苽), 가지(茄), 토란(土卵), 송이버섯(松茸), 쑥(艾), 고사리(蕨), 박(匏)

과일류 ——— 수박(西瓜), 참외(眞瓜), 감(柿), 홍시(紅柿), 매실(梅實), 앵두(櫻桃), 은행(銀杏), 감귤(柑子), 유자(柚子), 사과(沙果), 배(梨), 대추(棗), 밤(栗), 잣(柏), 호두(胡桃)

양념류 ——— 생강(薑), 마늘(蒜), 후추(胡椒), 참깨(眞荏), 소금(鹽), 장(醬), 새우젓(蝦醢), 게젓(蟹醢), 누룩(麴)

● 기타

꿀(蜜),
청주(淸酒), 탁주(濁酒), 소주(燒酒)
얼음(氷)
떡(餠), 만두(饅頭)

를 놓고, 밥은 상의 앞줄 왼쪽에, 국은 그 오른쪽에, 국물 있는 반찬은 가까이, 마른 반찬은 멀리 놓는 형식으로 차렸다.

제사 때의 상차림도 이와 마찬가지였다. 상차림은 집안에 따라 조금씩 달랐지만 대체로 조상의 입장에서 보아 첫 줄에는 메(밥)와 갱(국)을, 둘째 줄에는 탕(湯)을, 셋째 줄에는 적(炙)과 전(煎)을, 넷째 줄에는 포와 나물 및 김치를, 다섯째 줄에는 과일을 각각 놓았다. 단 제사 음식은 한 번 바닥에 떨어지면 다시는 상에 올리지 못하였기 때문에 더욱 신경을 써야 했다.

미암이 사위를 데리고 안채 대청으로 올라가니 덕봉은 어느새 제상을 차렸는지 은우어미한테 밥과 국을 떠오라고 하였다.

"은우어미야, 어서 가서 밥과 국을 퍼오거라."

얼마 후 은우어미가 여종들과 함께 김이 피어나는 밥과 국을 퍼왔는데, 덕봉은 그것들을 받아서 제상에 올린 뒤 양쪽에 두 개의 촛불을 나란히 밝혔다. 그리고 미암이 써온 두 장의 지방을 교의에 올려 놓았다.

어느덧 제상이 모두 차려진 듯하자 미암이 앞으로 나오면서 말하였다.

"자, 어서 제사를 지냅시다."

제사는 제수를 진설한 뒤 초헌(첫번째 술잔 올리기), 아헌(두 번째 술잔 올리기), 종헌(세 번째 술잔 올리기)의 순서로 진행되었다.

미암은 먼저 두 번 절을 하고 나서 다른 가족들도 두 번씩 절을 하도록 하였다. 그런 다음 첫번째 술잔을 올리고 사위 윤관중한테 축문을 읽도록 하였다. 윤관중은 엄숙한 목소리로 축문을 읽기 시작하였다. 이날의 축문은 남아있지 않으므로 지난 5월 미암이 시제를 지낼 때 사용한 축문을 대신 살펴보자.

기르시고 가르치신 은혜에 힘입어 일찍이 문학으로 경연에 들어갔사온대 중년에 비운을 겪어 하늘가에 떨어졌다가 20여 년 만에 다시 조정에 들어가 녹을 먹게 되었사옵니다. 이제 어머님 돌아가신 날을 맞이하여 박하게나마 제사를 차렸사오니 부디 흠향하옵소서.

덕봉은 윤관중이 축문을 읽은 뒤에 두 번째 술잔을 올리고, 숟가락을 들어 밥그릇의 중앙에 꽂기도 하였다.

제사는 제물이 늦게 갖추어진 탓에 진시(오전 7~9시)에야 겨우 끝났다. 미암은 마지막으로 일제히 두 번씩 절을 하도록 하고 그만 상을 물리도록 하였다.

대개 제사를 지내고 나면 제사에 쓴 음식을 주위 사람들과 나누어 먹곤 하였다.* 또 고기나 술, 과자를 집안 노비에게 나눠주었다. 먹거리가 풍족하지 않았던 시대였으므로 그것은 아주 큰 음식이었다.

이날 덕봉은 친정어머니 제사에 그런 대로 제물이 갖추어져 아주 흐뭇하였다.

---

*1574.8.16._제사가 끝난 뒤에 제사음식을 이웃과 친척들에게 나누어 보냈다. 나중부를 청했으나 학질을 앓고 있어서 고기와 기타 반찬을 보냈다.
祭後, 分送餕餘于鄰里族親, 邀羅仲孚, 瘧餘不能來, 余送肉饌.

바느질 하는 여인들

조영석(1686~1761), 「사제첩(麝臍帖)」의 일부분, 개인 소장.

옷감을 구입해서 물을 들이고 재단과 바느질을 하는 의복수발도 안주인의 살림살이 가운데 하나였다. 물론 그것들의 실제 노동은 거의 대부분 의비(衣婢)가 담당하였다.

9 임금이 미암의 관복을 하사하다

의복수발

전통 사회는 생활에 필요한 물품을 거의 대부분 가족 내에서 직접 만들어 사용하는 자급자족적 가족사회였다. 의복도 옷감을 생산해서 염색을 하고 재단과 바느질을 하는 등 모든 과정을 가정에서 손수 해결하였다. 따라서 부인의 살림살이 가운데 중요한 부분을 차지하는 것이 가족들의 의복수발이었다.

덕봉도 미암을 비롯한 가족들의 의복을 수발했다. 옷감은, 서울에서는 '부인이 삼베 25필로 남색비단 치마감을 샀다'라는 기록처럼 돈을 주고 구입하기도 했지만, 고향에서는 누에를 치거나 삼을 재배하여 직접 생산하였다.

또 여름에는 한강에서 쪽풀을 뜯어오고 서빙고에서 얼음을 받아다가 옷감에 물을 들이기도 하였다.* 서빙고(西氷庫)는 조선초기에 설치한 얼음 저장소의 하나로 지금의 서울 용산 부근 한강변에 있었다. 당시 양반 관료는 여름에 제사를 지내거나 옷감에 물을 들일 때 빙패(氷牌)를 가지고 서빙고로 가서 얼

---

*1574.7.27._부인이 종을 시켜 한강에서 쪽풀을 뜯어왔다.
   夫人遣奴, 採藍于漢江來.
1574.7.28._부인이 얼음 네 덩어리로 명주베에 쪽물을 들여 바람에 치니 다섯 필이었다.
   夫人取四丁氷, 而染紬以藍而風之, 五匹也.

음을 받아다가 사용하였다.

덕봉은 틈나는 대로 의복을 짓기도 하였다. 이듬해인 1569년 8월 덕봉은 관복을 짓다가 잠시 미암을 불러서 입혀 보고 옷이 긴지 짧은지를 재어보았다.* 그리고 1574년에는 마룻바닥에 앉아 여종이 옷 짓는 것을 감시하다가 냉증으로 구토를 하기도 하였다.**

하지만 덕봉의 옷 짓는 모습을 구체적으로 보여주는 기록은 남아 있지 않다. 아마 옷을 전문으로 짓는 의비(衣婢)를 두어 자신의 부족한 일손을 덜었을 법한데 현재로선 추정에 그칠 뿐이다. 그러므로 이 책에서는 '짓다 둔 모시옷'이라는 시를 인용함으로써 전통시대 여성들의 옷 짓는 모습을 살펴보고자 한다. 이 시는 채제공(蔡濟恭)이 부인과 사별한 지 얼마 되지 않아 지은 것으로서 당시 여성들의 옷 짓는 모습을 잘 보여준다.

희디흰 모시베 백설처럼 새하얗네.	皎皎白紵白如雪
집사람이 살아 생전에 간수한 물건이라고.	云是家人在時物.
우리 집사람 낭군을 위해 이 옷감 알뜰살뜰 마련해서	家人辛勤爲郞厝
바느질 미처 못 마치고 사람이 먼저 떠났구나.	要襽未了人先歿.
할멈이 상자를 열더니 그걸 찾아 꺼내어 눈물을 닦으며	舊篋重開老姆泣
"아씨가 옷을 짓다 두고 가셨으니 어느 솜씨 이걸 대신할꼬?"	誰其代斲婢手拙.
모시베 온필이 마름질(재단)은 진작 끝나고	全幅已經刀尺裁
바늘로 시친 자국 드문드문 상기도 완연하네.	數行尙留針線跡.

---

*1569. 8. 1._낮에 부인이 청해서 새 당상관의 길복을 입고 긴지 짧은지를 보았다.
　　　　　　午. 因夫人請, 著新堂上吉服, 以驗其長短也.
**1574. 9. 17._부인이 냉증으로 약간 구토를 하였다. 옷짓는 것을 감시하느라 차가운 마룻바닥에 앉아 있었기 때문이다.
　　　　　　夫人患冷證微嘔吐, 以監裁衣, 坐板堂故也.

식전 아침 빈방에서 모시옷 입어 보니　　　　　　朝來試拂空房裏
당신의 자태 어렴풋이 다시금 대하는 듯싶구료.　　怳疑更見君顔色.
당신이 창문 앞에 앉아서 바느질하던 그적에　　　憶昔君在突前縫
어이 알았으리오! 내 그 옷 입는 걸 당신이 못 볼 줄을.　安知不見今朝着.
이 물건 비록 별 것 아니라도 나에겐 더없이 소중하니　物微猶爲吾所惜
이 다음에 어디 가서 당신 솜씨 얻어 입으리오.　　此後那從君手得.
누구 능히 할 수 있다면 지하 황천에 가서 말 전해주오.　誰能傳語黃泉下
이 모시옷 낭군 몸에 한 치도 틀림없이 잘 맞다네.　爲說穩稱郞身無罅隙.

관복(官服)

1568년 10월 23일 이른 아침이었다. 여느 때처럼 새벽에 일어나 몸을 단장하고 조반을 마친 미암은 의관을 갖추기 위해 자리에서 일어나며 덕봉에게 말하였다.

"내가 본시 이가 많은 사람인데 근래에 와서 보기가 드물어 의심을 했소. 근데 전일부터 다시 많아지기 시작했으니 이젠 염려하지 않아도 되겠소."

"좋기도 하겠수."

이 시기 사람들은 죽을 사람에게는 이가 없어진다고 여겼다. 며칠 전에도 미암은 '내 몸에 이가 많아졌다, 적어졌다 하면서 끊이지 않으니 기쁘다'라고 일기에 기록하였다.

장롱 앞에서 미암의 관복을 챙기고 있던 덕봉은 웃으면서 대답하고 철릭부터 관복을 하나씩 내밀었다.

16세기 관복은 철릭에다 단령 혹은 답호를 입었는데 철릭과 단령, 철릭과 답호로 각각 짝을 지어 입었다. 철릭(天益)은 일명 첩리(帖裏)라고도 불렸는데 관복의 밑받침으로 입는 포로서 홑, 겹, 솜으로 지어 계절에 따라 바꿔 입었다. 이는 사계절이 뚜렷한 한국의 기후 조건 때문이었다. 그 형태는 깃이 곧고 상의와 하의가 1:1의 비율로 연결되었으며 치마 부분에 주름이 잡혀 있었다. 대개 명주로 지었고 색상은 흰색, 하늘색, 초록색 등 다양하였다. 단령(團領)은 깃이 둥근 데서 유래한 명칭으로 관료들의 평상복으로 착용되었다. 대개 홑이나 겹으로 지었고 색깔은 아청(鴉靑)색, 토홍(土紅)색 등이었다. 답호는 철릭과 비슷한 형태의 겉옷으로 깃은 직령이고 소매가 짧은 것이 특징이었다.

미암은 평소 입고 있던 바지저고리 위에 철릭을 입었다. 그리고 단령을 껴입은 뒤 머리에 사모와 이엄을 쓰고 허리에는 각대를 둘렀다.

"어휴! 올 봄에 마련한 철릭이 벌써 이렇게 해졌소. 영감이 맨날 입는 옷만 계속 입으니까 일 년도 안 된 옷이 이 모양이잖소. 여러 옷을 번갈아 입어야 오래 입고 빨기도 편한 법입니다."

미암 앞에서 옷 입는 것을 돕던 덕봉이 그 형편없이 낡은 철릭을 보고 길게 한숨을 내쉬며 꾸중을 하였다. 미암은 의관과 버선이 해어져도 부인이 새 것으로 바꿔 주지 않으면 갈아 입을 줄을 몰랐다. 그래서 '으흠' 하고 겸연쩍게 헛기침을 내뱉으며 말없이 출근길에 오를 수밖에 없었다.

사실 덕봉은 평소 미암에게 상당히 많은 옷을 지어 주었다. 1568년 한 해만 두고 보더라도 비록 서로 떨어져 지냈어도 의복만은 철마다 꼬박꼬박 지어주었다. 예컨대 지난 3월 덕봉은 미암에게 편지를 보내 명주베 두 필을 사서 보내라고 한다. 그리고 한 달 뒤인 4월 3일 답호 하나와 직령(直領) 하나를 지어서 보낸다. 또 같은 달 8일에는 바지, 단령, 철릭을 하나씩 지어 보내고, 22일에도 바지, 버선, 철릭을 각각 하나씩 보낸다. 이에 미암은 '부인이 밖으로 집 짓는 데에 시달리면서 안으로는 옷을 짓기에 시달리니 그 괴로움이 심하다'라고 그녀의 노고에 깊은 감사를 표한다.

5월 19일에 덕봉은 다시 미암이 사서 보낸 옷감으로 모시옷 다섯 벌을 지어 서울로 보낸다. 나아가 미암으로 하여금 명주베 한 필을 첩 방굿덕에게 보내서 옷을 짓도록 시키니 방굿덕은 6월 13일에 답호 하나와 철릭 하나를 지어 보낸다.

　이날 밤이었다. 내일이 미암의 외조모 기제이므로 집안은 하루 종일 분주하였다. 덕봉은 새벽에 미암을 출근시킨 뒤로 온 종일 부엌에서 미암의 외조모 기제에 쓸 제물을 장만하다가 저녁이 되어서야 방 안으로 들어왔다.

　그런데 내외가 등불 앞에 앉아 제상에 올릴 과일을 다듬고 있을 때였다. 문밖에서 시동 옥석이가 자못 흥분된 목소리로 아뢰었다.

　"나으리, 홍문관에서 사람들이 찾아왔사옵니다."

　"이 밤중에 대체 무슨 일로 왔다더냐?"

　"주상께서 하사하신 의복을 가지고 왔다고 하옵니다."

　미암은 그 소리에 놀라서 재빨리 방문을 열고 대청으로 나갔다. 그가 다니는 홍문관의 하급관리 두 사람이 의복이 든 상자를 등에 지고 마당에 서 있었다.

　미암은 여전히 놀란 표정으로 물었다.

　"도대체 무슨 의복인가?"

　"예, 금년 여름 상의원(尙衣院)에서 중국 사신에게 주려고 지은 것으로 극히 화려하고 정한 물건입니다."

　두 사람은 의복상자를 대청 위에 내려놓았다.

　미암이 손수 상자를 열어 확인해보니, 아청색 무명베의 단령 하나, 초록색 명주베의 답호 하나, 하늘색 명주베의 철릭 하나, 흰색 모시베의 철릭 하나, 흰색 명주베의 토수(손목싸개)와 행전(다리싸개) 하나, 흰색 비단 적삼 하나, 검정색 사슴가죽으로 만든 신발 등 출퇴근에 필요한 의복 일체가 들어 있었다.

　그는 곧 뜰로 내려가 무릎을 꿇고 대궐을 향해 네 번 큰 절을 올렸다. 그리고는 "해변(해남)에 살던 미천한 신하가 이토록 사랑을 받으니 어떻게 보답을 하리오"라고 말하면서 의복을 방 안으로 가지고 들어가 하나씩 차례대로 입어 보았다.

서가 모습

필자미상, 「책거리」, 개인 소장.

안주인은 남편의 서책을 관리하고 보관하는 한편 저작 작업에도 많은 도움을 주었다.

10 여인의 손으로 이루어진 서책정리

미암의 서책 구입법

미암이 세상을 떠난 뒤 역사를 기록하는 사관(史官)은 '미암은 서책을 몹시 좋아하여 마치 음악과 여색에 빠진 것처럼 하였다'라고 기록하였다. 이처럼 미암은 서책을 좋아해서 틈나는 대로 독서에 몰두하였다. 또한 책 자체에 대한 욕심도 남달라서 국내외의 수많은 책을 소장하고 있었다. 이후 1574년 집을 옮기면서 헤아려 본 책의 수는 서울집에서만 무려 1580여 권이었고, 그 이듬해에 담양으로 내려가니 서울에서 일부 가져온 것까지 합해서 근 3500여 권이나 되었다.

미암이 책을 구하는 경로는 아주 다양했는데, 그것을 간단히 정리해보면 다음과 같다.

첫째, 16세기는 책 역시도 자급자족을 했기 때문에 필요한 책이 있으면 직접 베껴서 만들거나 혹은 누구를 시켜서 만들기도 하였다.*

둘째, 지방관의 증여에 의해 책을 구하였다. 당시 전국의 지방관은 생필품

---

*1568.2.22. 장지 3권으로 『천해록』 3책을 만들었다.
　　　　取狀紙三卷, 作川海錄三冊.

과 함께 상당수의 책을 해당 관아에서 인출하여 미암한테 보내주었다. 가까운 예로서 1568년 10월 한 달만 하더라도 4일에는 곤양군수 조유성(趙惟誠)이 『속몽구(續蒙求)』4책을 인쇄해서 보내왔고, 17일에는 실록청에서 『거가필용(居家必用)』5책과 『정수서(廷壽書)』2책을 가져왔으며, 26일에는 태인현감 이자(李磁)가 『삼괴당집(三魁堂集)』12책을 보내왔다. 또한 임금이 국립인쇄소인 교서관(校書館)에서 책을 인쇄하여 신하들한테 나눠줬는데 미암도 가끔씩 그 은혜를 받았다.*

셋째, 주위 사람들의 선물에 의해 책을 구하기도 하였다. 역시 1568년 10월 한 달만 살펴보면, 2일에는 서사관 문서린(文瑞麟)이 『서전방주(書傳旁註)』1책을 바치므로 갈모로 보답했고, 8일에는 송숙경(宋叔璟)이 『논어(論語)』를 주고 갔으며, 13일에는 김덕룡(金德龍)이 『회암서(晦菴書)』8책을 보내주었다.

넷째, 책장수에게 물건을 주고 구입하였다. 당시 서울에는 책장수가 있었는데 박의석과 송희정이 바로 그들이다. 박의석(朴義碩)은 의금부 북쪽에 거주하는 이로서 모든 곳의 서책을 반가(半價)로 사서 전가(全價)로 팔았다고 한다.** 송희정(宋希精)은 거주지는 불분명하나 자주 미암을 찾아와 여러 가지 책을 팔았다.***

다섯째, 미암은 중국 가는 사람에게 부탁해서 외국 서적을 구입하기도 하

---

*1568. 6.12. 교서관에서 『십구사략』 4백 건을 인출하여 주상께서 조신과 옥당의 인원에게 많이 하사하셨으니 엎드려 감격하기 그지없다.
校書館, 印十九史略四百件, 上多賜朝臣, 玉堂人員, 無遺受賜, 伏感無已.

**1567.10.18. 들으니 경성 의금부의 북쪽에 이름이 박의석이란 책장수가 있는데 모든 곳의 서책을 반가로 사서 전가로 판다고 한다.
聞京中義禁府北, 有冊儈名朴義碩者, 凡諸處書冊, 無不半價買而全價賣云.

***1568. 3.14. 책장수 송희정이 찾아와 인사를 하고 『참동계』·『황화집』·『소문쇄록』·『두시』 등을 가져오기로 약속하고 갔다.
書冊儈宋希精來謁, 約參同契·皇華集·謏聞瑣錄·杜詩等而去.

였다. 예컨대 금년 2월이었다. 미암은 서장관(사신을 따라 가는 임시 벼슬)으로 중국에 가는 이정서(李廷瑞)를 초청해서 『사문유취(事文類聚)』란 책을 사달라고 부탁한다. 그리고 다음날 삼베 두 필과 부채 열 자루를 먼저 보내고, 얼마 후에는 직접 찾아가 책을 꼭 사달라고 단단히 승낙을 받는다.

이 해 9월 이정서는 중국에서 『사문유취』 60책을 사다 주었는데 미암은 기쁘고 감격하여 다음과 같이 시로써 사례한다.

나의 책이 없음을 생각하여	念我無書
상자에 가득한 책을 사다주셨네.	錫我盈箱
영원히 좋아하겠으니	永以爲好
어느 날인들 잊으리오.	何日忘之

『사문유취』는 그의 외조부인 최부가 소장하던 것이었다. 그런데 이후 제대로 전수되지 못하여 그의 아버지 유계린이 항상 애석하게 여겼고, 그도 역시 늘 한스럽게 생각하였다. 마침내 그것이 한 권도 빠짐없이 완전히 갖추게 되었으니 기쁘고 흐뭇하기가 한량이 없었다. 며칠 뒤 미암은 이정서의 집으로 찾아가 책을 사다 준 후의에 사례하고 돌아온다.

덕봉의 서책 관리

덕봉의 집안일 가운데 하나는 서책 정리였다. 그녀는 미암의 서책을 관리하고 보관하는 한편 저작 작업에도 많은 도움을 주었다.

우선 미암은 서책을 계속 담양으로 보냈다. 지난해 유배에서 풀려났을 때에도 서책 네 상자를 담양으로 보냈고, 이듬해 8월에도 모두 여섯 상자를 담양으로 보냈다. 이처럼 미암은 서책을 본가인 해남에 두지 않고 처가인 담양에 보관해, 자연스럽게 덕봉이 그의 서책을 관리할 수밖에 없었다. 오늘날 미암의 서책이 담양 모현관에 소장된 까닭도 바로 여기에 있는 듯하다.

또한 덕봉은 자주 미암의 서책을 정리했다. 이후 1574년 서울에서 집을 옮긴 뒤였다. 덕봉이 서책을 정리했는데 제목을 옆으로 볼 수 있게 해서 보고 싶은 책을 쉽게 꺼내볼 수 있도록 하였다. 이에 미암은 '보고 싶은 책을 쉽게 꺼내볼 수 있으니 아주 좋다!'라고 감탄한다.

나아가 1575년에는 손자 광선과 함께 다락 아랫방에 있는 서책 3천5백 여 권을 중당으로 옮기고 정돈을 했으며, 그 이듬해에는 광선이 다락 위의 서책을 정리하면서 자꾸 쓰러뜨리자 덕봉이 직접 가서 가르쳐주기도 하였다.

이밖에 '서쪽 벽장에서 책을 찾았는데 부인이 부지런히 찾아낸 덕분에 『여동래(呂東萊)』1책과 『회암집(晦菴集)』1책을 찾아내어 즉시 옥당과 윤근수의 집에 돌려보냈다'라는 일기의 기록처럼 미암의 서책을 찾아주거나, 또 '내가 『유합(類合)』하권을 번역하면서 부인에게 많이 물어서 개정을 했다'라는 기록처럼 저작작업에도 도움을 주었다.

한번은 미암이 『상서(尙書)』를 교정하는데 '술이 국(麴 : 누룩)이 많으면 쓰고 얼(蘖 : 엿기름)이 많으면 달다'라는 말이 있었다. 하지만 얼이 무엇인지 알 수가 없어서 덕봉에게 물었더니 그녀가 이렇게 일러주었다.

"얼이란 보리나 밀을 물에 담갔다가 짚섶에 담아 따뜻한 곳에 놔두면 자연 싹이 트고, 그것을 햇볕이나 불기운에 말려 찧어서 가루를 만들어 술을 만들 때 넣으면 달게 되는 것이니 누룩에 조금만 넣으면 좋답니다."

그러자 미암은 "내가 오늘 새벽에 부인과 동료가 된 셈이다!"라고 하면서 무척 기뻐하였다.

다음은 1568년 10월의 일기를 토대로 한 편의 이야기로 재구성한 것이다.

서책을 정리하던 날

하루는 안채 아랫방에서 책을 보던 미암이 갑자기 온 집안을 돌아다니며 뭔가를 찾았다. 하지만 끝내 찾지 못한 듯 안방으로 들어와 덕봉 앞에서 투덜댔다. 이때 덕봉은 몸종 옥지한테 먹을 갈도록 시키고 붓을 들고 글씨쓰기를 연습하고 있었는데, 보다 못해 고개를 들고 물었다.

"왜 그리 투덜대시우?"

"지난번에 샀던『예기』란 책을 어디에 두었는지 도무지 찾을 수가 없구려. 내일 경연에 들어가려면 꼭 보아야 하는데 말이오."

『예기(禮記)』는 유교 경전의 하나로 예에 관한 이론을 서술한 책이다. 미암은 지난 8월 외교서관에서 면포 두 필과 쌀 한 말을 주고 그 책을 사서 다른 책과 함께 책상자에 넣어 두었다. 하지만 이사 후 미처 책상자를 정리하지 못하고 사랑방과 안방, 대청에 아무렇게나 쌓아 두었기 때문에 도무지 찾을 수가 없었다.

"필요할 때만 찾고 필요 없으면 아무 데나 던져 두면서 누굴 원망하겠소."

"하도 정신이 없어서 그만……"

미암은 더 이상 말을 못하고 입을 다물었다.

"가만히 계시구려. 내 이번 기회에 책정리를 하면서 찾아드릴테니. 이제 겨울도 오고 날씨도 추워질 테니까 아예 그 아랫방을 영감 책방으로 꾸밉시다. 어휴! 영감은 책정리도 꼭 내 손을 빌려야만 합니까."

덕봉은 이렇게 한바탕 핀잔을 주고 나서 옥지를 보내 사위 윤관중을 불렀다. 윤관중은 상경한 뒤로 내내 광문과 함께 미암의 문하에서 수업을 받았으나 광문이 과거 공부를 위해 황해도 해주로 떠나는 바람에 요즘은 혼자 남아 있었다.

윤관중이 사랑방에서 건너오자 덕봉은 우선 집안에 있는 책을 모두 안채 아랫방으로 모으도록 하였다.

"윤서방, 오늘은 나와 같이 아버님 책정리를 했으면 좋겠네. 나는 안방에 있는 책을 옮길 테니까 윤서방은 대청과 사랑방에 있는 책을 저 아랫방으로 옮기도록 하게나."

"예, 어머님."

아랫방은 안방과 문 하나를 사이에 둔 방으로 지난번 아들 유경렴이 올라와 잠시 사용하다가 그가 내려간 뒤로는 미암이 혼자서 책을 읽을 때 가끔씩 이용하곤 하였다. 방 안 구석에는 책을 얹어 두는 서가가 있고, 문갑 위에는 붓·벼루·종이 같은 문방구가 놓여 있었다.

윤관중은 옥석이를 데리고 대청과 사랑방에 있는 책을 부지런히 옮기기 시작했다. 덕봉도 옥지를 데리고 안방에 있는 책을 모두 꺼내어 아랫방으로 옮겼다. 미암도 보던 책을 덮고 함께 거들었다.

얼마 후 덕봉이 안방의 책을 모두 옮긴 뒤 미암에게 물었다.

"영감, 도대체 이 많은 책을 어디서 구하셨소?"

"가지각색이라오. 여기저기서 받거나 책장수한테 사기도 하고."

그러자 덕봉은 책장수 이야기가 흥미로운 듯 미암을 쳐다보며 다시 물었다.

"서울엔 책장수도 있습니까?"

"그럼, 박의석도 있고 우리집에 자주 찾아오는 송희정도 있고. 그네들은 서울의 대갓집에서 가난한 선비집까지 두루 다니기 때문에 누가 어떤 책을 가지고 있는지 아주 소상히 알고 있다오."

"대체 장사는 어떻게 한답니까?"

"이집 저집을 돌아다니면서 모든 곳의 서책을 반가로 사서 정가로 판다오. 나도 필요할 때마다 불러서 면포나 종이 같은 물건을 주고 산다오."

두 사람이 이렇게 한참 동안 얘기를 주고받고 있을 무렵 윤관중이 책을 모두 옮겼는지 서가에 얹기 시작했다. 하지만 덕봉은 그를 불러 우선 책 테두리에 제목부터 쓰도록 하였다.

"윤서방, 그렇게 마구잡이로 얹어놓으면 나중에 무슨 책이 있는지 어떻게 알겠나. 모든 책마다 위쪽 테두리에 제목을 써서 놓으면 이 다음에 보고 싶은 책을 아주 쉽게 꺼내볼 수 있지 않겠는가. 그러니 우선 작은 붓으로 제목부터 쓰도록 하게."

윤관중은 그제야 이치를 깨닫고 덕봉의 지혜로움을 극찬하였다.

"참으로 밝으신 생각이십니다. 이제 보니 아버님의 학문은 바로 어머님 덕분이신 듯합니다."

"그럼 뭘하겠나. 누가 알아줘야 말이지. 어휴! 이러다간 해가 다 지겠네. 어서들 책제목이나 씁시다."

덕봉은 옥지와 옥석이한테 먹을 갈도록 시킨 뒤 두 사람과 함께 앉아 부지런히 책제목을 써넣었다.

얼마 뒤 덕봉이 책 한 질을 미암 앞으로 쓱 내밀면서 말했다.

"여기 있소. 영감이 찾던 『예기』란 책 말이오."

"허허. 이제야 찾아구면."

미암은 겸연쩍게 웃으면서 그 책을 건네받아 따로 책상 위에 올려두었다.

마침내 책제목을 다 써넣자 덕봉은 다시 책을 종류별로 분류한 뒤 제목이 앞을 향하도록 해서 서가에 얹으라고 하였다.

"정말 대단한 솜씨구려."

미암은 덕봉의 솜씨에 감탄을 아끼지 않았다.

미암이 소장한 서책 목록

◉ 경부(經部)

논어(論語) 7책
맹자(孟子) 7책
대학(大學) 1책
소학(小學) 3책
주역(周易) 14책
의례주소(儀禮註疏) 17책
의례경전(儀禮經傳) 32책
노자(老子)
순자(荀子) 2책
예기(禮記) 16책
주례(周禮)
춘추집해(春秋集解) 17책

◉ 사부(史部)

동국통감(東國通鑑) 30책
국어(國語) 7책
사기(史記) 39책
전한서(前漢書) 30책
십구사략(十九史略)
자치통감(資治通鑑) 43책
여지승람(輿地勝覽)
삼국지(三國志) 20책
문헌통고(文獻通考) 9책

◉ 자부(子部)

향약집성방(鄕藥集成方) 39책
회암어록(晦菴語錄) 5책
주자실기(朱子實記)
주자대전(朱子大全) 80책

회남자(淮南子) 7책
이정전서(二程全書) 15책
대학연의(大學衍義) 2책
내훈(內訓) 2책
전등신화(剪燈新話) 2책
환백장군전(歡伯將軍傳)

◉ 집부(集部)

초당시집(草堂詩集) 3책
추강냉화(秋江冷話)
소문쇄록(謏聞瑣錄)
하서자집(河西子集) 7책
익재난고(益齋亂稿)
역옹패설(櫟翁稗說)
금남집(錦南集)
표해록(漂海錄)
패관잡기(稗官雜記)
패관잡기 속집(稗官雜記 續集)
기재집(企齋集)
동봉집(東峯集) 12책
회암시(晦菴詩) 4책

◉ 총서부(叢書部)

사문유취(事文類聚) 60책
고문선(古文選) 30책
동문선(東文選) 32책
문헌(文獻) 81책
속몽구(續蒙求)
헌근록(獻芹錄)
신증유합(新增類合) 4책
초서천자(草書千字) 1책

점을 보는 여인

김홍도(1745~1806 이후), 「점괘」, 국립중앙박물관 소장.

조선 중기 사람들은 점을 퍽 중시하였다.
어떤 일을 결정할 때는 점을 쳐서 길흉을 판단하고 그것을 거의 그대로 따르고자 하였다.

11 결단코 무녀를 청해서는 안 된다!

덕봉의 병치레

덕봉은 잔병을 자주 앓았다. 지난 겨울에도 새벽에 일어나 빈 속으로 일을 하다가 감기에 걸려 생강을 달인 술을 먹고 나았고, 또 하루는 비위가 상하여 약을 여러 첩이나 달여먹었다.

금년에도 여름 6월의 풍기와 설종뿐만 아니라 가을 8월에는 잡곡밥을 배추잎에 싸먹고 냉(冷)에 감촉되어 밤새도록 복통을 호소했으며, 며칠 지나지 않아서는 왼쪽 다리가 연일 아프다가 부어올라 대여섯 첩의 약을 달여먹었다.

이후로도 그녀는 잔병을 자주 앓았는데, 특히 새벽에 일어나 제물을 장만하거나 혹은 옷 짓는 일을 감시하다가 감기에 걸려 고생한 적이 많았다.

한번은 이런 적도 있었다. 1573년 8월 28일 축시(오전 1~3시)였다. 은우어미의 몸종인 돌금이가 방문 밖에서 숙직을 하다가 잘못해서 마당으로 나가떨어져 머리가 장독에 부딪혀 깨지는 사건이 있었는데, 이를 보고 놀란 덕봉이 이틀 뒤 갑자기 가슴이 아프고 토하기까지 한 것이다. 미암이 의원 양예수를 불러 보였더니 차고 짠 것을 먹어 비위를 상했기 때문이라고 하였다.

덕봉은 미암에게 전염되어 성병에 걸린 적도 있었다. 1571년 7월 미암의 전라감사 시절이었다. 하루는 미암이 저녁에 임질 기운이 있음을 느낀다. 불알이 차가워 소변이 자주 나오고 음경이 아프며 염증이 외부에까지 보였다.

분명 성병의 일종인 임질(淋疾)이었다. 임질은 주로 성교에 의해 전염되며 오줌을 눌 때 요도가 가렵거나 고름이 나오는 병이었다.

미암은 즉시 의원 김복희(金福熙)가 지은 약을 복용하기 시작한다. 그리고 김복희에게 자신이 임질에 걸린 이유는 순행(巡行)할 때 오랫동안 오줌을 못 누고 참았기 때문이라고 말하자 그도 과연 그렇다고 대답한다.

그 뒤 하루는 해남에 머물고 있는 덕봉을 찾아가 저녁에 대청에서 동숙한다. 그런데 얼마 후 덕봉이 편지를 보냈는데 자신도 임질을 앓는다고 하였다. 미암의 임질이 덕봉한테 전염된 것임에 틀림없었다.

이 시기에 임질은 흔한 병이었던 듯하다. 가까운 예로 미암의 아들 유경렴이 전주에 있을 때 우연히 기녀를 접했다가 임질을 앓은 적이 있었다. 미암은 그 소리를 듣고 깜짝 놀라서 연일 찐 콩으로 찜질을 하고 또 그 오줌물을 마시도록 하니 크게 효험이 있었다.

미암과 허준·양예수

대개 허준의 젊은 시절에 관한 자료는 『미암일기』의 기록이 거의 전부라고 해도 과언이 아니다. 그만큼 미암은 허준과 가깝게 지냈는데, 『미암일기』를 토대로 청년 시절 허준의 모습을 잠시 살펴보자.

허준(許浚)은 16세기 후반에서 17세기 초반의 유명한 의원이자, 전통 한의학의 종합서인 『동의보감』을 비롯해서 많은 의학서적을 편찬한 의학자였다. 이익이 『성호사설』에서 '조선에 온 중국 사신이 꼭 『동의보감』을 얻어가기를 갈망하였다'라고 말할 정도로 『동의보감』은 당대에 높은 평가를 받았다.

그런데 이십대의 허준은 새로 복직한 미암을 자주 찾아와 서책을 선물하곤 하였다. 『미암일기』에는 허준이 미암 일가의 질병을 치료하거나 미암의 부탁을 들어준 기록이 자주 보인다.

1568년 2월 6일에는 미암의 친척이 밤에 측간에 갔다가 갑자기 중풍으로 입이 비뚤어지고 팔이 불편해진 일이 있었다. 미암은 급히 의약을 보내 구호하는 한편 허준으로 하여금 찾아가서 병자를 봐달라고 한다. 그 집을 다녀온 허준은 "기(氣)가 약해서 중풍이 된 것인데 아직 치료가 가능합니다"라고 말하였다.

　　또 허준은 덕봉의 질병을 함께 의논하고, 이 달 말경엔 미암의 얼굴 좌측에 종기가 생기자 지렁이즙을 바르라고 일러주기도 한다.

　　이러한 덕택으로 미암은 뒷날 허준을 내의원에 천거해준다.* 내의원(內醫院)은 궁중의 의약을 맡은 관청으로 당시 모든 의원들이 선망하던 곳이었다. 이처럼 미암은 허준과 막역한 사이였고, 또 그가 장차 유명한 의원으로 성장하는 데 결정적 도움을 주었다.

　　한편 미암은 16세기 최고의 의원이자 허준의 스승격인 양예수와도 긴밀한 사이였다. 양예수(楊禮壽)는 이수광의 『지봉유설』에서 '들은 바가 많아 박식할 뿐더러 사람의 생사를 몇 달 전에 알아맞추는 데 하나도 틀림이 없었다'라고 기록될 정도로 세간에서 신의(神醫)로 추앙받은 인물이었다. 그래서인지 미암은 그의 일기에도 양예수의 이름 앞에는 항상 '명의(名醫)'라는 토를 달아 놓았다.

　　1570년 4월이었다. 미암은 침이 끈끈하고 갈증이 나므로 양예수를 불러 그에 합당한 약을 구한다. 그러자 양예수는 곧바로 이같이 처방을 내려준다.

　　"이는 폐에 열이 있어서 조금 갈증이 나는 것입니다. 마땅히 강심탕(降心湯)을 먹어야 하는데 그 방문은 『득효방소갈문(得效方消渴門)』에 나와 있습니다. 여기에 들어가는 재료는 숙지황(熟地黃), 백복령(白茯苓), 원지(遠志), 천

---

*1569.6.3._허준을 위하여 이조판서에게 편지를 보냈다. 내의원으로 천거해준 것이다.
　　爲許浚, 通簡于吏判, 乃薦于內醫院也.

화분(天花粉), 감초(甘草), 맥문동(麥門冬) 등입니다. 이제 여기에다 천문동(天門冬), 지골피(地骨皮), 오미자(五味子)를 첨가하여 첩마다 물 한 되 반을 붓고 달여서 한 되가 되거든 찌꺼기를 짜고 약간 따뜻하게 마시되 때에 구애됨이 없이 마시면 열 첩을 넘지 않아 반드시 효과를 볼 것입니다. 또 오미자(五味子), 고루근(苽蔞根), 인삼(人蔘)을 가미한 고본원(固本元)을 먹으면 좋은데 그 재료는 천문동, 맥문동, 숙지황, 생건지황(生乾地黃) 각 두 냥, 인삼 한 냥이니 이것을 가루로 만들어 끓인 꿀에 환약을 짓되, 오자대(梧子大)로 만들어 매양 한 전(錢) 반을 먹되 하루에 두 번씩 미음으로 먹습니다. 일명 이황원(二黃元)이라고도 합니다."

그의 처방은 과연 적중해서 미암은 농어 한 마리를 선물로 보낸다.

다음 이야기는 1569년 여름 덕봉의 질병을 치료하는 모습을 일기를 통해 재현한 것이다.

의녀 사랑비

1569년(선조 2년) 6월 23일이었다. 어느덧 해가 바뀌고 덕봉이 서울로 올라온 지도 벌써 10개월째 접어들고 있었다. 때늦은 장마철에 연일 계속해서 비가 내리더니 이날 사시(오전 9시~11시)에야 잠깐 갰다. 사람들은 비가 너무 과하다고 모두 싫증을 내었다.

덕봉은 꼼짝없이 자리에 누워 병마에 시달리고 있었다. 사흘 전에는 풍기(風氣)로 팔뚝이 아픈 증세를 보이더니 급기야 오늘 아침에는 입 안이 퉁퉁 부어오르고 목구멍이 아파오는 설종(舌腫)을 얻기까지 하였다. 그래서 미암은 서둘러 심부름꾼을 보내 의녀 사랑비를 불렀다. 또 허준을 불러다가 덕봉의 질병을 의논하였다.

허준이 덕봉의 질병을 의논하고 돌아간 뒤에도 의녀 사랑비는 도착하지 않았다. 오늘따라 유난히 늦는 듯하였다.

의녀(醫女)는 본디 관노비로서 특별히 의술을 익힌 여자 의원이었다. 비록 신분은 천민이었으나 전문직에 종사하였기 때문에 상당한 대우를 받았다. 이들은 의학 서적을 읽을 수 있을 정도의 지식을 갖추고 있었고, 또 직업의 특성상 여러 사람을 만나야 했으므로 인생 경험도 풍부하였다.

이들 의녀는 왕비를 비롯한 궁녀들의 질병을 치료하면서 틈나는 대로 민간의 부녀자를 돌봐주고 생계를 유지하였다. 주로 환자를 진맥한 후 침과 뜸을 놓거나 처방을 내렸으며, 그 대가로 식량이나 반찬거리를 받아서 생활하였다.

덕봉은 여전히 방 안에 누워서 통증을 호소하고, 딸 은우어미가 곁에 앉아 차가운 물수건으로 이마와 목덜미의 식은땀을 닦아주고 있었다.

그토록 애타게 기다리던 의녀 사랑비는 오후가 되어서야 도착하였다. 미암이 보낸 심부름꾼과 함께 온 그녀는 태연하게 방 안으로 들어왔다.

"당번이라 이제야 궐내에서 나왔답니다."

미암은 한바탕 야단을 치고 싶었지만 나이도 있을 뿐 아니라 그녀의 의술을 굳게 믿고 있었으므로 애써 웃으며 맞이하였다.

사랑비(思郞妃)는 일기에 '노의녀(老醫女)'라고 기록된 것으로 보아 상당히 나이가 많았던 듯하다. 그리고 이 달 초하루에 미암이 신경통을 앓았는데 그녀의 말에 따라 호랑이 뼈를 갈아 술에 타서 먹고 나은 적이 있어 그녀의 의술을 크게 신뢰하였다.

사랑비는 방 안에 들어오자마자 덕봉의 머리맡에 앉아 한참 동안 안색을 살피었다. 이른바 안색을 보고 그 사람의 병을 진단하는 망진(望診)을 하였던 것이다. 그런 다음 손목의 맥을 짚어 병을 진찰하는 진맥(診脈)을 하였다. 당시 의원은 이로써도 웬만한 질병은 거의 다 알아내었다.

이윽고 그녀가 길게 숨을 내쉬고 고개를 돌려 미암을 향해 말하였다.

"풍기가 있으나 그보다는 설종이 더 다급하옵니다. 일단 백회혈(정수리의 숫구멍 자리)에 침을 놓아 피를 빼야겠나이다."

방 윗목에 앉아 있던 미암이 참고로 그녀한테 이렇게 일러주었다.

"작년 오월에 월후(월경)가 있었고 그 뒤로는 아주 끊어졌다네. 나이가 마흔여덟밖에 안 되었는데 말일세."

"연세가 당연히 그렇게 될 때가 되었사옵니다."

"그 뒤로 저렇게 풍기가 있고 설종까지 얻은 걸 보니 아마도 월후가 끊어질 무렵 여자들한테 흔히 생기는 병이 아닐까 하는구먼."

"그럴 수도 있지만 반드시 그런 것만은 아니옵니다. 마님 나이에 생기는 병을 모두 다 그렇게 보는 것은 선입관에 불과하옵니다. 모든 여자들이 그런 증세를 보이는 것도 아니고, 또 월후가 끊어져서 훨씬 더 홀가분하고 활기차게 사시는 분도 많사옵니다."

사랑비는 비로소 덕봉의 정수리에 침을 놓아 피를 빼기 시작하였다.

얼마 뒤 그녀는 머리에 흐른 핏자국을 닦으면서 가족들을 향해 단단히 주의를 주었다.

"밤에 혹 고열이 생길 수도 있으니 누구 한 분은 꼭 마님 곁에 있어야 하옵니다. 물론 저도 오늘밤은 여기에서 머물겠나이다."

그날 밤 이경(밤 9시~11시)이었다. 과연 덕봉은 온몸에 열이 나고 가슴이 답답한 증세를 보였다. 내내 덕봉의 곁을 지키던 은우어미는 놀라서 어찌할 바를 모른 채 덕봉에게 말하였다.

"어서 무녀를 불러 굿을 해야 하지 않겠습니까?"

작년 9월 덕봉이 서울로 올라올 때 어떤 사람이 글씨를 쓴 종이를 갖고 찾아왔는데, 거기에는 '사년(巳年) 사년(巳年)을 조심하시오!'라고 씌어 있었다. 은우어미는 새삼 그것을 돌이키면서 무녀를 부르자고 한 것이다. 의약이 발달하기 이전의 사람들은 모든 병을 귀신의 장난으로 보았다. 그래서 약물 치료보다 무당을 불러 굿을 하려고 하였다.

하지만 덕봉은 고통을 호소하면서도 딸의 제안을 단호하게 물리쳤다.

"목구멍의 분명한 병이 어찌 무당의 제사와 상관이 있겠느냐. 결단코 청해서는 안 된다."

　은우어미는 하는 수 없이 의녀와 함께 웅담을 물에 섞어서 덕봉의 입에 흘려넣었다. 그러자 얼마 후 열이 조금씩 내리기 시작했다.

　다음날 아침, 사랑비의 치료는 즉시 효과를 보아 덕봉의 병이 조금씩 나아졌다. 날씨도 오랫만에 맑게 갰다.

[나들이]

덕봉은 살림을 주관하면서 틈나는 대로 여가생활을 즐겼다. 매달 한두 번씩은 부녀모임을 가졌고, 나라에 특별한 구경거리가 있으면 매번 나가서 구경하였다. 또 평생 시와 문, 편지 등을 써서 『덕봉집』이란 문집을 남기기도 하였다.

12장에서 15장까지는 1569년 여름부터 미암이 휴가를 얻어 가족과 함께 고향으로 내려가는 동년 9월까지의 일기를 토대로 덕봉의 여가 생활을 보여주고자 한다. 아울러 당시 사람들의 꿈에 대한 관심, 여성들의 화장법과 옷차림, 관리들의 전별풍습 등도 함께 살펴볼 것이다.

구운몽도

필자미상, 「구운몽도(九雲夢圖)」, 개인 소장.

옛 사람들은 꿈도 매우 중요하게 생각했다.
특히 기이한 꿈을 꾸면 가급적 머릿속에 기억하거나 일기에 기록하려고 하였다.

12 꿈도 생활의 일부였다

꿈의 중요성

오늘날 사람들도 그렇지만 조선 중기 사람들도 꿈에 나타난 영상을 무척 소중하게 생각했다. 우선 그들은 꿈에 누군가가 나타나면 그 사람한테 무슨 일이 생긴 게 아닐까 하고 염려하였다. 아래 글은 오희문(1539~1613)의 개인일기인 『쇄미록(瑣尾錄)』의 일부인데 그러한 사고가 잘 나타나 있다.

> 어젯밤 꿈에 내가 서울에 있는 것같이 친척과 친구들을 많이 만났고 부인도 또한 보았으니, 이는 반드시 내가 죽은 것이라 생각하는 것일까. 아니면 저들이 이미 죽어서 그 영혼이 내 꿈에 꾸어지는 것일까. 열흘 동안에 어찌해서 이같이 두 번이나 꿈에 뵈는 것일까.

당시 오희문은 임진왜란이 일어나 집을 떠나 지내고 있었다. 그런데 이렇게 식구들이 꿈에 자주 보이자 혹시 전쟁통에 죽은 것은 아닐까 하고 몹시 걱정한다.

또한 당시 사람들은 이상한 꿈에 대해선 매우 신경을 썼는데 가급적 머릿속에 기억하거나 일기에 기록하려고 하였다. 다음 인용문은 남평 조씨(1574~1645)가 쓴 『병자일기(丙子日記)』의 일부로 꿈 이야기가 마치 한 편의 소설과도 같다.

남평 조씨가 쓴 『병자일기(丙子日記)』의 일부

꿈에 하늘의 신선과 같은 사람이 배 같은 것을 타고 나타났는데
마치 그림에 그려져 있는 신선과 같았다.
나를 보고 배에 오르라고 하기에 남자분이 계신다고 하였더니
그 사람이 배 가운데에다 장막을 쳐놓고는 오르라고 하여 올라가 이야기를 나누었다.
그 여자는 머리를 틀어올려 비녀를 꽂고 몸에 붙는 옷을 입고 관 같은 것을 쓰고 있었고,
남자는 누런 장삼(長衫) 같은 옷을 입고 굴건 같은 것을 흔드는 듯하며 서 있었다.
내가 "저 남자가 누구냐"고 물었더니
그 여자가 대답하기를 "저 사람은 나의 남편"이라고 하였다.
내가 말하기를 "직녀는 비단을 많이 짠다고 하는데 그 말이 옳으냐"고 하였더니
그 여자가 대답하기를 "짜려고만 하면 하루에 한 필 넘게 짜지만 자주 짜지는 않는다"고 하였다.
내가 이름을 말해보라고 하였더니
그 신선 같은 여자가 대답하기를 '설운'이라고 하였다.
내가 다시 시절 흥망이나 사람의 장단 수요에 대해 물으려고 하는 참에 잠이 깼다.
잠이 깨고 보니 한 꿈이나 그 꿈이 이상하고,
깨고서도 그 사람의 면목과 입었던 옷이 완연히 기억나며,
그 분명하기가 평상시와 다름이 없으니 몹시 이상하다.
내가 자식들의 이야기를 하였더니 그 여자가 말하기를
"자네 자식들은 이 위의 무슨 성 속에서 활 쏘는 직책을 맡아 하고 있느니라"라고 하였으나
그 말은 채 못 다 들었다.
평상시에는 꿈을 꾸어도 아무것도 기억을 못하나
이따금 이런 꿈은 무한히 분명하여 잊혀지지를 않는다.

당시 남평 조씨는 자식을 먼저 보내고 늘 애통해하고 있었는데, 아마 그러한 현실적 처지가 꿈에 반영된 것이 아닐까.

나아가 그들은 꿈을 통해 서로 만나기도 하였다. 특히 운송수단이 발달하지 못하여 누군가가 찾아갈 수도 없고 편지마저 보낼 수 없을 때 그들은 최후의 수단으로 꿈을 통해 서로 만났다. 심지어 그들은 꿈을 통해 죽은 자와도 서로 만났다. 그들은 꿈 속에서 죽은 사람과 만나 이야기를 나눌 뿐만 아니라 현실에서 필요한 정보를 얻기도 하였다.

그렇다고 그들이 꿈으로 인해 마음의 균형을 잃는 경우는 없었다. 그들은 단지 꿈을 생각이 독실해서, 또는 낮에 한 일이 꿈에 나타난 것쯤으로 여겼다.

꿈과 점복

미암도 꿈을 매우 중요하게 생각했다. 그는 거의 매일같이 꿈 내용을 일기에 기록할 정도로 꿈을 마치 생활의 일부처럼 여겼다. 물론 그것들은 평범한 꿈이 아닌 기억에 남을 만한 특이한 꿈이었을 것이다.

> 꿈에 호랑이한테 바짝 다가갔는데, 내가 호랑이를 보고 말하기를 "내가 너에게 사람을 물지 않고 배가 부를 방도를 가르쳐주마. 아침마다 해를 향해 서서 기운을 들이마시면 자연 배가 부르리라. 그러면 꼭 사람이나 미물들을 물지 않아도 배가 부를 것이다"라고 하였더니, 호랑이가 "알았다"라고 해서 내가 벗어날 수 있었다. 좋은 일이 있을 징조다.

미암은 꿈을 무슨 일이 생길 기미, 곧 하나의 조짐이나 징조로 보았다. 예컨대 '부인이 꿈에 몸이 빨갛게 된 것을 보았다 하니 대길(大吉)의 징조다'라는 기록처럼 꿈이 길조인지 흉조인지 점을 쳐보았으며, 거의 대부분 '길조다!'라고 좋은 쪽으로 해몽하였다.

그런데 흥미롭게도 미암의 해몽이 맞는 경우도 있었다. 이후 1570년 5월 유경렴이 산곡 사이로 가는 꿈을 꾸자 미암은 훗날 능참봉이 될 징조라고 해몽했는데, 그 해 11월 유경렴을 과연 영릉참봉에 제수된다.

나아가 미암은 생활 속에서 일어나는 특이한 현상에 대해서도 점을 쳐보곤 하였다. 예를 들어 거미가 앞에서 희롱한다거나, 쥐가 갓끈을 물어뜯는다든가, 등불이 크게 둥글다든가, 까치가 집 앞의 나무에 집을 짓는다든가 등의 경우에도 '이도 길조다!'라고 점을 쳐서 앞날의 길흉을 판단하였다.

사실 미암과 덕봉은 비록 즐기지는 않았지만 가끔씩 점술가를 불러다가 가족의 길흉을 물었다.

때로는 직접 점을 치기도 하였는데 하루는 밤에 사위 윤관중의 패(牌)를 찾으려고 온 집안을 정신없이 다닌 적이 있었다. 그것은 한참만에 안방의 시렁에서 나왔는데, 이는 덕봉이 점을 쳐서 간(艮)이 나오자 '간은 산(山)이니 높은 데에 있다'고 하여 찾아낸 것이었다.

미암은 또한 덕봉의 꿈도 일기에 자주 기록했는데, 그녀는 유독 임금과 관련된 꿈을 많이 꾸었다.

예컨대 꿈에 임금이 집을 찾아오기도 하고 그녀를 업고 붙잡아주며 비단옷, 향, 거울 등의 선물을 하사하기도 하였다. 또 비록 미암의 꿈이지만 한번은 임금이 덕봉의 글재주를 칭찬하면서 아녀자의 글재주는 좋은 일이라고 말하기도 하였다.

덕봉은 시 쓰기를 즐길 뿐 아니라 그 재주도 좋았는데, 아마도 그것을 인정받고 싶은 욕망이 꿈을 통해 나타난 것이 아닐까 한다. 이에 1569년 8월 8일 덕봉이 꾸었던 꿈을 한 편의 이야기로 재구성해 보았다.

덕봉의 임금 꿈

햇빛이 밝게 비치는 한적한 가을 오후였다. 덕봉은 곱게 분을 바르고서 대청 밖으로 나갔다. 모두들 어디로 갔는지 집안은 쥐죽은 듯이 고요하였다. 그녀는 대청에 앉아 물끄러미 하늘을 쳐다보았다.

그렇게 한참을 무심히 앉아 있는데 골목 어귀를 돌아 사람들의 행렬이 물밀듯이 밀려왔다. 어떤 젊은 여자가 맨 앞에서 달려나와 그녀를 향해 큰소리로 아뢰었다. 분명 몸종 옥지인 듯싶었다.

"마님, 주상(임금)께서 마님을 찾아오셨나이다."

그 소리가 귓가에서 채 사라지기도 전에 내시들이 대문을 열고 들어와 마당을 둥그렇게 둘러싸고, 곧이어 백옥 같은 얼굴을 지닌 사람이 몸에서 진한 향기를 풍기며 들어왔다. 애써 물어보지 않아도 나라의 임금임이 틀림없었다.

덕봉은 옷깃을 여미고 마당으로 내려가 무릎을 꿇고 공손히 절을 올렸다. 그러자 임금이 환한 얼굴로 말하였다.

"네가 타고난 문재(文才)를 지녔다기에 직접 찾아왔노라. 그래, 나를 위해 시 한 수를 읊어줄 수 없겠느냐?"

"그저 살림하고 살면서 때때로 감흥이 일면 시로 읊었을 뿐 어리석은 여인이 본디 무슨 글재주가 있겠사옵니까? 더구나 지금은 소란하여 즉석에서 시를 짓기가 힘들 듯하옵니다."

덕봉은 고개를 숙인 채 겸손히 대답하였다.

"예전에 지은 것이라도 좋다."

"정 그러시다면 지난 날 우연히 얻은 시 한 수를 읊어볼까 하옵니다. 과거 저희 영감이 무장 현감으로 있을 때 소인도 함께 있었사온대 그때 관아에서 지은 시옵니다."

그녀는 임금 앞에서 낭랑한 목소리로 시 한 수를 읊었다.

한 쌍의 선학이 맑은 밤하늘에서 우니	一雙仙鶴唳淸霄
월궁의 선녀가 옥통소를 부는 듯하도다.	疑是姮娥弄玉簫.
만리의 뜬 구름 돌아간 곳에	萬里浮雲歸思地
뜰에 가득한 가을 달빛이 하얀 털로 쓸어놓은 듯하다.	滿庭秋月刷鷗尾(毛).

"마치 가을 달밤을 그린 한 폭의 그림 같도다!"

임금은 머리를 끄덕이면서 크게 칭찬하였다.

"나와 함께 궁궐로 들어가자. 물건을 하사하여 그대의 문재를 치하코자 하노라. 어서 나의 등에 업히거라."

그리고는 뒤로 돌아 앉아서 등을 내밀었다. 덕봉은 망설임 없이 임금의 등에 업혀 대문 밖까지 나갔는데, 그곳에는 하얀 포장을 친 두 대의 가마가 나란히 놓여 있었다.

임금은 다시 덕봉의 손을 붙잡아 가마에 태운 뒤 궁궐을 향해 출발하였다. 거리엔 남녀노소 할 것 없이 구경꾼으로 가득했고, 지나는 집집마다 채색 비단을 드리우고 있었다.

행차는 커다란 문을 통과하여 마침내 어느 궁궐에 당도하였다. 그곳에서 임금은 홀로 높은 의자에 올라 앉아 말하기를,

"네가 본래 책을 많이 읽고 문재가 좋다고 들었는데 오늘 보니 과연 그렇구나. 그래서 내가 만인을 대신하여 보잘것없는 물건으로 그대의 문재를 치하코자 하노라."

고 하였다.

내시들은 비단옷, 향, 거울 등을 덕봉에게 전달하였다. 덕봉은 두 손으로 물건을 받아들고 절을 올리면서 아뢰었다.

"어리석은 여인에게 이토록 귀한 물건을 하사하여 격려하시니 죽을 때까지 은혜를 갚기 어렵겠사옵니다."

그리고 나서 몸을 굽혀 궁궐을 나오다가 그만 꿈에서 깨어났다. 꿈에서 깬

뒤에도 임금의 얼굴이 완연히 기억되고 그 일의 분명함이 거의 평상시와 다름이 없었다. 비록 꿈속의 일은 모두 허사라지만 이날 밤의 꿈은 영원히 잊혀지지 않을 듯하였다.

바깥 구경을 나온 여인들

전(傳) 김홍도(1745~1806 이후), 「평생도(平生圖)」의 일부분, 국립중앙박물관 소장.

16세기만 하더라도 여성들은 자주 부녀들끼리 모임을 가져올 뿐 아니라 나라에 특별한 구경거리가 있으면 반드시 나가서 구경하였다. 부녀들이 담장에 서서 과거급제자를 구경하고 있다.

13 임금의 행차를 구경가다

여성들의 자유로운 바깥출입

흔히 조선시대 양반 여성은 집에서만 생활하고 외출도 자유롭게 하지 못했을 뿐더러 남자와의 접촉도 집안 식구나 팔촌 이내의 가까운 친척들과만 할 수 있었다고 알려져 있다. 하지만 당시의 사회상을 좀더 자세하게 들여다보면 그러한 생각이 틀렸음을 알게 된다.

우선 이 시기 가족은 앞에서 살펴본 것처럼 부계만이 아니라 모계와 처계까지 포함되어 있었고, 여기에 수십, 수백 명에 이르는 노비들이 딸려 있었다. 그리고 팔촌 이내의 남자란 어디를 가나 적어도 20~200명 정도는 되었기 때문에 당시 여성들이 남자와 접촉하는 것이 드물었다고 보기 어렵다.

요즘에도 옛 전통이 남아 있는 일부 종갓집에서는 증조부 제사가 있는 날이면 어린 아이들은 앉을 자리가 없어서 밖으로 내쫓기고 만다. 위로 할아버지의 형제가 있고 그 밑으로 아들 내외와 고모가 있으며 거기에 딸린 자녀들까지 계산하면 얼추 잡아도 70명 가량은 되기 때문이다.

조선시대 양반 여성은 사회적 관습이 남녀가 한 데 어울려 자유분방하게 살 수 없도록 되어 있었을 뿐, 실제로는 오늘날 핵가족 사회의 여성보다 훨씬 폭넓은 인간관계를 맺고 살았다.

또 양반 여성의 외출도 비록 조선 후기인 17~19세기에는 내외법(內外法)

의 강화에 따라 철저히 금지되었지만, 최소한 16세기와 그 이전에는 자유로웠던 것으로 보인다. 덕봉의 경우만 보더라도 성대한 국가행사를 구경가거나 부녀자들끼리 만나서 담소를 즐기는 모임도 자주 가졌다.

우선 덕봉은 일가친척이나 안면이 있는 부녀자 가운데 보고 싶은 사람이 있으면 직접 찾아가 하루 이틀씩 그 집에서 머물다 오거나, 가마와 가마꾼을 보내 집으로 초청해 시간을 보내기도 하였다. 금년(1569년) 6월에도 이구의 누이가 찾아와 이틀 동안 놀다가 돌아갔고, 가마를 빌려 나사훤의 부인을 찾아가 위문을 하고 돌아오기도 하였다. 이처럼 그녀는 매달 한두 번씩은 부녀 모임을 가졌다. 또 덕봉은 나라에 특별한 구경거리가 있으면 반드시 외출해 구경하였다.

1572년 10월이었다. 덕봉은 광화문 앞에서 벌어지는 산대놀이를 구경하기 위해 새벽닭이 울자마자 일어나서 몸단장을 하고 파루종이 치기 전에 가마를 타고 중추(中樞)의 행랑으로 간다. 그곳은 광화문의 남쪽으로 온돌방도 있고 누마루도 있었다. 아들 경렴이 미리 가서 방에 불을 지펴 따뜻하게 해놓고 기다리고 있었다.

이날 덕봉은 광대들의 온갖 기이한 재주부림을 구경하고, 신하들이 임금을 호위하는 장대한 모습도 구경한다. 그리고 저녁에 집으로 돌아와서 미암한테 말하기를 "어렴풋이 선경(仙境)에 이른 듯하여 말로는 어떻게 형언할 수 없소"라고 한다.

산대놀이란 광화문 앞에 임시로 산처럼 높은 무대를 설치하고 그곳에서 광대들이 분장하고 온갖 재주를 부리는 것을 말한다. 원래는 중국에서 사신이 올 때 일종의 위안 잔치로서 행해지던 것인데, 『조선왕조실록』에 따르면 이때는 성 안의 남녀들이 모두 나와 길 양편에서 구경을 했다고 한다. 그래서 세종 13년(1431) 7월에 신개(申槩) 등이 부녀자가 구경하는 놀이를 일체 금지하도록 상소했으나 임금은 허락하지 않았다.

대사헌 신개 등이 상소하기를, "『예기』에 '부인은 낮에 뜰에서 놀지 아니하고 까닭 없이 중문에 나가지 않는다' 라고 하였으니, 성인이 부도(婦道)를 근엄하게 하는 것이 이와 같았습니다. 본조(조선)의 부녀자는 전조(고려)의 폐풍을 인습하여 매양 채붕(산대놀이)·나례(儺禮) 및 큰 구경거리가 있을 때마다 거리에 다투어 모여서 장막을 성하게 설치하며, 혹은 누각의 난간에 기대어 얼굴을 내놓고 마음대로 보면서 예사롭게 부끄러워함이 없사오니 부도에 어그러짐이 있을 뿐 아니라 사신을 영접할 즈음에 혹 중국 소(蕭)나라 임금 동숙의 딸의 비웃음을 받을까 두렵사옵니다. 원컨대 지금부터 부녀의 구경하는 놀이를 일절 금하고 억제하여 이로써 폐풍을 개혁하고 부도를 바르게 하오면 크게 다행할까 하옵니다" 라고 하였다. 그러나 임금이 윤허하지 않았다.

이처럼 조선조 양반 여성은 일반적인 인식과는 달리 인간관계의 폭이 대단히 넓었으며, 최소한 16세기만 하더라도 부녀들끼리 자주 모임을 가졌을 뿐 아니라 나라에 특별한 구경거리가 있으면 반드시 나가서 구경을 하였다.

다음 이야기는 덕봉이 종묘 입구로 가서 임금의 행차를 구경하는 모습을 사실적으로 재현한 것이다.

외출 준비

1569년 8월 15일 저녁 무렵이었다. 덕봉은 다음날로 예정된 임금의 행차를 구경하러 가기 위해 일찌감치 몸단장을 하였다.

이날 오후에 임금은 선왕 명종의 신위(神位)를 종묘에 안치한 뒤 다음날 새벽에 제사를 지내고 이른 아침에 환궁할 예정이었다. 이번 행사에는 임금을 비롯해서 신하, 군사, 하인 등 거의 수천 명이 동원되었으며, 미암도 사자위장(獅子衛將)으로 임금 앞에서 호위하는 역할을 맡았다. 중세의 단조로운 일상 속에서 그것은 가히 화려하고 장대한 행사였다.

덕봉이 등불을 밝히고 거울 앞에 앉아 머리를 땋고 있을 무렵, 옥지가 창문 밖의 툇간에다 세숫물을 떠놓고 들어오면서 아뢰었다.

"마님, 세숫물 떠놨사옵니다."

덕봉은 가벼운 헛기침으로 대답을 대신하고 맨 끄트머리를 댕기(끈)로 묶으면서 옥지에게 물었다.

"어찌 머리가 잘 땋아졌느냐?"

"예, 오늘따라 기름을 발라서인지 머리가 아주 반드르하고 잔털이 하나도 보이지 않사옵니다."

그녀는 나들이 때문에 모처럼 동백기름을 바르고 머리를 빗었다. 동백기름을 머리에 바르면 모발에 윤기가 생기고 그 형태를 오랫동안 유지할 수 있었다. 덕봉은 길게 땋은 머리를 둥글게 돌려 정수리 가까이에 얹고 비녀를 꽂아 단단히 고정시켰다. 이른바 얹은머리를 만든 것이다. 당시 여성들 사이엔 이러한 얹은머리에다 가발까지 드려서 머리 모양을 크고 높게 하는 것이 유행이었지만, 그녀는 가발의 값이 비싸고 귀찮기도 해서 그냥 자신의 머리로만 멋을 내었다.

창문 밖의 툇간으로 나가 보니 둥글넓적한 구리대야에 세숫물이 가득히 담겨 있었다. 이에 소매를 걷고 쭈그려 앉아 물이 튀기지 않도록 조심스럽게 얼굴에 두서너 번 물을 끼얹었다.

옥지가 팥 따위를 갈아서 만든 조두(澡豆)라는 가루 비누를 건네 주었다. 덕봉은 그것을 받아서 얼굴과 목덜미 주위에 칠하고 연거푸 물을 끼얹었다. 노폐물이 깨끗이 씻긴 듯하였다. 그리고는 수건으로 물기를 닦아내고 방으로 들어가 화장을 하기 시작했다.

거울 앞에 앉은 덕봉은 손바닥에 분가루를 조금 떠서 물에 갠 뒤 양 볼, 이마, 코, 입 등에 골고루 찍어 발랐다. 그런 다음 누에고치로 만든 분첩을 가지고 톡톡 두드려 얼굴에 골고루 스며들도록 하였다. 화장이 어느 정도 끝나가자 옥지가 횃대(옷을 거는 막대)에서 치마저고리 한 벌을 가져왔다.

16세기 여성의 저고리는 전체적으로 풍성한 형태를 띠고 있었으며 길이가 엉덩이 아래까지 내려올 정도로 길었다. 치마도 역시 바닥에 끌릴 정도였고 저고리와 치마는 각각 1:1의 비율이었다.

하지만 17세기 이후엔 저고리의 길이가 짧아지고 품도 좁아진다. 나아가 19세기 중후반에 이르면 현재까지 남아 있는 그림이나 사진에서 볼 수 있듯이 젖가슴이 드러날 정도로 짧아진다. 반면에 치마는 날로 길어지고 속옷을 7~8겹씩이나 껴입어 더욱 부풀리는 형태로 변한다.

덕봉이 속옷인 바지와 적삼 위에 저고리와 치마를 입자 옥지가 장옷을 가져왔다.

"마님, 아무래도 장옷을 걸치는 게 좋겠나이다."

장옷은 깃이 곧고 길이가 무릎 아래까지 내려오는 포로서 당시 양반 부인이 밖에 나갈 때 항상 걸치고 다니던 외투였다. 팔월 중순이라 날씨가 제법 쌀쌀할 듯하여 덕봉은 저고리 위에 그것을 껴입었다. 이렇게 해서 몸단장을 끝마친 덕봉은 옥지한테 뒷정리를 지시하고 방문을 열고 대청으로 나갔다.

화려한 임금행차

덕봉이 대청으로 나가 보니 어느새 식구들이 마당에서 횃불을 밝히고 서 있었다. 찬모 유지를 비롯한 여종들은 평소에 입던 옷이나마 솜씨 있게 차려 입고, 딸 은우어미는 덕봉처럼 곱게 치장하고 겉에 아청색 장옷을 입고 있었다.

덕봉이 나오는 것을 보고 은우어미가 처마 밑으로 다가와 말하였다.

"오늘따라 왜 이리 더디시오?"

"한동안 앓다가 일어났더니 옷 하나 걸치는 데도 영 신경이 쓰이는구나."

"근데 비가 올지도 모르겠어요, 어머니."

덕봉이 하늘을 올려다보니 먹구름이 잔뜩 끼어 있었다. 하지만 그녀는 별로 개의치 않고 대문채에 서 있는 광문을 향해 물었다.

"가마는 어찌 되었느냐?"

"예, 벌써 준비되었습니다."

덕봉은 치산을 비롯해서 남아 있는 종들한테 집단속을 분부한 뒤 은우어미와 가마에 올랐다. 시간이 벌써 삼경(밤 11~1시)에 다다르고 있었다.

이번 구경은 억정(億貞)이란 일가친척의 노비집에서 하기로 하였다. 종묘 입구의 대로변에 있는 집으로 현재 종로 3, 4가 주변이었던 듯하다.

덕봉이 도착해서 살펴보니 그 집은 볏짚을 엮어 지붕을 얹은 초가집이요 깊숙한 처마에 판자로 된 창문이 달린 그야말로 오두막집이었다. 또 방 안은 진흙벽이 그대로 노출되어 있고 흙바닥에 돗자리만 깔려 있을 뿐이었다. 다행히 미리 연락을 받고 깨끗이 치웠는지 그럭저럭 한 나절은 지낼 만하였다. 덕봉은 식구들을 거느리고 들어가 새벽이 되기만을 손꼽아 기다렸다.

임금의 행차는 16일 묘시(오전 5~7시)에 시작되었다. 덕봉이 시간에 맞추어 일어나 담 너머로 바라보니 길가 양쪽에는 횃불이 길게 밝혀져 있고 수많은 군중들이 떼지어 모여 서서 임금의 행차가 시작되기만을 기다리고 있었다.

특히 나이가 많든 적든 남자들이 귀를 뚫어 귀걸이를 하고 있는 모습이 퍽 눈길을 끌었다. 실제로 이 시기 남자들 사이엔 귀걸이를 하고 다니는 풍습이 있었는데, 한번은 임금이 비망기(왕이 친서로 써내린 글)로 지시하여 엄중히 금한 적이 있었다.

신체의 살과 털은 부모에게서 받은 것이니 함부로 헐고 상하게 하지 않는 것이 효의 시작이거늘 우리나라의 대소 남자는 모두 그 귀를 뚫어 귀걸이를 함으로써 중국인에게 비웃음을 받고 있으니 이 또한 부끄러운 일이다. 앞으로는 오랑캐와 같은 풍습을 일체 혁파할 것을 전국에 널리 이르노니 서울은 이 달 안으로 한도를 정하되 혹 꺼리고 따르지 않은 자가 있거든 사헌부에서 엄하게 죄를 다스리도록 하라.

얼마 후 덕봉 곁에 서 있던 옥지가 손가락으로 종묘 앞을 가르키면서 호들갑을 떨었다.

"마님, 저기 나으리께서 나오시옵니다."

미암은 이번 행사에 사자위장(獅子衛將)으로 임금 앞에서 호위하는 역할을 맡았다. 그는 갑옷을 입은 채 활과 화살통을 차고 호피(虎皮)가 깔린 말을 타고 나왔는데, 선두에 사자상이 그려진 깃발을 세우고 100여 명의 군사를 전후로 나누어 세우고 나왔다.

잠시 뒤 풍악을 울리고 수많은 깃발을 앞세운 채 임금이 하얀 가마를 타고 나왔다. 군중들은 일제히 숨을 죽이고 임금을 향해 모든 시선을 집중했다. 백옥 같은 얼굴을 지닌 임금은 별다른 표정 없이 앞을 주시하고 가마에 앉아 있었다.

순간 덕봉의 입에서 탄식이 절로 터져나왔다.

'아. 꿈에 본 그대로구나!'

임금이 지나간 뒤에도 행차는 한참 동안 이어졌다. 하지만 덕봉은 말없이 담장에서 물러나와 집으로 돌아오고 말았다. 집주인 억정이가 좀더 구경하고 돌아가도록 권유했으나 때마침 가랑비도 부슬부슬 내리기 시작하여 정중히 물리치고 돌아왔다.

저녁 무렵엔 가느다란 빗줄기가 거의 폭우처럼 쏟아졌다. 이미 날이 저물어서야 집에 돌아온 미암은 방 안에 들어서자마자 덕봉에게 다급히 물었다.

"오늘 주상의 행차를 구경했소?"

"예, 용안(임금의 얼굴)을 우러러 뵈었고 그 호위한 위용의 굉장함도 보았답니다. 평생에 특별한 구경이 이보다 더할 수는 없겠습디다."

"지난 날 주상께서 집에 오신 꿈이 이제야 맞았구려."

"그러한가 봅니다."

덕봉은 흐뭇한 표정을 지었다.

책을 보는 여인

윤덕희(1685~1766), 「풍속도(風俗圖)」, 서울대 박물관 소장.

후대와 달리 조선 중기까지는 가학(家學)이 활발하게 이루어져 뛰어난 여성 예술가들이 많이 배출되었다.

14 생활의 느낌을 시로 표현하다

가학

16세기에는 여성들을 위한 공식적인 교육기관이 없었다. 하지만 그에 필적할 만한 가정에서의 교육, 곧 가학(家學)이 엄연히 존재하였다.

사실 이때의 공식적인 교육제도는 일부 특권층에 국한되어 있어서 대부분의 사람들은 집안의 부모, 형제, 친척 같은 가족들에게 교육받았다. 대표적으로 『구운몽』의 작가 김만중은 어머니 해평 윤씨한테 배웠고, 해평 윤씨는 할머니인 정혜옹주한테 배웠다. 마찬가지로 여성들도 집안에서 교육받거나, 여건이 허락치 않으면 형제자매가 공부하는 곁에서 어깨 너머로 배우기도 하였다.

여성에게 가학을 하는 모습은 17세기 여성 지식인이었던 안동 장씨(1598~1680)의 어린 시절을 통해 단적으로 확인할 수 있다. 아래 인용문은 아들 이현일이 기록한 그녀의 일생담 가운데 일부이다.

> 어머님의 성은 장씨요 안동부 금계리 출신이다. (중략) 그 아버지의 이름은 흥효로 학문을 좋아하고 독실한 행실로 배우는 사람들의 스승이었으니 세상에서 일컬어지던 경당선생이라는 분이다. (중략) 경당선생에게는 어머니가 유일한 딸이어서 기특하게 사랑하여 『소학(小學)』과 『십구사략(十九史略)』을 가르쳐주니 힘들이지 않고도 글의 의미를 통하였다.

선생은 전에 문인소자(門人小子)들과 원회운세(元會運世)의 숫자에 대하여 언급을 했으나 알아차려 깨우친 사람이 없었다. 강의를 마치고 안방으로 들어오셔서 어머님을 불러서 묻자, 어머님은 겨우 열 살의 나이였으나 잠깐 눈을 감고 계시다가 숫자를 열거하면서 대답하니 선생께서 크게 기특하게 여기셨다. 이때부터 아침과 저녁의 틈틈으로 마주보고 앉아 직접 가르쳐주셨던 것이 성현들의 격언이 아닌 것이 없었다. 어머님은 받들어 믿으시고 공경스럽게 마음에 새겨두어 반드시 일상생활에 직접 적용하여 경험으로 익히고자 하였다.

이처럼 안동 장씨는 어릴 적에 아버지로부터 직접 가르침을 받았다. 그래서 10세 전후에 이미 시와 글씨에 두각을 나타내어 '글씨의 형세가 호탕하고 굳세어 조선 사람의 서법과 같은 종류가 아니니 중국 사람의 필적이 아닐는지!' 라는 찬사를 받기도 한다.

후대와 달리 조선 중기까지는 이와 같은 가학이 활발하게 이루어져 뛰어난 여성 예술가들이 존재할 수 있었다. 「권선문첩(勸善文帖)」과 산수화 두 폭을 남긴 설씨부인(1429~1508), 그림·자수·글씨 등에서 탁월한 예술작품을 남긴 신사임당(1504~1551), 시인 송덕봉(1521~1578), 『난설헌집(蘭雪軒集)』이란 시집으로 한국과 중국의 문인들한테 크게 주목받은 허난설헌(1563~1589), 거문고와 노래를 비롯해서 『매창집(梅窓集)』이란 시집을 남긴 이매창(1573~1610) 등이 그 대표적인 여성이다.

이밖에도 비록 생몰연대는 정확히 알 수 없으나 중종대에 활약한 듯한 황진이는 시조 6편과 한시 7편을 남겼고, 선조 연간에 활약한 듯한 이옥봉은 『옥봉집(玉峰集)』을 남겼다.

덕봉의 창작활동

덕봉도 또한 어릴 적부터 가학과 독학으로 글을 배웠다. 아쉽게도 어린 시절 그녀가 부모한테 가르침을 받았다는 자료는 남아 있지 않지만, 어머니가 고관 댁 따님이었고 아버지도 양반 관료이자 딸을 무척 아끼고 사랑했다는 점으로 미루어 부모한테 가학을 받았을 가능성이 매우 높다.

이로써 덕봉은 미암의 행장(行狀)에도 기록되어 있듯이 『경서』와 『사서』를 두루 섭렵하여 여성선비[女士]로서의 풍모를 갖추었다. 아울러 평생 지속적으로 시를 써서 『덕봉집(德峯集)』이란 시집을 남겼다.

『덕봉집』은 그녀의 나이 51세인 1571년에 미암이 처조카 송진을 시켜 그동안 덕봉이 지은 시 38수를 한 권의 책으로 묶은 것이다.

며칠 뒤 그녀는 아들 경렴을 통해 그것을 전해받고 무척 기뻐한다. 더욱이 자신의 시가 없어지지 않고 후세에 전해지게 되어 희비가 엇갈린다고 말하기도 하였다.

오늘날 그 시집은 전하지 않고 『미암일기』와 그 부록에 편지 1통, 문 2편, 시 20여 수 등이 남아 있다. 그리고 이 작품들은 『덕봉문집(德峯文集)』에도 실려 있는데, 여기에서도 일기의 부록처럼 미암이 지은 시문과 함께 묶여 있다. 이를 토대로 그녀의 작품들을 살펴보자.

덕봉은 미암에게 자주 편지를 써서 보냈다. 특히 그들 부부는 서로 떨어져 생활하는 경우가 많아 편지를 통해 집안 소식을 전하였다.

한번은 미암이 서울로 올라와 근 4개월 동안 홀로 자면서 일체 여색을 가까이하지 않았다고 자랑하는 내용의 편지를 써서 담양으로 보낸 적이 있었다. 그러자 덕봉은 예순이 가까운 나이에 그렇게 하는 것은 자신의 건강을 유지하는 데 이로운 일이지, 결코 부인에게 자랑할 일이 아니라고 책망하는 긴 답장을 써서 보낸다.

또한 그녀는 1571년 7월 「착석문 서」와 「착석문」이란 두 편의 글을 지어 미암한테 친정부모의 묘소 앞에 비석을 세우는 일을 더 이상 늦추거나 소홀히 해서는 안 된다고 강력하게 주장한다.

이 편지와 글은 이응태 부인의 한글편지, 허난설헌의 「광한전 백옥루 상량문」과 함께 현재까지 남아 있는 16세기 여성산문의 유일한 작품이자, 이 시기 여성들의 의식세계를 잘 보여준다는 점에서 매우 중요한 문학사적 의의를 지니고 있다.

한편 덕봉은 시 쓰기를 즐겼을 뿐 아니라 그 재주도 좋았다. 심지어는 미암에게 시 짓는 법을 일러줄 정도였다.

하루는 미암이 시 한 수를 지었다. 그 시를 본 덕봉이 말하기를,

"시를 짓는 법이 직설(直說)을 하여 문장을 쓰듯이 해서는 안 됩니다"

라고 하면서 산에 오르고 바다를 건너는 것으로 시작하여 끝에 가서는 벼슬한 이야기를 해야 한다고 일러준다. 미암은 깜짝 놀라 그 말에 따라 다시 시를 짓는다.

사실 미암은 임금 앞에서 "신은 본디 시에 소질이 없어 젊어서부터 늙도록 한 개의 아름다운 구절도 얻지 못하여 아예 시 배우는 일을 단념했사옵니다"라고 말할 정도로 시 창작에는 관심을 두지 않았다.

덕봉의 시들을 살펴보면 편지나 글과 마찬가지로 생활 속의 감흥을 포착하거나, 가족과 함께 살아가면서 느낀 감회를 있는 그대로 표현한 것이다. 따라서 그녀의 시에는 자신의 체험이 솔직하게 담겨 있고, 그 만큼 시가 아주 구체적이고 사실적이다. 또 시어의 사용에서도 일상어·구어체가 자주 쓰인다. 이것이 덕봉 시의 특징이요, 나아가 동시대 여성 문학의 특징이다.

덕봉의 시 세계를 거칠게 살펴보면 화답시와 자연시 및 기타로 이루어져 있다. 화답시는 가족의 편지나 시에 화답하여 지은 것으로 가장 많은 부분을 차지한다. 그 대표적인 예로서 다음의 시를 살펴보자.

미암이 가선대부(嘉善大夫)로 올랐을 때에 짓다

황금띠를 둘렀으니 선비로서는 극진한 영화.	黃金橫帶布衣極
돌아와 초당에 누워 건강을 돌봄이 어떠하오?	退臥茅齋養氣何.
벼슬은 사양할 수 있다고 일찍이 약속했으니	爵祿可辭曾有約
뜨락에서 달을 보며 돌아오길 기다리오.	遊庭見月待還家.

1571년 10월, 전라감사를 지낸 미암이 또다시 사헌부 대사헌에 제수되어 덕봉에게 편지를 보냈는데 덕봉은 뜻밖에도 학문하는 선비로서 이미 극진한 영화를 누렸으니 그만 물러나서 건강을 돌보라는 내용의 시를 지어 보냈다. 실제로 이즈음 미암은 임질에 걸려 적잖은 고통에 시달리고 있었다. 이처럼 덕봉은 때로 자신이 하고픈 말을 시로 표현해서 보냈다.

또한 그녀는 가족모임이나 집안잔치에서 누군가 시로써 자신의 마음을 전하면 그에 화답하는 시를 짓기도 하였다. 미암과 주고받은 시는 뒤에서 보기로 하고 여기에서는 아들 경렴과 주고받은 시를 살펴보자.

1574년 1월 영릉에서 참봉을 지내던 경렴이 모처럼 친정에 와서 붉은 저고리와 함께 다음의 시를 덕봉에게 바친다.

외로운 양이 석벽을 오르다가	孤羊攀石壁
눈을 핥으며 차가움을 견디네.	舐雪耐嚴寒.
뼈가 드러나고 털도 비록 빠졌지만	骨露毛雖落
봄이 오면 뜻이 절로 즐거우리.	春來意自歡.

이처럼 경렴은 바위틈을 오르는 한 마리 양에 빗대어 객지에서 홀로 떨어져 벼슬하는 고통을 호소한다. 그러자 덕봉은 이렇게 화답한다.

양이 석벽에 오름을 말하지 말라.	莫言羊石壁
뜻이 있어 시리고 차가움을 견딘다.	有志忍酸寒.
쓴 것이 다하면 단 것이 올지니	苦盡甘須到
봄바람을 버들과 함께 즐기리라.	春風與柳歡.

덕봉은 비록 힘들더라도 뜻을 갖고 참으면 언제가는 기쁜 날이 있을 것이라고 아들을 위로한다.

그밖에도 덕봉은 앞에서 인용한 바 있는 「우음(偶吟)」을 비롯해서 「8월 12일 밤의 정경」, 「을해년 제야에」 등 자연과 계절에 대한 느낌을 표현한 자연시를 남기기도 하였다. 특히 이들 시에는 자연을 있는 그대로 즐길 줄 아는 덕봉의 풍류 감각이 잘 드러나 있다.

덕봉의 작품들은 안살림을 주관하면서 틈틈이 창작한, 생활 속의 문학이었다. 그래서 유난히 가족의 건강, 화합, 관직 등의 주제가 많다. 하지만 그녀의 작품 속에는 우리가 흔히 생각하는 것처럼 수동적인 여성상을 찾아보기란 매우 어렵다.

오히려 그보다는 때로는 온화하게 부탁하고 때로는 매섭게 질책을 하면서 한 집안을 이끌고 나가는 대범하고 당당한 안주인의 모습이 작품 속에 녹아 있다. 그리고 술을 마시면서 자연과 인생을 즐길 줄 아는 풍류스런 모습도 나타나 있다.

다음 이야기는 이 해 9월 미암과 덕봉 부부가 서로 시를 지어 주고받는 모습을 일기를 통해 사실적으로 재현한 것이다.

부부가 시를 주고받다

임금의 행차를 구경한 지 열흘 가량이 지난 8월 28일이었다. 덕봉은 날씨도 춥거니와 몸도 피곤해서 하루 종일 누워 있었다. 어제 김난상 부인의 초청으로 그 집 후원에서 함께 앉아 놀았는데 너무 무리한 탓인지 해가 서쪽을 향하도록 자리에 누워 꼼짝않고 있었다.

그때 은우어미가 방문을 열고 들어오며 말하였다.

"어머니! 입동(立冬)도 안 되었는데 날씨가 왜 이리 춥습니까. 어젯밤에는 서리까지 내리고 말예요."

덕봉은 비로소 이부자리를 젖히고 일어나 옷깃을 여미면서 물었다.

"글쎄 말이다. 오늘도 바깥 날씨가 춥더냐?"

"예, 바람이 쌀쌀해서 사람들이 솜옷을 껴입고 다니더이다."

그 말에 덕봉은 문득 며칠째 숙직하고 있는 미암의 처지가 떠올랐다.

"요즘 날도 추운데 네 아버지는 어떻게 지내시는지 모르겠구나. 그럴 게 아니라 옷이랑 이불이랑 싸서 보내줘야겠다."

덕봉은 장롱에서 새로 지은 비단 이불과 항상 입는 단령을 찾아 직접 보자기에 쌌다. 그런 다음 시동 옥석이를 불러 미암에게 갖다주도록 하였다.

이즈음 미암은 홍문관에서 자리를 옮겨 외교 담당부서인 승문원(承文院)에 다녔는데 지난 26일부터 계속 집에 들어가지 못하고 숙직을 하고 있었다.

전혀 뜻밖의 물건을 받은 그는 덕봉의 정성에 그만 감동하고 말았다. 그리하여 다음날 오시(오전 11시~오후 1시)에 임금이 하사하신 술상을 덕봉에게 보내고, 그 다음 날엔 술 한 동이와 덕봉에 대한 지극한 사랑을 담은 시를 지어 보냈다.

덕봉도 의외의 선물을 받고 식구들과 함께 기뻐하였다. 보자기를 풀어 보니 하얀 술동이에 노란 술이 가득 담겨 있었다. 은우어미가 곧 조촐한 술상을 차려왔다.

덕봉은 먼저 한 잔을 마시면서 은우어미에게 미암이 보낸 시를 읊어보도록 하였다.

"궁중 술이라서 그런지 유별나게 맛이 좋구나. 은우어미야, 어서 그 시를 읊어보거라."
"예, 어머니."
은우어미는 종이 봉투에서 시를 꺼내어 낭랑한 목소리로 운치 있게 낭독하였다.

눈이 내리니 바람이 더욱 차가워	雪下風增冷
그대가 추운 방에 앉았을 것을 생각하노라.	思君坐冷房.
이 술이 비록 하품이지만	此醪雖品下
차가운 속을 따뜻하게 데워줄 수 있으리.	亦足煖寒腸.

이윽고 시 읽기를 마치자 덕봉은 생각에 잠긴 듯 있다가 '음, 화답의 시가 없어서는 안 되겠지!' 라고 혼잣말을 하고서 몸종 옥지를 불렀다.
"옥지야, 어서 먹을 갈거라."
그러고는 종이 한 장을 펼쳐 놓고 즉석에서 시 한 수를 지었다.

국화 잎에 비록 눈발이 날리지만	菊葉雖飛雪
은대(승문원)에는 따뜻한 방이 있으리.	銀臺有煖房.
차가운 방에서 따뜻한 술을 받으니	寒堂溫酒受
속을 채울 수 있어 매우 고맙소.	多謝感充腸.

'술을 보내주어 고맙소'라는 말을 시로써 표현한 것이다.
그녀는 자신이 쓴 시를 곱게 접어 미암에게 보내도록 지시한 후 다시 옥지를 향해 "이 술을 가져다가 식구들한테 골고루 나눠주거라. 조금씩이라도 서로 맛을 보자구나"라고 말하면서 동이에 든 술을 넉넉히 따라주었다.
덕봉은 평소 희로애락을 비롯한 자신의 순수한 감정을 굳이 숨기지 않았다. 예컨대 하루는 무엇 때문인지는 모르나 미암이 퇴근하고 돌아오자 놀라고 기뻐서 잡고 있던 실꾸리를 떨어뜨리기까지 하였다.
 이날 저녁에도 미암이 비로소 퇴근하고 돌아오자 '부인과 엿새를 떨어졌다가 만나니 반가웠다'라는 기록처럼 서로 무척 반가워하였다.

전별잔치

이기룡(1600-?), 「남지기노회도(南池耆老會圖)」의 일부분, 서울대 박물관 소장.

당시 관원들은 휴가를 얻어 고향으로 내려갈 때에는 언제나 전별연을 베풀고 떠나곤 하였다.

15 전별연을 베풀고 고향으로 돌아가다

관리들의 전별풍습

당시의 관리들은 휴가를 얻어 고향에 내려갈 때면 전별잔치를 베풀고 떠나는 풍습이 있었다. 이때는 술, 고기, 탕, 과자 등 온갖 음식을 마련하고 악공과 기녀를 불러 노래하고 춤을 추며 즐겼다. 아래 글은 성현(成俔: 1439~1504)이 편찬한 『용재총화(慵齋叢話)』의 일부인데 관리들의 전별풍습이 잘 나타나 있다.

풍속이 옛날과 같지 않은 것이 많다. 옛날에는 잔치를 베푼 뒤에 음악을 연주했으며, 먼저 전두(사례비)를 갖춘 뒤에 기녀를 청하였다. 찬품에도 규제가 있었으며, 음악은 「진작만기(眞勺慢機)」, 「자하동(紫霞洞)」, 「횡살문(橫殺門)」 등의 곡을 연주하게 하고, 조그마한 잔을 돌려 수작을 하나, 술은 조금씩 따르고 낮은 소리로 노래를 불렀으되 떠들고 주정하는 데까지는 이르지 않았다.
근래에는 잔치 음식이 모두 사치스럽다. 밀과(과자)는 모두 짐승의 모양으로 만들어 사용하고, 이미 찬상을 마련하고도 또 찬반을 마련하니 좋은 안주와 맛있는 음식이 없는 것이 없고, 탕이나 구운고기는 모두 쌓아서 한두 가지가 아니다. 술이 끝나기도 전에 번거롭고 조급한 관현을 뒤섞어 날랜 장고와 빠른 춤을 추되 쉴 줄을 모른다.
더러는 사회(射會)를 빙자하고 더러는 영송(迎送)을 빙자하여 장막이 도문 밖까지 나오게 되며, 종일토록 업무를 안 보고 또 저택에 세 사람만 모여도 반드시 기악(妓樂)을 쓴다. 여러 관청의 노비를 남에게서 빌려와 음식을 장만하게 하는데 조금이라도 뜻에 맞지 않으면 반드시 매질을 하니 노비가 날로 빈곤해진다. 기녀에게도 연폐를 주지 않고 아침저녁으로 뛰어다니게 하여 의복이 해지며, 글을 갖고 청하는 자가 많아서 음악을 맡은 관리가 연습을 할 수 없게까지 되었다.

이처럼 당시 관리들은 전별잔치를 할 때에 장막을 설치하고 악공과 기녀를 불러 질펀하게 즐겼다.

대개 악공과 기녀는 국가 음악기관인 장악원에 소속된 전문 음악인이었다. 주로 관노비 가운데 음악에 소질이 있어 장악원에 뽑혀가 전문적으로 음악 교육을 받은 이들이었다. 장악원(掌樂院)은 국가에서 쓰이는 각종 음악을 제공하기 위해 설치된 것으로, 우두머리인 제조(提調) 이하 여섯 명의 관리를 비롯해서 실제 음악을 담당하는 악공과 악생, 무동, 기녀 등 1187명으로 구성되어 있었다.

악공(樂工)은 향악과 당악을 연주하고 악생(樂生)은 아악을 연주했는데, 『미암일기』에 따르면 이들은 정기적으로 시험을 본 듯하다.*

반면에 기녀는 악기를 연주하기도 했지만 주로 노래와 춤을 도맡아 하였다. 이들은 서울의 장악원에 소속된 경기(京妓)와 각 지방의 관아에 소속된 향기(鄕妓)로 나뉘었다. 경기는 대부분 지방에서 뽑혀 올라왔고 근무기간중에 생계를 위해 앞의 구종처럼 두 명의 봉족꾼이 주어졌다.

---

*1573.4.9._밥을 먹은 뒤에 장악원의 악생·악공의 시험을 위해 조(曹)로 나갔다. 판서 박충원, 제조 원혼, 참의 강사필 등이 모두 이르렀는데 각 자리마다 전악이 곁에서 모시고 있었다. 악생은 아악으로 시험을 보았는데 먼저 춤을 추게 하고 나중에 악곡을 들었다. 악공은 속악과 향악으로 시험을 보았고, 또 맹인들도 시험을 보았다. 날이 저물어 파하였다.

食後, 以掌樂院樂生樂工取才詣曹, 判書朴公忠元, 提調元公混, 參議姜士弼皆至, 每位各有典樂音侍, 講樂生以雅樂先舞後曲, 又講樂工以俗樂鄕樂, 盲人亦取才, 日暮乃罷.

이들 악공과 기녀는 국가 행사만이 아니라 양반들의 사사로운 연회에도 불려가 베나 식량, 반찬거리를 받아서 생활하였다. 또한 기녀는 술집인 기방(妓房)을 운영하여 생계를 유지하기도 하였다.

미암은 이 해 9월에 전별연을 베풀고 가족과 함께 고향으로 내려가는데, 다음 이야기는 그러한 전별잔치를 일기를 통해 사실적으로 재현한 것이다.

전별잔치

1569년 9월 21일, 이른 아침부터 전별잔치를 준비하느라 집안이 몹시 어수선하였다. 마당에선 광문과 윤관중이 노비들을 시켜 차일을 치고, 부엌에선 덕봉과 은우어미가 여종들과 함께 점심을 장만하고 있었다. 미암도 아침 일찍부터 책방에서 손님을 접대하다가 새참 무렵에야 손님이 없는 틈을 타 조금 쉬고 있었다.

미암은 지난 9월 15일부터 며칠 사이로 계속해서 이러한 내용의 사직서를 궁궐에 제출하였다.

신이 이 달 7일부터 찬바람을 쏘이고 감기가 들어 억지로 참고 근무를 했던 바 12일에 이르러서는 오한과 기침이 겹치고 지금에 이르러서는 머리가 아프고 몸에 열이 나서 쉽게 낫지를 않습니다. 승지(왕명의 출납을 맡아보던 관리)가 되어 오랫동안 자리를 비우고 있으니 몸둘 바를 모르겠습니다. 신의 벼슬을 갈아주도록 잘 아뢰어 주십시오.

그때마다 임금은 며칠의 말미를 내주었다. 하지만 미암이 세 번이나 사직서를 제출하며 완강히 요구하자, 할 수 없이 관직을 바꿔주도록 지시하고 장기간의 휴가를 내주었다. 그래서 미암은 오늘(9월 21일) 전별연을 베풀고 27일에 고향으로 내려가게 되었다.

얼마 뒤 광문이 달려와 문 밖에서 아뢰었다.

"할아버지, 악공과 기녀 들이 도착했습니다."

"음, 알았느니라."

미암은 곧 자리에서 일어나 의관을 정제하고 밖으로 나갔다. 사인(舍人: 의정부의 정4품 벼슬) 윤근수(尹根壽)가 악공과 기녀를 거느리고 와서 분주한 사람들을 피해 마당에 서 있었다. 악공은 거문고, 해금, 피리 등 각종 악기를 들고, 기녀는 곱게 화장하고 노란색 겉옷을 입고 있었다.

미암이 밖으로 나가자 윤근수가 다가와 인사를 하였다.

"영감, 그간 무고하셨습니까?"

"예, 아직 손님들이 도착하지 않았으니 방에 들어가서 잠시만 기다려 주시구려."

미암은 광문에게 그를 책방으로 안내하도록 시키고 다시 윤관중을 향해 물었다.

"사랑방에 방석은 깔았느냐?"

"예, 깨끗이 닦고 깔아두었습니다."

윤관중은 해남에 있는 부모에게 근친을 갔다가 이 달 12일에 올라왔다. 그가 올라오자 제일 좋아하는 이는 딸 은우였는데, 은우는 맛있는 것만 얻으면 곧잘 제 아버지에게 준다고 하였다.

얼마 후 윤두수(尹斗壽)를 비롯한 박계현(朴啓賢), 기대승(奇大升), 안자유(安自裕), 이산해(李山海) 등이 전별연을 베푼다는 말을 듣고 찾아왔다. 그들은 모두 양반 관료이자 평소 미암과 친분이 두터운 사람들이었다.

특히 기대승은 미암과 아주 가까운 사이였는데, 지난 1567년 11월 미암이 홍문관 교리로 복직했을 때에도 사모를 주고 쌀과 콩을 각각 두 말씩 보내주기도 하였다. 며칠 전에도 그는 직접 미암을 찾아와 귀향을 만류하고 돌아갔다.

보통 전별연은 손님이 술병과 과일을 가지고 와서 주인을 대접하는 게 관례였다. 이날도 그들은 집에서 가져온 술병과 과일을 미암에게 건네주고 미리 깔아놓은 방석에 앉았다.

"그럼, 나부터 술을 치겠소이다."

종들이 술상을 차려오자 기대승이 먼저 미암에게 술을 권하였다. 미암은 "예" 하고 고개를 숙이고 술잔을 내밀었다. 다른 빈객들도 차례대로 술을 권하고, 미암은 다시 그들에게 답례를 하였다.

이윽고 밖에서 음악 소리가 들려왔다. 악공은 섬돌에 앉아 악기를 연주하고, 기녀는 마루 끝에 열지어 앉아 목청을 떨구며 노래를 불렀다. 어느새 몰려왔는지 이웃 사람들이 줄지어 서서 구경하고 있었다.

그런데 노래 한 곡이 채 끝나기도 전에 기대승이 일어나더니 버럭 큰소리 지르는 것이다.

"그만 두거라!"

기대승은 본래 사사로운 음악을 즐기지 않았다. 이에 따라 그들은 '박계현, 기대승, 윤근수 등이 나를 작별하는 시를 지었다' 라는 기록처럼 시를 지어 미암에게 주었다.

오후 무렵이 되자 의정부의 으뜸 벼슬인 영의정 이준경(李浚慶)이 보낸 녹사(綠事: 의정부·중추원에 속한 경아전의 상급 서리)가 도착하였다.

"남으로 간다는 말을 듣고 몹시 놀라고 이상하게 생각하시더이다."

"가토(加土: 선형의 무덤 위에 흙을 더 얹는 것)를 위해 휴가를 얻어 내려가는 것이니 내년 봄에는 반드시 올라올 것이라고 말씀드리게."

미암은 태연하게 웃으면서 대답하였다.

이튿날에도 이준경은 손수 편지를 써서 녹사를 통해 보내왔는데, 그것을 옮겨보면 다음과 같다.

어제 녹사가 와서 영감이 내년 봄에 올라오겠다고 한다기에 내 마음이 조금은 놓입니다. 다만 남에게 들은 바에 의하면 영감이 아주 가버릴 뜻이 있다고 하니 서운함을 금할 수가 없습니다. 근래에 조정의 구신(舊臣)들이 잇달아 나가버리고 나와 같이 늙고 형편

없는 사람만 붙잡아두니 장차 어떻게 하란 말입니까. (중략) 주상이 위에 계시고 정치를 하려면 반드시 사람이 필요하다는 것을 생각한다면 영감이 어떻게 오래도록 전원의 한가로운 사람이 될 수 있겠습니까. 나는 이를 믿고 스스로를 달랩니다. 가시는 길마다 복록을 누리시기를 빕니다. 삼가 아룁니다.

그러자 미암은 즉시 이같이 답장을 써서 보냈다.

존엄함을 낮추고 손수 정중한 편지를 써서 보내주시니 감사하고 송구한 마음을 금할 수가 없습니다. 소인은 분명 가토를 위해 휴가를 얻어 내려가는 것입니다. 또 아내가 얼마 전부터 찬바람에 몸살기를 얻었는데 여기서 겨울을 지내다가는 더욱 상할까 두려워서 동행을 하게 되었습니다. 마치 전원으로 돌아가는 듯하지만 결코 그렇지가 않습니다. 20년 동안이나 내쫓겨 있던 신하가 주상의 씻겨주고 발탁해주심을 입었으니 은혜가 골수에 사무친지라, 항상 그 은혜에 만분의 일도 우러러 보답하지 못함을 부끄럽게 여기고 있사온대 어찌 감히 금방 가버리고 돌아오지 않겠습니까. 본래 허약한 몸이 오랫동안 북쪽 먼 지방의 추위에 시달린 나머지 허리의 밑이 얼음과 같이 차가운 방에서 병이 날까 두려우므로 겨울을 지내고 올라오려고 합니다. 엎드려 바라옵건대 대감께서 살펴주십시오. 삼가 재배하고 아룁니다.

이날의 전별 잔치는 오후 늦게까지 벌어졌다. 손님들은 날이 저물고 완전히 어두어져서야 서로 절을 하고 물러갔다.

[재산증식]

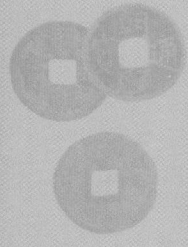

마침내 휴가를 얻어 고향으로 내려온 미암은 본격적으로 재산 증식을 도모한다. 먼저 처가인 담양으로 내려가 인근 지방관에게 식물을 부탁하거나 군사를 요청하고, 본가인 해남으로 내려가 첩과 함께 생활하며 47칸짜리 새집을 건축한다.

16장에서 20장까지는 이처럼 휴가를 얻어 고향으로 내려오는 1569년 9월부터 홍문관 부제학에 제수되어 다시 서울로 올라가는 1569년 12월까지의 일기를 토대로 미암의 재산증식에 대해 살펴보고자 한다.

나룻배

전(傳) 이형록(1808~?), 「풍속도(風俗圖)」의 일부분, 국립중앙박물관 소장.

이 시기 사람들은 나룻배를 타고 강을 건넜다.
미암 가족도 나룻배를 타고 한강을 건너 고향으로 내려갔을 것이다.

16 마을 사람들이 그녀의 다복함을 치하하다

덕봉의 담양 집

덕봉은 본래 담양부 태곡리에서 살았다. 오늘날의 전라남도 담양군 대덕면 장산리 장동이 바로 그곳이다. 장산리 장동(獐洞)은 속칭 노랑골로, 부근에서 으뜸 가는 마을이다. 뒤로는 노루가 많이 산다는 노루봉이 점잖게 버티고 앉아 있고, 앞과 옆에는 두 개의 또 다른 봉우리가 서로 마주보고 있어서, 삼면에서 마을을 포근히 감싸고 있다.

  사람들은 산자락을 따라 남북으로 길쭉하게 마을을 이루어 살고 있다. 마을 앞에는 크고 작은 전답들이 넓게 펼쳐져 있고, 중간을 가로질러 구불구불한 마을길이 길게 뻗어 있다.

  덕봉은 이곳 장산리 장동, 16세기 지명으로는 태곡(太谷)에서 나서 자랐다. 결혼한 뒤에도 계속 이곳에서 부모를 모시고 살았고, 부모가 돌아가신 뒤로는 그 집과 전답을 물려받아 조상의 제사를 지내면서 살았다.

  반면에 미암은 남쪽 지방인 해남에서 태어나 이곳으로 장가들어 본가와 처가를 수시로 왕래하며 생활하였다.

  16세기는 여전히 장가와 처가살이가 보편화된 시대였는데, 상속에서 균분이 철저히 지켜지고 아들과 딸이 서로 돌아가면서 제사를 모셨으며 친족관계에서도 내손과 외손을 구별하지 않았기 때문에 남자가 여자의 집으로 가서 혼인하고 살아도 아무런 문제가 없었다.

미암의 아들 유경렴도 장성으로 장가가고, 사위 윤관중 역시 해남에서 이곳으로 장가들어 살고 있었다.

하지만 미암은 근친, 수학, 관직, 유배 등의 이유로 자주 집을 떠나 생활했기 때문에 덕봉은 혼자서 안팎의 집안일을 주관하며 자녀들을 키워야 했다. 다행히 광문을 비롯해서 조카 송진(宋震), 조카사위인 이형(李衡), 이방주(李邦柱) 등이 항상 곁에 있어서 큰 힘이 되어주었다. 또 부근에 일가친척이 많이 살고 있었다.

덕봉의 집은 마을 앞쪽의 왼편 산자락에 위치해 있었다. 일기를 토대로 추정해보면 이 집 역시 사랑채는 없고 다만 안채와 바깥채로 이루어졌던 듯하다.

안채는 가운데 중대청이 있고 좌우 대칭으로 온돌방인 안방과 건넌방이 있었으며 각 방마다 몇 개씩 방이 딸려 있었다. 그래서 서울 집처럼 안방은 덕봉과 미암이, 건넌방은 딸 내외가 차지하고 살았다.

바깥채는 대문을 중심으로 행랑방과 마구간이 많이 있었는데, '행랑의 동편 두 칸을 수리하여 종이를 바르고 깔고 한 것이 볼 만하다. 경렴이 애를 쓴 것이다'라는 일기의 기록처럼, 행랑의 동편 두 칸은 수리해서 미암이 손님을 접대하는 사랑방으로 이용하였고, 나머지는 집안에서 일하는 노비들이 기거하였다.

하지만 이 집은 전체적으로 좁을 뿐만 아니라 사랑채가 없어서 이후 창평 수국리로 이사를 간다.

다음 이야기는 1569년 10월에 덕봉이 많은 인마를 거느리고 담양 집으로 들어가는 광경을 사실적으로 재현한 것이다.

16일 간의 귀향길

1569년 10월 12일 늦은 오후였다. 덕봉은 짐 실은 말 20필을 거느리고 마침내 담양 집에 이르렀다. 짐이 이렇게 많게 된 것은 미암의 서책을 세 마리의 말에 실었기 때문이다. 말은 대부분 일가친척과 인근의 지방 관아에서 빌린 것이었다. 미암은 '나는 부인의 뒤를 따랐다'라는 기록처럼 광문과 윤관중, 경렴과 함께 말을 타고 맨 뒤에서 따라오고 있었다.

그들은 지난 9월 27일 아침에 서울을 출발하여 과천·수원·진위·직산·천안·전의·공주·니산·은진·여산·전주·임실·순창·옥과를 거쳐 이날에야 담양 집에 도착하였다. 꼬박 16일이 걸린 셈이었다.

귀향 도중 잠은 관아에서, 점심은 주로 원에서 해결하였다. 또 큰 고을인 수원에선 하루를, 전주에선 이틀을 머물며 그곳 지방관이 베푸는 잔치에 참석하였다. 특히 전주에서는 부윤(府尹)이 어머니의 생신잔치를 베풀어서 미암과 덕봉은 함께 들어가 술을 올리고 춤을 추며 어울렸다.

그런 뒤 미암은 전주에서 따로 헤어져 남원 누이집을 방문한 뒤 옥과에서 덕봉과 다시 만났다. 본래 미암에게는 오매와 한매라는 두 누이가 있었다. 오매(吳妹)는 그의 손위 누이로서 오천령과 혼인하여 해남에서 살았고, 한매(韓妹)는 손아래 누이로서 한사눌과 혼인하여 남원에서 살았다. 두 사람 모두 남편과 일찍 사별하고 지금은 아들과 함께 살고 있었다.

두 누이는 출가한 뒤에도 미암을 비롯한 친정 식구와 지속적인 관계를 유지하였다. 평소에도 자주 편지를 왕래하며 필요한 물건을 주고받았고, 미암이 휴가를 얻어 고향에 내려갈 때면 반드시 찾아가 며칠을 묵었다. 이번에도 그는 남원부에서 기녀까지 데려다가 누이 한매에게 큰 잔치를 베풀어 주었다.

미암이 남원 누이집을 방문하고 옥과로 들어가니 그곳에는 아들 경렴과 일가친척이 마중나와 있었다. 미암은 함께 점심을 먹고 덕봉의 가마를 앞세운 채 느즈막이 담양 집으로 들어갔다.

덕봉의 가마가 마을 입구에 도착하자 구경나온 사람들이 담장을 이루고 서서 그녀의 다복함을 치하하였다.

"우리 마님은 복도 많아. 저렇게 많은 인마를 거느리고 다니시니 말야."

"아, 저렇게 살 때도 있어야지. 허구헌 날 고생만 하다가 죽으라면 무슨 재미로 세상을 살겠나."

"그럼, 그렇구말구. 영감 마님께서 귀양가신 뒤로 우리 마님이 얼마나 고생을 했는데."

평소에 집안을 자주 들락거리던 동네 아낙들이 이렇게 수군거렸다.

마침내 행차가 골목을 돌아서 집 앞에 다다르자 집안 노비들이 일제히 다가와 인사를 올렸다.

"마님, 그간 별고 없으셨나이까?"

"그래, 너희들도 모두 평안했는고?"

"예이."

덕봉은 간단히 인사를 나누고 은우어미와 함께 안채로 올라갔다. 안마당은 깨끗이 쓸려 있었고 중대청도 몇 번을 쓸고 닦았는지 노랗게 윤기마저 흘렀다. 안방도 새로 도배를 해놓은 듯 산뜻하게 단장되어 있었다. 덕봉은 '아이구, 내 집이 최고로구나!' 하고 속으로 기뻐했다.

얼마 후 미암이 방문을 열고 들어왔다.

"경렴이 행랑 두 칸을 수리해서 종이를 바르고 방자리를 깐 것이 볼 만하더군."

"안방까지 도배를 해놓고. 경렴이 애를 많이 썼습디다."

덕봉은 미암에게 외투를 벗고 평상복으로 갈아입도록 하였다.

잠시 뒤 경렴이 둘째 아들 홍문을 데리고 들어오면서

"담양부에서 지공(支供: 음식을 이바지하는 것)을 보내왔습니다."

하고 아뢰고는 종들을 불러 곧 들여오라고 하였다. 그리고 건넌방의 누이 부부도 불러오라고 하였다.

이날 가족들은 조촐한 술자리를 마련해 오랫만에 회포를 풀었다. 특히 손자 홍문이 예전보다 훨씬 예쁘고 귀여워져 미암을 더욱 흡족하게 했다. 미암이 "이리 오너라!" 하고 말하자 홍문은 얼른 다가와 무릎 위에 올라 앉았다.

농사짓는 모습

김득신(1754~1822), 「풍속8곡병(風俗八曲屛)」 중 제6폭, 호암미술관 소장.

농장은 지주가 여러 노비를 부려 직접 농사를 짓거나 그렇지 않으면 병작을 주어
소작인과 수확물을 반반씩 나누는 방식으로 경영되었다.

17 중소지주의 재산 규모

대토지 소유

16세기 양반들은 대개 농장(農莊)을 경영하여 자신들의 경제적 기반으로 삼았다. 미암과 덕봉도 각각 해남과 담양에 적잖은 농장을 소유한 지방의 중소지주였다.

여느 양반들처럼 그들도 부모에게 재산을 물려받는 상속(相續), 물건을 주고 토지를 사들이는 매득(買得), 버려진 땅을 일구어 논밭을 만드는 개간(開墾) 등의 방법으로 농장을 소유하였다.

특히 덕봉은 미암이 유배에서 풀려나 복직한 뒤로 상당히 많은 토지를 사들였다. 지난 해 미암이 휴가를 받아 담양으로 내려왔을 때 그녀는 조카 이형에게 쌀, 베, 콩을 주고 북쪽 울타리의 북편에 있는 밭을 샀다.* 아마 채마밭으로 삼아 집안에 필요한 야채를 손쉽게 조달하려고 했던 모양이다.

또 덕봉은 과거에 잃어버린 땅을 되찾기도 하였다. 1549년 사촌 송정지가 덕봉의 암소를 빌려갔다가 말도 없이 잡아먹고서 자신의 논 2말 5되지기를 바

---

*1568.1.7._쌀 4섬 5되와 베 10필, 콩 2섬으로 이형의 밭을 샀다. 그것은 북쪽 울타리의 북편에 있는 것이다.
以米四石五升, 木棉十匹, 太二石, 買李衡田, 乃北籬之北邊也.

친 일이 있었다. 그런데 1555년 송정지는 그 땅을 다시 일가친척인 송홍한테 이중으로 팔아버렸다. 덕봉은 여태까지 문서를 잃어버려 그 땅을 되찾지 못하다가 우연히 문서를 찾아내어 보이니 비로소 송홍이 승복하였다.

하지만 그녀가 집중적으로 토지를 사들인 시기는 창평으로 이사한 뒤인 1575년이었다. 이때 그녀는 빚을 내면서까지 한꺼번에 여러 곳의 토지를 사들였는데 주로 가까운 일가친척에게 구입하였다.

12월 2일. 부인이 용산의 누이에게 목화밭을 샀다.
12월 25일. 부인이 쌀 12섬으로 동쪽 언덕 위에 있는 송정순의 논 3마지기를 샀다.
12월 26일. 부인이 빚을 낸 쌀 10섬과 소 1마리로 김난옥의 논 4마지기를 샀다.

이처럼 적잖은 토지를 매득했음에도 불구하고 그녀의 담양 농장은 미암의 해남 농장에 비하면 규모가 훨씬 작았다. 하루는 미암과 덕봉이 등불 밑에서 가계를 상의한 적이 있었다. 덕봉이 담양에 있는 전답을 차근차근 셈으로 미암이 덕봉의 사집(私集) 책에다 적어 보니, 대충 논이 7섬 9마지기요, 콩밭이 1섬 18마지기였다.

반면에 미암의 해남 농장은 벼는 83섬, 보리는 23섬, 미영밭을 병작한 것이 150근이나 되었다.* 하지만 미암은 주로 외지에서 살았기 때문에 해남 농장을 누이 오매나 사위 윤관중한테 맡기고 노비 석정으로 하여금 관리하도록

---

*1568. 8. 6._윤관중이 말하기를, 보리 수확을 감독한 바 23섬을 수확했다고 한다.
　　　　尹寬中云, 監大麥收二十三石云.
1569.10.29._노비 석정이 와서 말하기를, 금년 우리집 논에서 나온 것이 모두 해서 83섬이라고 한다.
　　　　奴石丁來言, 今年吾家沓庫所出, 共八十三石.
1573.12.15._노비 석정이 아뢰기를, 우리집 도현 미영밭에 금년에 병작한 것이 150근이나 된다고 한다.
　　　　石丁, 報吾道峴木棉田, 今年分半, 得一百五十斤云.

하였다.

석정(石丁)은 해남에 사는 노비로, 미암을 대신하여 집과 노비 및 전답을 관리하는 일종의 마름이었다. 그래서 '석정이 글로 아뢰기를 거친 벼 40섬을 찧어 26섬 4되를 만들어서 윤관중 댁의 벼 32섬 14말과 함께 배에 실어 올려 보냈다고 한다'라는 기록처럼, 서울에 있는 미암에게 수시로 편지를 보내 농장 소식을 알리고 또 쌀이나 보리 같은 식량을 배에 실어 올려보냈다.

100여 명의 노비들

미암과 덕봉은 상속과 자연 증식 및 매득에 의해 100여 명 가량의 노비를 소유하고 있었다. 이후 1576년 3월 하루는 미암이 호적을 담양에 등록해야 하므로 경렴한테 정식으로 베껴쓰도록 한다. 미암과 덕봉의 양쪽에 딸린 노비가 거의 100여 구나 되었는데, 미암은 호적을 해남에 하지 않고 담양에 하려니까 마음이 편치 못하다고 말한다.

이들 노비는 집 안팎이나 혹은 멀리 떨어진 곳에 거주하며 다양한 형태로 주인을 위해 일하였다. 먼저 행랑채에 거주하며 각종 집안일을 담당하는 일명 '가내사환노비(家內使喚奴婢)'가 있었다. 이들은 대공이처럼 심부름을 다니거나, 유지처럼 음식을 장만하거나, 옥석이처럼 온갖 몸시중을 들었다. 또 향촌에서는 솔하노비와 함께 들에 나가 농사를 짓기도 하였다.

다음으로 집 앞에 있는 노비집(호지집)에 거주하며 농사도 짓고 심부름도 다니는 '솔하노비(率下奴婢)'가 있었다. 덕봉의 노비인 필동을 통해 이들의 생활을 살펴보자.

필동(必同)은 현재 두 살 된 아들 하나를 둔 덕봉의 담양 노비였다(1583년 유경렴이 작성한 분재기에 따르면 그는 이후에 2남 3녀의 자녀를 둔다). 하지만 그의 아내는 노비가 아닌 양민 출신으로, 아마 집이 가난해서 노비 출신의 남자와 결혼했던 듯하다. 필동은 그들 두 식구와 함께 덕봉의 집 앞에 있는 노비집에 살면서 주인의 농사를 지어주고 따로 농지를 부여받아 일궈먹고 살았다.

필동은 또 가끔씩 멀리까지 심부름을 다니기도 하였다. 얼마 전 덕봉이 귀향할 때도 말을 끌고 서울로 올라가서 짐을 실어왔을 뿐만 아니라, 지난해 미암이 휴가를 받아 내려왔을 때에도 덕봉의 지시에 따라 순창까지 마중을 나갔다.

이후 미암과 덕봉이 창평으로 이주하여 한참 사랑채를 짓고 있을 때였다. 하루는 밤 삼경(23~01시)에 필동의 집에서 불이나, 잠깐 사이에 모조리 타버렸다. 담아둔 재 때문에 흙도 바르지 못한 집에 불이 났던 것이다. 덕봉은 불이 났다는 소리를 듣고 옷을 입고 중문에 이르러 바라보고 들어왔다. 이튿날 아침에 노비집의 화재를 위안하러 온 사람이 잇달았다.

끝으로, 주인과 따로 떨어져 살면서 일 년에 면포 두 필씩을 납부하는 '외거노비(外居奴婢)'가 있었다. 이들은 자신의 집과 토지 및 노비를 가질 수 있었으나 이미 '서울생활편'에서 언급했듯이 주인이 부르면 언제든지 찾아가서 일을 해주어야 했다.

물론 주인집 일을 해주는 동안에는 신공을 납부하지 않았고 매달 월급도 받았다. 그리고 주인과 함께 고향으로 내려올 때에는 휴가를 받아 집으로 돌아가기도 하였다. 이번에도 옥매, 옥지, 백은비 등은 귀향한 바로 다음날 휴가를 받아 해남으로 돌아갔다.*

---

*1569.10.13._아침에 여종 옥매·옥지·백은비가 먼저 겨를을 얻어 해남으로 가고 탕근도 편지를 받아가지고 갔다.
朝. 婢玉梅·玉枝·白隱非, 先受由歸海南, 湯斤亦受簡而去.

안주인의 농장 관리

대개 농장은 지주 혹은 그 대리인이 여러 노비를 부려 직접 농사를 짓거나, 아니면 병작(竝作)을 주어 지주와 소작인이 수확물을 똑같이 나누었다. 이것이 16세기 대표적인 농업 경영 방식이었다.

당시 지주는 씨 뿌리고 김 매고 수확하는 데에 이르는 모든 농사를 직접 들에 나가 감독하였다. 이러한 지주의 감농(監農) 모습은 오희문의 개인일기인 『쇄미록』에 잘 나타나 있다.

> 송노와 한복 및 품인(品人) 두 사람을 시켜 둔답(屯畓) 두 곳을 손질하고 씨를 뿌리고 돌아왔다. 서쪽 변두리 길가 논은 벼 4말 1되를 뿌렸고 동쪽 논은 벼 2말 5되를 뿌렸다.

덕봉도 필동을 비롯한 집 안팎의 노비를 부려 직접 농사를 지었다. 다만 그녀가 직접 들판에 나가기보다 손자나 광문, 송진 등을 시켜 대신 감독하게 하였다. 하루는 큰손자 광선으로 하여금 삼 베는 것을 감시하라고 했으나 중도에 그만두어 버려서 매우 괘씸하게 여겼다. 미암이 나가서 꾸짖고 아울러 장인댁의 노비집에 놀러간 잘못도 꾸짖었다. 광선이 강변하여 미암이 더욱 화를 냈는데 실은 잘못 전해진 말이었다.*

일기에서 덕봉의 농장 관리에 대한 구체적인 자료는 찾아보기 어렵다. 그래서 남평 조씨(1574~1645)가 쓴 『병자일기(丙子日記)』를 통해 당시 안주인

---

*1576.6.9._ 아침에 부인이 큰손자 광선으로 하여금 삼 베는 것을 감시하라고 했는데 광선이 중도에 그만두어 버려서 부인이 괘씸하게 여겼다. 나는 나가서 꾸짖고 아울러 장인댁의 노비 종포의 집에 간 잘못도 꾸짖었다. 광선이 강변하므로 내가 화를 냈는데 실은 잘못 전해진 말이었다.
　朝, 夫人令光先監收割麻, 光先中廢, 而爲夫人所恨, 余出責之, 竝數詣丈家種奴鮑家之過, 光先强辯, 余怒其實訛誣.

의 농업경영에 대해 살펴보기로 한다.

서울 마포에 논을 가지고 있었던 남평 조씨는 봄부터 가을까지 수시로 집안 노비를 보내 농사를 짓도록 한다. 봄 3월이 되자 그녀는 노비를 보내 논을 갈도록 한다.

동막 논에 가래질을 했다.

한 달 뒤인 4월부터는 언제 씨를 뿌렸는지는 알 수 없으나 매일같이 3~6명의 노비를 보내 초벌 김매기를 시작한다.

동막 논에 사람 셋이 가서 김을 매기 시작하였다.

노비들은 하루도 빠짐없이 논에 가서 김을 매어 15일 만에 초벌 김매기를 끝마친다.
남평 조씨는 5월 5일 단오가 지나자마자 곧바로 노비들을 보내 두 벌째 김매기를 시작한다.

이 달 6일부터 사람 다섯이 동막 논에 두 벌째 김을 매었다.

노비들은 또다시 4~9명씩 논에 가서 19일 만에 두벌째 김매기를 끝낸다. 그리고 잠시 휴식을 취한 뒤 11일 만에 세 벌째 김매기를 마치고, 6월 30일과 7월 1일 양 일 간에 걸쳐 네 벌째 김매기를 마친다.
이로써 김매기를 모두 마치자 7월부터는 노비들로 하여금 논에 가서 새쫓기를 하도록 시킨다. 하지만 그 달부터 긴 장마가 들어 논에 물이 잠기고 만다. 그래서 다음달 8월 16일에 벼를 베어 찧어 보니 고작 한 섬이 조금 넘을 뿐이었다.

논에 사람 넷이 가서 벼를 베어 찧으니 보통으로 한 섬이 조금 넘었다.

더 이상의 기록이 없어서 쉽게 단정할 수는 없지만, 어쨌든 수확물은 우리가 생각했던 것보다 훨씬 적었던 듯하다.

이처럼 16세기 농장은 지주가 직접 농사를 짓거나 혹은 병작을 주기도 했는데, 안주인도 역시 집 안팎의 노비를 부려 직접 농사를 지었다.

타작하는 모습

김덕하(1722~1772), 「사계산수도(四季山水圖)」의 일부분, 국립중앙박물관 소장.

16세기엔 농업생산력이 낮았기 때문에 양반 관료는 휴가를 얻어 고향으로 내려오면 인근 지방관에게 식물을 요청하여 부족한 생계비를 충당하였다.

18 부사! 식물과 군사를 보내주시오

16세기의 농업 생산성

동서양을 막론하고 중세의 농업 생산성은 낮은 수준에 머물러 있었다. 서양에선 18세기까지도 빵의 원료인 호밀이나 밀의 경우 파종량에 대한 수확량의 비율이 고작 1:3 내지 1:4에 불과하였다(오늘날은 1:20 이상이다). 또 오늘날엔 한국의 쌀 생산량이 한 마지기를 기준으로 석 섬 이상이 나오나 19세기 이전에는 한 섬이 넘지 않았다고 한다.

 이에 따라 한 해 수확한 곡식은 이듬해 3~4월이면 거의 다 소비되었고, 만약 보리와 밀농사를 망치기라도 한다면 6월부터는 그 누구도 기근을 피할 수 없었다.

 이는 상류층인 양반들도 예외는 아니었다. 당시 사람들은 먹을 것이 주로 밥밖에 없어 쌀 소비가 많았고, 또 양반들은 자기 가족만이 아니라 일가친척과 수많은 집안 노비들까지 부양해야 했다. 게다가 양반들은 봉제사 접빈객, 곧 조상의 제사를 모시고 찾아오는 손님을 접대해야 하였다. 그리하여 어지간한 중소지주라도 그 모든 것을 감당하고 나면 남는 게 별로 없었고 별도로 자본을 축적하기란 매우 힘들었다. 오히려 양반 관료는 관아에 자주 식물을 부탁하여 부족한 생계비를 충당하였다.

 식물(食物)이란 관아에서 보내주는 특별한 물건을 말하는데 당시 양반 관료의 살림살이에서 매우 중요한 부분을 차지하였다.

미암만 하더라도 고향에 내려오면 항상 인근의 지방관이 각종 물건을 보내주었다. 지난 1567년 겨울 미암이 휴가를 받아 고향에 내려왔을 때에도 전라감사를 비롯해서 광주목사, 담양부사, 창평현감 등이 매일같이, 그리고 하루에도 몇 번씩 식량과 반찬거리, 살림도구 등 각종 물건을 보내주었다. 특히 전라감사는 꾸준히 많은 식물을 보내주었을 뿐만 아니라 보성, 영암·영광·곡성·임실 등 다섯 고을의 수령에게 지시하여 쌀, 콩 같은 식물을 보내주도록 하였다.

당시에 덕봉이 조카 이형으로부터 북쪽 울타리 뒤에 있는 밭을 매득한 것도 사실은 여러 지방관이 식물을 보내줘서 가능하였다.

지방관은 미암이 없을 때에도 가끔씩 덕봉에게 식물을 보내주었고,* 심지어는 미암의 첩 방굿덕에게도 보내주었다.** 이로써 그들은 매년 춘궁기를 무사히 넘길 수 있었다.

이같이 중세의 농업 생산성은 매우 낮은 수준에 머물러 있었고, 그에 따라 양반 관료는 지방 관아에서 보내주는 식물을 가지고 토지를 사들이거나 춘궁기의 식량난을 해결하였다. 물론 그 부담은 고스란히 백성들의 몫으로 돌아갔다.

다음 이야기는 담양으로 내려온 미암이 지방관에게 식물을 부탁하고, 또

---

*1569. 6.28. 담양의 향리 전억명이 부인의 편지를 가지고 왔다. 감사가 벼 20섬을 주었는데 송순이 장흥 조희문에게 알려 능성까지 운반해주고, 능성현감 소해가 담양까지 운반해주었다고 한다. 또 송순이 쌀 10말을 보내준 덕택에 집안이 조금 풀렸다고 한다.
潭陽鄕吏全億命, 持細君書來, 監司給稻甘石, 宋參判通于長興趙君希文, 得輸至綾城, 綾城宰蘇邂, 又輸至潭家, 宋公又惠白米十斗, 一家稍蘇云.

**1568.10. 5. 해남의 관노비가 첩의 편지를 가지고 왔는데 병사 변협이 새 집을 지을 못과 쌀, 콩 각 1섬을 보내왔다고 한다.
海南官奴, 持妾簡來, 兵使邊協惠送新舍釘及米太各一石來云.

인근의 군사를 보내달라고 요청하여 수리시설인 보(洑)를 만드는 광경을 있는 그대로 재현한 것이다.

식물 부탁

1569년 10월 16일 이른 아침이었다. 여느 날처럼 새벽에 일어나 의관을 정제한 미암은 덕봉과 상대하여 흰죽을 먹고 있었다. 여독이 채 풀리기도 전에 날마다 손님을 접대하고 집안일을 처리하느라 몹시 피곤했는지 그는 조반을 먹으면서도 연방 입을 벌리고 하품을 하였다.

지난 12일 미암이 가족과 함께 담양으로 내려오자 일가친척과 동네 사람들, 지방관 등 많은 손님들이 찾아왔다. 그때마다 미암은 8촌 이내의 가까운 친척은 안으로 불러서 맞이하고, 나머지는 바깥 행랑채로 나가 접견하였다.

또 14일에는 장모의 제사를 지내기 위해 문수사란 절에 갔다가 해가 기울 무렵에 돌아왔다. 앞에서 언급했듯이 덕봉의 집안은 여전히 유교식, 불교식 제사를 혼용해서 지내고 있었다.

미암이 식사를 거의 끝마칠 무렵 옥석이가 안채로 들어와 문 밖에서 아뢰었다.

"영감마님, 담양부사가 찾아왔사옵니다."

미암은 숟가락을 놓고 긴 목소리로 물었다.

"식전부터 무슨 일이라더냐?"

"예, 오늘 전라병사께서 이곳에 오신다는 말을 듣고 먼저 달려왔다고 하옵니다."

미암은 어제와 그제 병사가 찾아온다는 소식을 들었다. 하지만 담양부사가 찾아온 것은 전혀 뜻밖이었다.

"곧 나가겠다고 아뢰어라."

미암은 얼마 전부터 부사에게 몇 가지 부탁할 일을 미루고 있었던 터라 먼저 옥석이를 내보낸 뒤 서둘러 바깥채로 나갔다.

고을 아전들과 함께 행랑채의 사랑방 앞에 서 있던 담양부사 박이실(朴而實)은 미암이 중문을 지나 바깥마당에 내려서자 앞으로 다가와 공손히 말하였다.

"너무 이른 시간에 찾아와서 혹 폐를 끼치지나 않았는지 모르겠습니다. 오늘 병사께서 이곳에 오신다기에 먼저 달려왔습니다."

"별 말씀을. 날씨도 쌀쌀한데 어서 안으로 들어갑시다."

미암은 정3품으로 부사보다 조금 벼슬이 높았지만 이를 개의치 않고 친절히 방으로 인도하여 서로 절을 하였다. 그리고는 옥석이를 불러 즉시 술상을 보도록 분부하였다.

"옥석아! 게 있느냐. 어서 술상을 차려오거라."

"예이."

부사가 술과 안주를 미리 준비해 왔으므로 옥석이는 그것을 가지고 곧 술상을 차려왔다.

"자, 한 잔 드십시다. 부사께서 선정을 베푸신 덕택에 이 고을 사람들이 태평한 세월을 보내고 있다고 들었습니다."

"그저 과찬의 말씀으로 듣겠습니다."

미암의 의례적인 치하에 부사는 술잔을 들어 한 번에 들이켰다.

미암은 다시 자세를 가다듬고 조심스럽게 말문을 열었다.

"그렇지 않아도 몇 가지 부탁할 일이 있었는데 때마침 찾아주어서 고맙습니다."

"무슨 부탁인지 말씀만 하시지요. 힘껏 주선해드리겠습니다."

"다름이 아니라 이번에 대식구를 거느리고 내려오다 보니 이곳의 살림형편이 썩 좋지를 못합니다. 게다가 며칠 있으면 집안의 제사까지 돌아와서 더욱 힘든 지경입니다. 그래서 하는 말인데 각 고을에 연락해서 식물을 좀 보내

지방관이 미암에게 보낸 음식물

10월 18일	나주목사 조유성이 유자 40개와 미역 9근, 말린 숭어 3마리, 생숭어 2마리, 참깨 2말, 김 1첩, 생전복 40개를 보내왔다.
10월 18일	숯 2섬이 담양부에서 왔다.
10월 19일	새참에 순창군수 우정노와 진원현감 이제가 모두 술과 과일을 가지고 찾아왔다. 순창에서 준 바는 백미(흰쌀) 10말과 중미(품질이 중길쯤 되는 쌀) 10말, 콩 1섬, 누룩 1동, 등유 4되, 청주 1동이, 생노루 1마리, 닭 3마리였고, 진원에서 준 바는 백미와 중미 각 10말, 콩 10말이었다.
10월 20일	영암군수 이봉이 사람을 시켜 숭어 3마리, 낙지 30마리, 생꿩 2마리, 석화 2그릇을 보내왔다.
10월 21일	지난밤 오경(오전 3~5시)에 감사의 지시로 광주 사람이 제물을 가지고 왔다.
10월 23일	동복현감 조천령이 사람을 시켜 백미와 중미, 콩 각 1섬, 청주 1동이, 닭 4마리, 곶감 3접을 보내왔다.
10월 24일	낮에 옥과현감 송서지가 식물을 가지고 찾아왔다. 백미와 중미, 콩 각 1섬과 고기도 왔다.

줄 수 없겠습니까?"

"당연히 보내드려야지요. 돌아가는 대로 즉시 각 고을에 연락해서 식물을 보내드리도록 하겠습니다."

부사는 웃는 얼굴로 흔쾌히 허락하였다.

실제로 담양부사를 비롯한 인근의 지방관은 여러 차례 미암한테 많은 식물을 보내주었는데, 10월 25일 미암이 해남으로 떠나기 전까지 그들이 보내준 식물을 적어보면 위 표와 같다.

군사 요청

마침내 전라병사 홍치무(洪致武)가 지방 기녀인 향기 13명을 데리고 미암의 담양 집에 도착했다. 미암은 병사와 상대하여 아침을 들고 과일을 먹었는데 부사도 함께 들어와 참여하였다.

이날 병사는 기녀들로 하여금 음악을 연주하도록 지시한 다음 특별히 경렴을 불러들여 술을 따르도록 시켰다. 그리고 경렴에게 머리 감는 대야의 칠(漆)을 보내주겠다고 약속하고, 쌀과 콩 각 60말을 주었다. 병사는 수작을 끝마친 뒤 미암과 작별하고 담양부로 향하였다.

병사가 떠난 뒤에도 부사는 계속 남아 있다가 미암과 함께 점심을 먹고 돌아갔다. 점심을 먹으면서 미암은 아침에 미처 말하지 못했던 남은 부탁을 아울러 말하였다.

"부사께서도 알다시피 농사짓는 데 물은 절대적인 것입니다. 그런데 이곳엔 천방이 없어 매년 농사철마다 물부족으로 곤란을 겪고 있습니다. 삼면이 산으로 둘러싸여 하천에 물이 마르지 않고 흐르는 데도 말입니다. 만일 지금과 같은 농한기에 군사를 동원해서 천방을 만든다면, 이후로는 농사철에 물걱정을 하지 않아도 될 것이고 또 그 이득은 비단 이 마을만이 아니라 저 아랫마을의 논에까지 미칠 것입니다. 부사의 의향은 어떠한지요?"

천방(川防)이란 하천에 둑을 쌓아 수위를 높여 그 물을 논에 끌어들이는 관개시설의 하나로서 일명 보(洑)라고도 하였다. 보는 저수지와 달리 그리 많은 인력이 필요하지 않았기 때문에 당시 중소지주들이 앞다투어 축조하였다.

숟가락을 든 채 뭔가를 곰곰히 생각하던 부사는 이윽고 침착하게 입을 열었다.

"지당하신 말씀입니다. 하지만 누가 그 일을 주도할 수 있어야 말이지요?"

"부사께서 이 부근의 군사를 동원할 문서만 만들어준다면 내가 사람을 시켜 천방을 만들도록 하겠습니다."

"그렇다면 수일 내에 꼭 문서를 만들어 보내드리겠습니다."

과연 며칠 뒤에 담양부사가 문서를 만들어 보내왔는데, 근처 세 면의 군사 292명을 나흘 동안 나누어서 일을 시키도록 하였다.*

이에 따라 미암은 이틀 뒤에 곧바로 광문과 문생 김난옥을 시켜 군사를 거느리고 보를 만들도록 하였다. 그리고는 10월 25일에 새 집을 짓기 위해 아들 경렴을 데리고 고향 해남으로 출발하였다.

---

*1569.10.20. 담양부에서 세 면의 군사를 보내줄 문서를 발급해왔는데, 태곡에서 75명, 답곡에서 79명, 가마실에서 138명으로 나흘 동안 나누어서 일을 시킬 수 있다고 한다.
府給三面防川軍帖字來, 太谷七十五名, 沓谷七十九名, 可丁谷日百三八名, 可分四日用工云.

형벌

김준근, 「기산풍속도첩(箕山風俗圖帖)」의 일부분, 독일 함부르크 민족학박물관 소장.

당시 중앙 관료의 권력은 막강하였다. 한번은 호장(戶長)이 미암에게 대들었다가
여러 차례 태형을 받고 결국엔 제주도로 유배 가는 사건이 있었다.

19 네가 집을 지으면 당장 불을 질러버리겠다!

새 집 건축

10월 25일 담양을 출발하여 광주·남평·나주·영암·강진을 거쳐 나흘 만에 해남에 도착한 미암은 정주목사 윤행(尹行)의 집에 임시로 머물면서 새 집을 건축하였다. 이번에도 해남에 살고 있는 첩 방굿덕이 어린 세 딸을 데리고 와서 그의 온갖 시중을 들어주었다.

미암이 옛집을 헐고 새 집을 짓기로 한 것은 지난 1567년 겨울 휴가를 얻어 고향에 내려왔을 때였다. 덕봉과 상의하여 해남 서문 밖에 새 집을 짓기로 결심한 그는, 곧바로 인근 지방관에게 재목을 부탁하고 마름 석정을 시켜 대둔산에서 기와를 굽도록 하는 등 그 동안 집 지을 준비를 착실히 해왔다.

하지만 47칸이나 되는 거대한 집을 짓는 데에는 많은 비용이 필요했다. 다행히 해남을 비롯해서 영암·강진·무안·순천·진도·제주 등 여러 지방관이 많은 식물을 보내주었는데, 아마도 그들은 미암이 중앙의 현직 관료이자 임금의 총애를 받는 신하라는 점을 의식하지 않을 수 없었던 모양이다.

특히 해남현감 임응룡(任應龍)은 빈번히 엄청난 양의 식물을 보내주었는데, 1569년 12월 26일 미암이 다시 서울로 올라가기 전까지 해남현감이 보내준 식물을 차례대로 적어보면 다음의 도표와 같다.

또 해남현감은 집 지을 목수를 보내고 일꾼 50명을 보내 땅을 다지도록 하

해남 현감이 미암에게 제공한 음식물과 인력

11월 9일	해남 현감이 생노루 1마리, 단장 1동이, 청주 1동이, 미역 10동, 자반 3섬, 백미 2섬, 중미 3섬, 콩 2섬, 백하젓 1동이를 주니 후하다고 하겠다.
11월 16일	해남 현감이 소금 3섬과 표고 2말, 긴 미역 3동을 주었다.
12월 4일	해남 현감이 오늘이 나의 생일이라고 은혜를 베풀어줌이 비상하다. 백미가 30말이요 중미가 40말이요 콩 3섬이요 벼가 10섬이요 그 밖에 술, 고기, 꿩, 생선, 낙지, 석화 등의 물건을 주어 집안이 갑자기 부자가 되었다.
12월 14일	해남 현감이 생꿩 5마리와 긴 미역 5동을 줘서 꿩 2마리를 누이에게 드리고 미역 2동을 이유수에게 주었다.
12월 18일	해남 현감이 동와(童靴) 3켤레를 만들어 보냈다.
12월 25일	해남 현감이 정하게 만든 신발 1켤레와 백미 1섬, 중미 1섬, 콩 2섬, 벼 100말을 주니 아주 후하다.
11월 7일	목수 매손(梅孫)이 황원에서 왔으니 해남 현감이 보낸 것이다. 즉시 옛집을 뜯는 데로 가보라고 하고 내일 땅을 닦을 때에도 우두머리로 삼았다.
11월 8일	이른 아침에 서문 밖 집터로 가서 네 면을 정한 다음 중당의 자리에 흙을 높이는 데 삽질을 하는 것이 비가 오듯이 하였다. 해남 현감이 보낸 일꾼 50명을 정강옥이 감독을 했다.
12월 2일	해남 현감이 지시하여 기와를 운반할 일꾼을 마련해주었다. 남쪽 세 면의 농부 364명을 동원했는데, 농부마다 22장씩을 운반하도록 지시를 하였다고 한다.

고, 농부 364명을 동원해서 기와를 운반하도록 해주기도 했다.

그리하여 한번은 해남 현감이 탄핵 위기를 당하여 미암이 '해남 현감을 구하는 편지를 써서 서울로 보냈다'라는 기록처럼 직접 구제해주기도 하였다.

이제 집 짓는 과정을 순서대로 살펴보자.

10월 28일 해남으로 내려온 미암은 곧바로 승려를 시켜 서문 밖의 집터에 지남철(자석)을 놔보게 한다. 그러자 승려는 드물게 보는 좋은 집터라고 한다.*

며칠 뒤 미암은 조카 오언상에게 옛집을 뜯어 기와를 옮기도록 하고, 윤관중에게는 완도로 가서 재목을 베어오라고 한다.**

그런 다음 11월 8일부터 본격적으로 새 집을 짓기 시작하는데, 해남 현감이 보낸 일꾼 50명을 부려 먼저 집터를 닦기 시작한다. 일기에 따르면 그 날은 하늘도 맑고 바람도 잔잔했다고 한다.

　미암은 날마다 집 짓는 곳에 나가서 인부들이 일하는 모습을 지켜본다. 당시 이 집의 안채는 해남현감이 보낸 매손이란 목수가, 사랑채는 승려이자 목수인 담희가 각각 부장 두 사람씩을 거느리고 짓고 있었다. 특히 담희(淡喜)는 재주가 뛰어나서 훗날 미암은 그에게 중간 품삯으로 면포 두 필과 벼 두 섬을 준다.

　한쪽에선 집터에 흙을 퍼올려 땅을 다지고, 다른 한쪽에선 재목과 기와, 주춧돌을 운반하는 등 공사는 빠르게 진행된다. 그래서 공사를 시작한 지 7일 만인 11월 15일에 마침내 주춧돌을 놓고 한 쌍의 기둥을 세운다. 이날 미암은 새 집을 짓는 기쁨을 시로 표현하여 영원히 기억코자 한다.

물은 서쪽을 두르고 산은 북쪽을 안고 있도다.	水環于西山擁于北.
동쪽 성곽은 바람을 가려주고 남쪽 길은 언덕으로 통하도다.	東城遮風南路通陌.
진실로 좋은 땅이여! 천지가 주심이로다.	允矣吉地天地之錫.
동짓달 8일에 터를 닦기 시작하니 안개가 걷히고 하늘이 맑았으며	開基至八霧捲天晴.
보름날 기둥을 세우니 구름이 얇고 바람이 가볍게 분다.	豎柱望已雲淡風輕.
고을 사람들이 다투어 오고 겨울 날씨가 따뜻하도다.	鄕人競來冬日溫然.
군자가 살면서 만년토록 복을 누리리라.	君子居之福履萬年.

*1569.10.29. 승려 정안을 시켜 새문밖 새터에 쇠를 놔보게 했더니 간좌(艮坐) 곤향(坤向)으로 신파(辛破)가 나니 가장 길지라고 한다.
　　　　　　遣僧靜安, 泛鐵于西門外新基, 則艮坐坤向辛破, 最爲吉地云.
**1569.11. 6. 이른 아침에 오언상이 왔다. 진시에 옛집을 뜯는다.
　　　　　　早朝, 吳彦祥來謁, 以辰時撤舊舍.
　1569.11. 7. 윤관중이 담희를 데리고 완도로 가서 들보와 기둥 재목을 베었다.
　　　　　　尹寬中, 率淡喜, 詣莞島. 伐梁柱材.

그러나 새 집을 짓는 일이 결코 순조로운 것만은 아니었다. 해남 현감이 탄핵 위기를 당하여 미암이 직접 나서 구하기도 했고, 또 호장 송원룡이 반발하여 적잖은 곤욕을 치루기도 하였다. 이 사건은 당시 중앙관료의 권력이 얼마나 막강했는지를 보여주는 중요한 자료라고 여겨지므로 다음 이야기를 통해 자세히 살펴보자.

호장 송원룡의 반발과 귀양

1569년 11월 18일, 이날도 미암은 집 짓는 곳에 나가보았는데, 일꾼들은 땅을 다지고 혹은 주춧돌을 운반하고 있었다. 그런데 해가 저물어 갈 무렵에 미암은 임금의 유지(有旨 : 명령서)를 받는다. 겉에는 '홍문관 부제학 유희춘 개탁(弘文館 副提學 柳希春 開坼)'이라고 씌어 있고, 안에는 '이제 너로 홍문관 부제학을 삼노라. 경연의 일이 긴요하니 속히 역마를 타고 올라오라'라고 씌어 있었다. 홍문관 부제학에 제수했으니 빨리 올라오라는 것이다. 하지만 미암은 이틀 뒤에 이와 같은 거절하는 상소를 써서 서울로 올려보낸다.

> 이 달 7일에 우승지가 주상의 뜻을 받들어 문서를 만들어 보낸 것을 보니 신으로서 홍문관 부제학을 삼고 속히 역마를 타고 올라오라고 하셨습니다. 신은 명령을 듣고 놀라고 황송하여 즉시 길을 달려가고 싶었습니다. 하지만 몸이 연약하고 본래 냉증(冷症)이 있어 간신히 부지하는데다 이제는 늙고 야위었을 뿐더러 찬바람을 무릅써 감기까지 들었으므로 이 한겨울에 바람을 거슬러 속히 올라갈 수가 없으니 황송하고 민망하기 그지없습니다. 삼가 여러 가지로 치료를 하고 천천히 올라갈 작정이오니 살피시고 잘 아뢰어 주십시오.

이처럼 미암은 몸이 아프다는 핑계로 임금의 명령을 완곡하게 거절하였다. 때마침 이날은 연일 눈이 내리고 바람마저 불어서 날씨가 매우 추웠다. 이에 미암이 해남현의 호장 송원룡(宋元龍)에게 숯을 청구했으나 그는 굳이 거절하고 주지 않았다. 호장(戶長)이란 고을 아전의 우두머리로서 땔감과 횃불의 조달, 기녀와 노비의 통솔권을 가지고 있었다. 미암은 단지 그를 '몹시 완폭한 자다'라고만 여겼다.

그런데 미암의 조카이자 별감(別監 : 고을 양반의 대표자)인 이유수(李惟秀)가 이를 알고 풍속에 관계되는 일이라면서 송원룡에게 면포를 내고 속죄하라고 하였다. 하지만 송원룡은 전혀 자책하거나 두려워하지 않고 도리어 미암이 송사찬의 고자질하는 말을 듣고 자신을 모함한다고 주장하였다. 송사찬(宋嗣瓚)도 고을 아전으로 평소 송원룡과 사이가 좋지 않았다. 게다가 관에서 주는 말 먹이에 더러운 것이 섞여 있어서 미암의 말이 갑자기 먹이를 먹지 않았다.

미암은 "통분하기 그지없다!"라고 화를 내면서 즉시 해남 현감의 형을 불러 그 같은 사실을 자세히 들려주었다. 그 말을 전해 들은 해남 현감은 송원룡을 곤장 50대를 치고 감옥에 가두었다가, 며칠 뒤에 그의 과거 공적을 생각하여 다시 곤장 40대를 쳐서 내보냈다. 물론 그의 호장 직책도 파면시켜버렸다.

그로부터 한 달여가 지난 12월 24일 미암은 또다시 유지를 받는다. 벌써 두 번째 내려온 임금의 유지였다. 아울러 거절하지 말고 즉시 올라오라는 동료 관원들의 편지도 받는다. 미암은 하루 빨리 서울로 올라가지 않을 수 없었다.

다음날 오후, 이 소식을 전해 들은 전라병사와 수사가 해남 현감과 함께 술병과 과일을 들고 찾아와 전별연을 베풀어주었다.

그런데 시간이 이경(밤 9~11시)에 다다를 무렵이었다. 누군가가 북쪽 산에 올라 큰소리로 외치었다.

"네가 집을 지으면 당장 불을 질러버리겠다!"

그 사람은 미암 일행이 훤히 내려다보일 뿐 아니라 읍내 사람들도 모두 들을 수 있는 금강산 중턱에서 소리치고 있었다. '발악하여 욕지거리를 한 자는 간악한 아전 송원룡이었다'라는 일기의 기록처럼 그는 바로 송원룡이었다.

　미암은 이 사건을 아전이 재상을 능멸한 죄로 간주하고 이후 다시 서울로 올라간 뒤에도 송원룡을 집요하게 추적해서 죄를 주고자 하였다. 전라감사와 상의하여 무안현으로 도망친 송원룡을 끝까지 찾아내어 매를 쳐서 제주도로 귀양보내도록 부탁하고, 그가 붙잡혀서 형벌을 받고 있다는 소식을 접한 뒤에는 호조의 관리를 불러 고약한 아전을 반드시 제주도로 귀양보내라고 하였다.

　이듬해인 1570년 7월 미암이 서울에서 홀로 관직생활을 하고 있을 때이다. 하루는 송원룡의 아우 송원봉(宋元鳳)이 찾아와 죽을 고비에 처한 형을 구해달라고 간절히 호소하였다. 그러자 미암은 마지못해 이렇게 지시하였다.

　"스스로 발악하여 능욕한 죄 죽어도 죄가 남는다는 사실을 고백하고 글월을 써서 이름을 적어 보내오면 내가 마땅히 전라감사에게 편지해서 풀어주도록 하겠다."

　송원봉은 그저 "삼가 시키는 대로 즉시 집의 종을 보내겠습니다"라고 말할 뿐이었다.

　얼마 후 과연 송원룡의 자술서가 도착하는데 그 내용은 이러하였다.

제가 형벌을 받고 목숨이 경각에 달린 찰나에 하교(下敎)를 받았사옵니다. 소인이 지은 죄로 말하면 죽어도 남을 죄가 있사온 바 그저 죽기만을 기다리고 있을 뿐입니다. 다만 영감님이 덕을 베풀고 용서를 내려주시어 살려주시기만을 밤낮으로 바라옵니다.

　미암은 곧 전라감사에게 편지를 보내 송원룡을 풀어주라고 한다. 하지만 전라감사는 송원룡을 풀어주지 않고 무안현에서 두 차례의 형벌을 가한 뒤 남평현으로 옮겨 추가로 두 차례의 형벌을 가하였다.

　송원봉이 이번에는 미암의 사돈인 윤항과 사위 윤관중의 편지를 가지고 오는데, 그것들을 차례대로 옮겨보면 다음과 같다.

내 들으니 군자는 후함으로 실수를 한다 하였고 또 영감이 끝까지 다스릴 생각은 없다고 들었으니 바라건대 어진 덕을 베풀어 풀어주도록 하시지요.
송원룡이 이미 네 차례의 형벌을 받고 그 죄를 자복하였으며 또 그의 아버지가 날마다 와서 울부짖어 측은한 마음을 금할 수가 없기로 감히 이렇게 아룁니다.

미암이 또다시 송원룡을 구하는 편지를 써서 전라감사에게 보냈으나 무슨 까닭인지 전라감사는 끝까지 그를 풀어주지 않았다.
결국 송원룡은 1570년 12월에 해남으로 이송되었다가 바다 건너 제주도로 귀양가고 만다.

독서여가

정선(1676~1759), 「독서여가(讀書餘暇)」, 간송미술관 소장.

양반 관료는 근친, 수학, 유배, 관직 등의 이유로 자주 집을 떠나 생활했다.
그래서 편지를 통해 집안 소식을 듣거나 부부간 애정을 나누었다.

20. 홀로 벼슬하며 그대를 생각하노라

흉년과 유민

1570년(선조 3년)은 어느 해보다 가뭄이 심한 해였다. 이 해 정월부터 사월이 지나도록 비가 오지 않아 냇물은 고갈되고 흙은 말라붙어 비록 비가 와도 조금 젖었다가 금방 말라버렸다. 보리와 밀은 이미 망가져버려 겨우 6~7개의 알맹이가 붙어 있었으나 그것마저 가망이 없다고 하였다. 농사꾼은 보리와 밀로 농량(農糧 : 농사 짓는 동안 먹는 양식)을 삼는데 장차 무엇을 먹고 농사를 지을지 심히 염려스러운 시기였다.

이처럼 근래에 없는 흉년으로 먹고살기가 힘들어 전국 팔도에 떠돌아다니고 굶어 죽는 사람이 날이 갈수록 늘어만 갔다. 그런 사람은 팔도 가운데 경상, 충청, 경기 등지에서 많이 나왔는데 특히 경상도가 가장 심하였다.

당시 흉년이 얼마나 극심했는지를 단적으로 보여주는 기록이 있다.

이 해 4월 대사헌 이문형(李文馨)이 임금께 아뢰었다.

금년의 흉황은 전고에 없는 바로 팔도 안에 굶어죽은 시체가 도처에 보이며, 길을 가는 사람들이 말을 풀이 있는 곳에 매어두고 수십인씩 연달아서 죽어 있다고 하옵니다. 영남에 사는 양반집에서는 노비들이 빌어먹으려 밖으로 나가고 양반만 집에 있는데, 한 집에 3~4인이 있는 곳을 서울에 사는 장사꾼이 들어가 쌀을 주며 밥을 좀 지어달라고 했다

하옵니다. 그런데 오래도록 밥을 주지 않아 괴이히 여겨 들어가 보니 주인이 하는 말이 "하도 오랫동안 굶다 보니 밥을 지어 먹어버렸다. 이 붉은 치마로 값을 치르겠다"라고 했다 하옵니다. 장사꾼이 어리석은 사람은 아니었는지 이 사실을 고을 수령에게 고하였는데, 수령이 소금과 육장(肉醬)을 들려 가보았으나 이미 죽어 있었다고 하옵니다.

이를 듣고 임금은 신하들과 즉시 구호대책을 마련하였다. 특별히 어사(御史)를 파견하여 그 형편을 살피고 간특한 무리들을 두루 적발하되 만약 태만하고 지시를 따르지 않은 수령은 듣는 대로 치죄하도록 하였다. 또 관아에 저축한 곡식은 떨어지고 굶주린 백성의 수효는 많아 구제할 방책이 없으니 부득이 개인이 저축하고 있는 곡식을 나눠주도록 권장하라고 하였다.

덕봉의 편지

이즈음 미암은 홍문관 부제학에 제수되어 서울로 올라와 근 4개월째 홀로 관직생활을 하고 있었다. 그런데 하루는 밤 늦도록 잠을 이루지 못하다가 '홀로 벼슬하며 그대를 생각하노라' 라는 내용의 시를 지어 약간의 물건과 함께 덕봉에게 보낸다. 비록 예순이 가까운 나이지만 떨어져 있는 부인이 더욱 보고 싶고 소중히 느껴져 그 마음을 시로 표현한 것이다.

그러자 이 해 4월 26일에 덕봉이 곧바로 화답시를 지어 보냈는데 그 시는 다음과 같다.

스스로 원결마냥 물욕이 없다 하더니,	自比元公無物慾
어찌하여 오경까지 잠 못 이루시오.	如何耿耿五更闌.
옥당(홍문관)의 금마가 비록 즐겁다지만,	玉堂金馬雖云樂
추풍에 마음대로 돌아오는 것만 하겠소.	不若秋風任意還.

원결(719~772)은 중국 당나라 때 시인으로 인격이 고결하고 민중의 고통에 깊은 관심을 보여 백거이(白居易) 등 후세의 사회시에 많은 영향을 주었다. 미암은 평소 원결처럼 물욕이 없다고 자처했던 듯하다. 그래서 덕봉이 미암에게 원결처럼 물욕이 없다고 말했으면서 어찌하여 밤 늦도록 잠 못 들고 방황하느냐고 되물은 것이다. 그리고 임금 가까이서 벼슬하는 것도 즐겁겠지만 가을에는 사직하고 돌아와 고향에서 한가롭게 지내는 것만 하겠느냐고 말하였다.

정확한 날짜는 알 수 없으나 미암은 얼마 뒤에 또다시 편지를 써서 덕봉에게 보낸다. 3, 4개월 동안 독숙(獨宿)하면서 일체 여색을 가까이하지 않았으므로, 당신은 갚기 어려운 은혜를 입은 줄 알라고 자랑하는 내용의 편지였다.

그러자 덕봉은 1570년 6월 12일에 장문의 편지를 써서 보낸다. 이 편지는 뒤에 전문을 실었는데 아래 두 편의 문(文)과 함께 현재까지 남아 있는 16세기 여성산문의 유일한 작품 가운데 하나이자, 이 시기 여성들의 당당한 의식세계를 잘 보여주는 매우 중요한 자료이다.

덕봉의 편지를 읽은 미암은 "부인의 말과 뜻이 다 좋아 탄복을 금할 수 없다!"라고 말하면서 자신의 어리석음을 순순히 인정한다. 이처럼 미암은 혼자 떨어져 벼슬살이를 하면서도 정신적으로 늘 덕봉에게 의존하였다.

물론 덕봉도 그것을 모르는 바 아니었다. 그래서 시를 보내 사직하고 돌아오도록 권유하거나, 편지를 보내 미암의 신변에 대해 세심하면서도 당당하게 충고하였다.

착석문

16세기 후반에는 주자학에 대한 이해가 깊어짐에 따라 양반들 사이에서 위선(爲先)사업, 곧 조상숭배의식이 점점 중요하게 여겨졌다. 이 시기 양반들은 너

덕봉이 쓴 장문의 편지(1570년 6월12일)

엎드려 편지를 보니 갚기 어려운 은혜를 베푼 양 하였는데 감사하기가 그지없소.
단 군자가 행실을 닦고 마음을 다스림은 성현의 밝은 가르침인데
어찌 아녀자를 위해 힘쓴 일이겠소. 또 중심이 이미 정해지면 물욕이 가리우기 어려운 것이니
자연 잡념이 없을 것인데 어찌 규중의 아녀자가 보은하기를 바라시오.
3, 4개월 동안 독숙을 했다고 고결한 체하여 은혜를 베푼 기색이 있다면
결코 담담하거나 무심한 사람이 아니오. 안정하고 결백하여 밖으로 화채(華采)를 끊고
안으로 사념(私念)이 없다면 어찌 꼭 편지를 보내 공을 자랑해야만 알 일이겠소.
곁에 지기의 벗이 있고 아래로 권속과 노복 들이 있어 십목(十目)이 보는 바이니
자연 공론이 퍼질 것이어늘 꼭 힘들게 편지를 보낼 것까지 있겠소.
이로 본다면 당신은 아마도 겉으로 인의를 베푸는 척하는 폐단과
남이 알아주기를 서두르는 병폐가 있는 듯하오.
내가 가만히 살펴보니 의심스러움이 한량이 없소.
나도 또한 당신에게 잊지 못할 공이 있소. 가볍게 여기지 마시구려.
당신은 몇 달 동안 독숙을 하고서 붓끝의 글자마다 공을 자랑했지만, 나이가 60이 가까우니
만약 그렇게 한다면 당신의 건강을 유지하는 데 크게 이로운 것이지, 결코 내게 갚기 어려운
은혜를 베푼 것이 아니오. 하기사 당신은 귀한 관직에 있어서 도성의 만인이 우러러보는
처지이니 비록 수개월 동안의 독숙도 사람으로서 하기 어려운 일일 것이오.
나는 옛날 당신 어머니가 돌아가셨을 때 사방에 돌봐주는 사람이 없고, 당신은 만리 밖에 있어서
하늘을 향해 부르짖으며 슬퍼하기만 했소. 그래도 나는 지성으로 예에 따라 장례를 치루면서
남에게 부끄럽지 않게 했는데, 곁에 있는 사람들이 "묘를 쓰고 제사를 지냄이 비록 친자식이라도
이보다 더할 순 없다"라고 하였소. 삼년상을 마치고 또 만리의 길을 나서서 멀리 험난한 길을
갔는데 이것을 누가 모르겠소. 내가 당신한테 한 이런 지성스런 일이 바로 잊기 어려운 일이오.
당신이 몇 달 동안 독숙한 공을 내가 한 몇 가지 일과 서로 비교하면 어느 것이 가볍고
어느 것이 무겁겠소.
원컨대 당신은 영원히 잡념을 끊고 기운을 보양하여 수명을 늘리도록 하시오.
이것이 내가 밤낮으로 바라는 바이오. 나의 뜻을 이해하고 깊이 살피기를 엎드려 바라오.

송 씨 아룀

나없이 사당를 세우고 제사를 모셨으며, 조상의 계보(족보)를 작성하거나 석물을 세워 묘소를 화려하게 꾸몄다. 미암도 유배에서 풀려나 관직에 다시 등용되자마자 조상의 묘소 앞에 연못을 파고 각종 석물을 세웠다.

석물(石物)이란 무덤 앞에 돌로 만들어 놓은 것으로 그 종류는 망주석, 상석, 표석 등이 있었다. 망주석(望柱石)은 여덟 모로 깎은 한 쌍의 돌기둥을 말하고, 상석(床石)은 제물을 차려놓기 위해 넓적한 돌로 만든 상을 말한다. 또 표석(表石)은 일명 비석으로 여기에다 죽은 사람의 이름, 생몰연대, 행적 등을 새겼다.

덕봉도 오래 전부터 부모의 묘소 앞에 석물을 세우고자 하였다. 그래서 일찍이 좋은 돌을 채취하여 담양까지 끌어다 놓았으나 다만 인력이 부족하여 세우지 못하고 있었다. 이는 한편으로 "내가 죽은 뒤에 모름지기 성심을 다하여 내 묘의 곁에 비석을 세우도록 하라"는 아버지의 유언에 따른 것이었다.

이듬해인 1571년, 미암이 전라감사로 부임하자 덕봉은 석물의 마지막 작업을 도와달라고 부탁하나, 미암은 "반드시 사비를 들여 이루도록 해야 하오"라고 말하면서 완고하게 거절한다.

그러자 덕봉은 1571년 7월 5일에 돌을 구입하여 담양까지 옮겨놓은 과정과, 친정 부모의 묘소에 비석을 세울 수 있도록 도와달라는 간곡한 부탁이 담긴 「착석문 서(斲石文 序)」와 「착석문(斲石文)」을 지어 미암에게 보낸다. 대개 착석이란 무덤 앞에 돌을 깎아 세움을 말한다.

이 두 편의 문에서 덕봉은 아버지의 유언에 따라 비석을 세우고 싶지만 이루지 못하는 애통한 심정을 호소하는 한편, 평소 아버지가 미암에게 베푼 은혜와 정다웠던 두 사람의 관계를 상기시키면서 미암을 설득한다. 그리고 미암의 주장을 차근차근 논리정연하게 반박하면서 자신의 요구가 지극히 정당한 것임을 피력한다.

결국 덕봉의 글을 읽고 난 미암은 곧바로 사람을 보내 석물일을 시작하도록 한다. 석수(石手) 2명과 일을 돕는 승려 10명을 보내 비석을 깎도록 하는

「착석문 서」와 「착석문」

착석문 서

미암이 함경도 종성에서 귀양살이를 한 지 19년 만인 1565년 겨울에 임금의 은혜를 입어서 1566년 봄에 충청도 은진으로 유배지를 옮기게 되어 내가 직접 가서 모시고 돌아와 함께 살았다. 그 같은 구사일생의 끝에서 내가 오직 바라는 것은 선산의 곁에 비석을 세우는 일이었는데, 돌의 품질은 그 고을의 것보다 좋은 것이 없었다. 나는 즉시 석공을 불러 값을 주고 사서 배에 실어 보내 해남의 바다 위에 놔두었다. 1567년 겨울에 미암이 홍문관 교리로 성묘를 하기 위해 고향으로 돌아와 비로소 담양까지 끌어다 놓았으나 다만 인력이 모자라서 깎아 세우지를 못하였다. 1571년 봄에 미암이 마침 이 도의 감사가 되어 혹 숙원을 이룰 수 있을까 마음이 부풀어 있었으나 감사란 폐단을 없애는 직책이니 사적인 일은 돌볼 수가 없으므로 나에게 편지를 보내기를 "반드시 사비를 들여 이루도록 해야 하오"라고 하였다. 나는 가히 졸렬함을 잊고 이 글을 썼다. 미암이 마음으로 느끼고 깨달아서 도와주기를 바라는 한편 후손들에게 남겨주기 위해서였다.

착석문

천지만물 가운데 사람이 가장 귀하다는 것은 성현이 교화를 밝히고 사람들이 삼강오륜의 도를 행하기 때문이오. 그러나 예로부터 능히 그것을 용감하게 행한 자는 극히 적었소. 때문에 진실로 뒤늦게나마 부모에게 효도하고 싶은 마음이 있으면서도 힘이 부족해서 소원을 이루지 못한 사람이 있으면 인자와 군자가 모두 유념해서 구해주고자 하였소. 내가 비록 불민하지만 어찌 그 강령을 모르겠소. 그래서 어버이께 효도하려는 마음을 옛사람을 좇아 따르고자 하는 것이오.
당신은 이제 2품의 벼슬을 얻어 삼대를 추증케 하고 나도 또한 예법에 따라 정부인이 되었으니 선영(先靈)과 구족(九族)이 모두 기쁨을 얻었소. 이는 반드시 선대에 선을 쌓고 덕을 베푼 보답일 것이오.
그러나 내가 홀로 잠 못 이루고 가슴을 치며 속이 상한 것은 옛날 우리 아버지께서 항상 자식들한테 말씀하시기를 "내가 죽은 뒤에 모름지기 성심을 다해서 내 묘의 곁에 비석을 세우도록 하라"고 하셨는데 그 말씀이 지금도 귀에 쟁쟁하게 남아 있기 때문이오. 아직까지 우리 아버지의 소원을 이루지 못했으니 매양 이것을 생각하면 슬픈 눈물이 눈에 가득하오.
이는 족히 인자와 군자가 마음을 움직일 만한 일이오. 당신은 인자와 군자의 마음을 갖고 있고 물에 빠진 사람을 구해줄 힘을 갖고 있으면서도 나한테 편지하기를 '동복거리 사비로 하면 내가 그밖의 일을 도와주겠오'라고 하니 이 무슨 마음이오? 당신의 맑은 덕행에 누가 될까 봐서 그런 것이오? 처부모에게 차등을 두어서 그런 것이오? 아니면 우연히 살피지 못해서 그런 것이오?

우리 아버지께서 당신이 장가오던 날 '금슬백년(琴瑟百年)'의 시구를 보시고 어진 사위를 얻었다고 몹시 좋아하셨는데 당신은 반드시 기억하고 있을 것이오. 하물며 당신은 나의 지우(知友)로서 귀뚜라미 우는 소리에 비하며 백년을 함께 늙자고 했으면서 불과 40, 50말의 쌀이면 될 일을 이렇게 귀찮게 여기니 통분해서 그만 죽고 싶소. 경전에 이르기를 '허물을 보고 어짊을 알 수 있다'고 하였지만 남들이 들어도 이 정도를 가지고 허물이라고는 하지 않을 것이오.

당신은 옛 선비들의 밝은 가르침에 따라 아주 작은 일일지라도 지극히 선하고 아름답게 하여 중도에 맞기를 바라면서 이제 어찌 꽉 막히고 통하지 아니하여 어릉중자(於陵仲子)처럼 행동하려 하시오? 옛날 범중엄(范仲淹)은 맥주(麥舟)로 친구의 어려움을 구해줬으니 대인의 처사가 과연 어떠하오?

「착석문」

동복끼리 사비를 들여 하라는 말은 크게 불가하오. 혹은 과부로 근근이 지내고 있는 자도 있고 혹은 궁하여 스스로 끼니를 해결할 수 없는 자도 있으니 비단 거두어낼 수 없을 뿐 아니라 기필코 원한만 사게 될 것이오. 『예기(禮記)』에 이르기를 '집의 있고 없음에 맞추어서 하라'고 하였으니 어떻게 그들을 나무랄 수 있겠소. 만약 사가(私家)에서 변통할 수 있는 일이라면 나의 성의로 진작 해버렸을 것이오. 어찌 꼭 당신한테 구차하게 부탁했겠소?

또 당신이 종성의 만리 밖에 있을 때 우리 아버지가 돌아가셨다는 말을 듣고 오직 소식(素食)만 했을 뿐이오. 삼 년 안에 단 한 번도 제사를 지내지 않았으니 전일 장가왔을 때 그토록 간곡하게 대접해주던 뜻에 보답했다고 할 수가 있겠소? 이제 만약 귀찮은 것을 참고 비석을 세우는 일에 억지로라도 도와준다면 지하에 계신 분이 감동하여 은혜를 잊지 않고 보답할 것이오.

나도 또한 당신에게 박하게 베풀고 후한 것을 바라는 것은 아니오. 시어머니가 돌아가셨을 때 몸과 마음을 다해서 예에 따라 장례를 지냈고 제사도 예에 따라 지냈으니 남의 며느리 된 사람으로서 도리에 부끄러운 것이 없소. 당신은 어찌 이런 뜻을 생각하지 않소?

당신이 만약 나로 하여금 이 평생의 소원을 이루지 못하게 한다면 내가 비록 죽더라도 반드시 지하에서 눈을 감지 못할 것이오. 이 모두 지성에서 느껴 나온 말이니 글자마다 자세히 살피기 바라오.

데, 아침과 저녁은 스스로 해결하고 점심은 덕봉의 친척들로 하여금 날마다 쌀 10말씩을 내서 해주도록 한다. 그리고 기계, 숫돌, 반찬거리, 품삯 등은 미암이 따로 보내준다. 그리하여 근 한 달 만에 처부모의 무덤 앞에 비석을 세우고 음식을 마련하여 제사를 지낸다.

【부부갈등】

1569년 12월 홍문관 부제학에 제수되어 서울로 올라간 미암은 1570년 내내 혼자서 지루한 관직생활을 계속한다. 하지만 날이 갈수록 덕봉이 보고 싶고, 또 해남의 건축일도 마저 끝내고 싶어서 이 해 11월 또 다시 휴가를 요청하여 고향으로 내려온다. 이번에도 그는 담양에 들렀다가 곧 해남으로 내려가 첩과 함께 생활하며 새집을 짓는다. 덕봉은 이듬해인 1571년 2월 딸을 데리고 해남을 방문하는데, 미암이 지나치게 여색을 밝히고 윤관중이 애첩과 사랑에 빠진 문제로 두 내외는 한바탕 입씨름을 벌이고 만다.
21장에서 24장까지는 이처럼 부부관계에 초점을 맞추어 미암 일가의 생활상을 재현하였다. 아울러 이 시기 사람들의 부부애를 비롯해서 남성들의 득첩풍속과 그로 인한 부부싸움, 기타 첩과 서녀 및 기녀 등의 생활에 대해서도 자세히 다루었다.

길 떠나는 선비

전성협, 「성협풍속화첩(成夾風俗畵帖)」의 일부분, 국립중앙박물관 소장.

관료들은 일년 내내 휴일도 없이 근무하다가 2~3년에 한 번씩 장기간의 휴가를 요청하여 고향으로 내려가 겨울을 보내고 돌아왔다.

21 부부가 사랑한다는 것은……

자유로운 애정 표현

조선 중기인 16세기만 하더라도 비록 제한적이지만 신분 상승이 가능하였고, 유교 이외에 불교와 도교 사상이 공존하였으며, 여성의 권익을 존중하는 전통이 여전히 남아 있는 비교적 개방적인 사회였다.

그래서 남녀관계에서도 관습에 크게 구속당하지 않았고, 남녀간의 애정 표현도 비교적 자유롭게 이루어졌다. 잘 알려진 임제를 비롯해서 이달, 최경창 등은 감미로운 애정시를 많이 남겼으며, 황진이나 이매창, 홍랑 등도 자신의 사랑을 솔직하고 대담하게 시로써 표현하였다.

그것은 비단 호방한 남성과 특수계급 여성인 기녀에게만 한정된 것은 아니었다. 여항의 평범한 부부들도 자유롭게 애정을 표현하며 애틋한 부부애를 누렸는데, 그 대표적인 사례로 1586년 이응태의 부인이 쓴 한글 편지가 있다. 이 편지는 비록 죽은 남편의 무덤에 넣은 것이지만 16세기 사람들의 정감어린 부부생활을 잘 보여주고 있다.

이 편지의 내용을 보면, 16세기 사람들은 평소에도 '여보, 다른 사람들도 우리처럼 서로 어여삐 여기고 사랑할까요? 남들도 정말 우리 같을까요?'라고 자신의 사랑을 솔직하게 표현하며 다정다감한 부부생활을 하였다. 그래서인지 사랑하는 남편이 하늘로 돌아가자 아내도 함께 따라가게 해달라고 말하고,

이응태 부인이 쓴 편지

원이 아버지에게

당신은 언제나 나에게 둘이 머리가 희어지도록 살다가 함께 죽자고 하였지요.
그런데 어찌 나를 두고 당신 먼저 가십니까. 나와 어린아이는 누구의 말을 듣고 어떻게 살라고 다 버리고 당신 먼저 가십니까.
당신은 나에게 마음을 어떻게 가져왔고 또 나는 당신에게 어떻게 마음을 가져왔나요. 함께 누우면 언제나 나는 당신에게 말하곤 했지요. 여보, 다른 사람들도 우리처럼 서로 어여삐 여기고 사랑할까요. 남들도 정말 우리와 같을까요. 어찌 그런 일들을 생각하지도 않고 나를 버리고 먼저 가십니까.
당신을 여의고는 아무리 해도 나는 살 수 없어요. 빨리 당신께 가고 싶어요. 나를 데려가 주세요. 당신을 향한 마음을 이승에서 잊을 수가 없고 서러운 뜻 한이 없습니다. 내 마음 어디에 두고 자식 데리고 당신을 그리워하며 살 수 있을까요.
이내 편지 보시고 내 꿈에 와서 말해주세요. 꿈 속에서 당신의 말을 자세히 듣고 싶어서 이렇게 써서 넣어 드립니다. 자세히 보시고 나에게 말해주세요. 당신은 내 뱃속의 자식 낳으면 보고 말할 것이 있다 하고서 그렇게 가시니 뱃속의 자식 낳으면 누구를 아버지라 하라는 겁니까.
아무리한들 내 마음 같겠습니까. 이런 슬픈 일이 하늘 아래에 또 있겠습니까. 당신은 한갓 그곳에 계실 뿐이지만 내 마음같이 서럽겠습니까. 한도 없고 끝도 없어 다 못 쓰고 대강만 적습니다.
이 편지 자세히 보시고 내 꿈에 와서 모습 자세히 보여주시고 또 말해주세요. 나는 꿈에 당신을 볼 수 있다고 믿고 있습니다. 몰래 와서 보여주세요. 하고 싶은 말이 끝이 없어 이만 적습니다.

1586년 6월 1일 아내가

그것이 용이하지 않자 남편한테 꿈에서나마 모습을 보여달라고 간절히 부탁하고 있다.

부부애 - 미암

미암과 덕봉도 서로 떨어져 산 날은 많았지만 부부애는 남부럽지 않게 돈독하였다. 미암은 덕봉을 무척 사랑하였고 정신적으로도 많은 부분을 의지하였다. 비록 해남에 첩 방굿덕을 두고 있었으나 그녀는 단지 시중드는 사람에 불과했을 뿐이다.

또한 앞에서처럼 덕봉이 편지를 보내 영원히 잡념을 끊고 기운을 보양하라고 촉구했지만 그의 성욕은 쉽게 사그라지지 않았다. 오히려 날이 갈수록 꿈에서 덕봉을 자주 보고 직접적으로 성욕을 자극하는 꿈도 자주 꾸었다. 금년 1570년 여름에는 꿈에서 덕봉을 보거나 함께 가마를 타고 가고, 10월에는 꿈에 양경(陽莖)을 씻고 문지름을 보았으며, 11월에는 꿈에 그가 대문의 자물쇠를 뽑아내자 사람들이 대단히 힘이 세다고 하였다.

나아가 그는 해남의 건축일을 올해는 반드시 끝내고 싶었다. 조카 이유수의 편지에 따르면, 요즘 새 집은 해남 현감이 일꾼과 식물을 보내주어 목수가 다시 안채를 꾸미고 있다고 하였다.

이 같은 이유로 미암은 지난 8월 중순에 연달아 세 번의 사직서를 제출하여 임금에게 휴가를 요청하였다. 그리고 9월에는 미리 서책 여섯 상자를 챙겨서 담양으로 내려보내고, 또 덕봉에게 짐꾼을 보내도록 연락해서 나머지 서책과 의복을 실어보냈다.

하지만 호조에서 '금년은 흉년이니 사대부들을 혼인, 성묘, 가토 등의 이유로 휴가를 내주지 마소서'라고 아룀으로써 임금이 신하들에게 일체 휴가를 내주지 않았다.

그때 미암이 문득 생각해낸 것이 『헌근록(獻芹錄)』이란 책을 만들어 바치고 휴가를 요청하는 것이었다. 그것은 중국의 사마광·제갈량·주자 등이 쓴 명문을 뽑아 한 권의 책으로 묶은 것으로서, 대개 임금이 나라를 다스리는 데 도움이 될 만한 글이었다.

9월 하순에 갑자기 이 일을 구상한 그는 곧바로 홍문관에서 책을 빌려다가 자료를 수집하는 한편, 서사관 이정(李精)을 불러 붓과 먹을 주고 글씨를 쓰도록 하였다. 서사관(書寫官)은 글씨만 전문적으로 쓰는 하급관리로, 출판 기술이 발달하지 않았던 당시에는 상당히 대우받는 직업이었다. 이번 일을 하면서도 그는 미암에게 참기름 한 되, 약과, 말린 고기 세 조각, 말린 꿩 한 마리, 면포 한 필을 사례비로 받았다.

미암은 거의 매일같이 이정을 불러 자료를 주고 글씨를 써오도록 하였다. 그와 함께 모공(毛工)을 불러 덕봉에게 선물할 이엄(모피로 된 귀싸개)을 만들었다.*

마침내 근 한 달 만인 1570년 11월 2일에 『헌근록』을 완성한 미암은, 그 날 오후 책갑에 담고 붉은 보로 싸서 대궐로 들어가 임금께 바쳤다. 그러자 한참 뒤에 임금이 비망기(備忘記 : 왕이 친필로 쓴 글)로 이를 칭찬하였다.

이 책을 보니 특별히 역대의 언행을 채집하여 나로 하여금 법(法)을 삼게 하였다. 그 임금을 사랑하는 정성이 고인에서 찾아본들 이보다 더할 수 있겠는가. 내가 비록 민첩하지 못하지만 감히 영념을 하지 않겠는가.

아울러 임금은 특별히 경회루 남문에서 석 잔의 술을 하사하도록 했는데,

---

*1570.10.26._모공 양가시가 와서 부인의 이엄을 만들었다.
　　　　　毛工梁嘉屎來, 造夫人耳掩.

미암은 엎드려 다 마시고 크게 취하여 성문을 나왔다.

이날 미암은 임금의 은혜에 감격하여 집으로 돌아오는 도중 말 위에서 입으로 노래 한 곡(국문가사)을 지었는데 그것을 현대어로 풀이해보면 다음과 같다.

머리를 고쳐 끼워	머리를 고텨 뀌워
옥비녀는 갈아 꽂으오이다.	玉簪은 ᄀ라 고죄
다른 이는 지나가되	넌근 다나가되
임이 혼자 일컬으시니	니미 혼자 과ᄒ시니
진실로 일컬으시면	진실로 고ᄒ시면
그에 더한 일이 있으리까.	그예 더언이리이시가

책을 만들어 바치고 임금의 사랑을 듬뿍 받은 미암의 득의 양양한 모습이 잘 나타나 있다.

그로부터 이틀 뒤에 미암이 다시 대궐로 들어가 휴가를 요청하자 임금은 '정리가 절박하니 가고올 수 있는 말미를 주도록 하라'라고 하면서 선뜻 휴가를 내주었다. 이에 미암은 곧 행장을 정리하여 아들 경렴을 데리고 담양을 향해 길을 나섰다. 때마침 날씨도 따뜻하여 한강엔 푸른 물결이 넘실대었다.

다음 이야기는 휴가를 얻어 담양으로 내려간 미암이 덕봉을 비롯한 가족과 함께 회포를 푸는 모습을 사실적으로 재현한 것이다.

부부애-덕봉

1570년 11월 25일 아침 나절이었다. 반가운 손님이 온다는 듯이 까치가 남쪽 나무 위에 앉아 연방 울어댔다.

"마님, 오늘따라 까치가 유난히 계속 울어대옵니다."

빗자루를 들고 방을 쓸고 있던 몸종 옥지가 잠시 까치 소리에 귀를 기울이다가 덕봉을 바라보며 말하였다.

"글쎄 말이다. 까치가 영물은 영물인가 보다. 오늘 영감님이 오시는 줄을 어떻게 알고 저렇게 울어댈까."

윗목에서 마른 걸레로 장롱을 닦고 있던 덕봉은 걸레를 그대로 든 채 대청으로 나갔다. 행여나 소식이 있을까 하는 마음에서였다.

마당에선 종들이 뿌연 흙먼지를 일으키며 바닥을 쓸고 있고, 부엌에선 은우어미가 여종들을 데리고 부지런히 음식을 장만하고 있었다.

그녀는 대청에 서서 멀리 마을 앞을 내다보았다. 황량한 겨울 들판 사이로 땔나무를 가득 짊어진 일꾼들만 오고갈 뿐 애타게 기다리던 미암의 소식은 아직 오지 않았다.

덕봉도 역시 미암처럼 나이가 들수록 서로의 존재가 새삼스럽게 느껴졌다. 늙어갈수록 그와 함께 하고 싶은 마음이 더욱 절실하게 들었다. 그래서 시를 보내 가을에는 사직하고 돌아오도록 하고, 그가 제때에 내려오지 않자 혹시 서울에서 딴 마음을 먹고 있지는 않는가 의심하기도 하였다.*

이내 덕봉은 '저놈의 까치, 실없이 울어대기는' 하고 혼자말처럼 내뱉고서 도로 방 안으로 들어갔다.

미암은 이웃 고을인 옥과에서 아침밥을 먹고 사시(오전 9~11시)에야 담양으로 들어왔다. 미리 마중나간 종 치산과 망종이 앞에서 길을 인도하고 미암은 광문과 함께 나란히 말을 타고 마을로 들어왔다. 그 뒤로 짐을 실은 말과 여종 유지와 백은비를 태운 말들이 줄지어 따라왔다.

---

*1570.10.22._부인이 내가 이곳에 머물러 딴 뜻을 두고 있는가 의심하여 화가 나서 경렴에게만 편지를 했다.
夫人, 疑我留此而有他意, 發怒, 而只簡于景濂.

마침내 그가 대문 앞에 도착하자 덕봉은 기쁨을 감추지 못하고 달려나가 반갑게 맞이하여 곧장 안채로 인도하였다.

"영감, 경렴이는 어찌 하고 혼자 내려왔수?"

미암이 방 안에 들어서기가 무섭게 덕봉은 아들 경렴의 소식부터 물었다. 이상하게도 그가 보이지 않았기 때문이다.

"오다가 영릉참봉(왕실의 무덤을 지키는 종9품의 벼슬)에 제수되었다는 전갈을 받고 다시 서울로 올라갔다오. 그애가 작년부터 바라던 것이었는데 이제야 얻었으니 얼마나 기쁘겠소."

미암이 경렴을 데리고 귀향하던 도중 충청도 직산을 지날 때였다. 서울에서 연락이 오기를, 유경렴이 영릉참봉에 제수되었으니 급히 부임하라고 하였다. 미암은 "가문의 경사가 이보다 클 수가 없다!"라고 말하고 즉시 경렴을 서울로 올려보냈다.

그것은 한편 꿈의 징험이기도 하였다. 금년 내내 경렴은 꿈에서 산곡 사이를 가거나 대궐 뜰에 이르러 절을 올리고, 임금께서 사모와 품대 및 말을 하사하는 것을 보기도 하는 등 자주 영릉참봉에 제수되는 꿈을 꾸었는데, 과연 이번에 그것이 들어맞은 것이다.

"앞으로 더욱 추워질 텐데 어떻게 겨울을 보내라고 그냥 올려보냈수?"

"그렇지 않아도 내가 입고 있던 저고리 한 벌을 벗어줬다오. 옥석이와 대공이도 따라가게 했고 말이오."

"잘했구려."

그럼에도 못내 걱정스러운지 덕봉은 퉁명스럽게 대꾸하고 미암이 벗어준 의관을 받아서 횃대에 걸었다.

잠시 뒤 은우어미가 자못 성찬을 가지고 들어왔다. 이른 아침부터 수고를 많이 한 흔적이 역력했다. 외손녀 은우도 광문의 품에 안겨 들어왔는데 예전에 비해 혈색이 썩 좋지 않았다.

미암은 은우의 손을 이끌어 무릎 위에 앉히고 다정하게 머리를 쓰다듬으며 지어미를 향해 물었다.

"지난번에 홍역을 앓았다고 들었는데 지금은 좀 어떠냐?"

"예, 아주 심하게 앓아서 온 집안 식구가 걱정을 많이 했는데 이제는 많이 나았습니다."

올해 8월 담양에 홍역이 돌아 여종 부용의 자식 가시(嘉屎)가 죽고 은우도 홍역에 걸려 몹시 애를 먹었다. 다행히 지금은 많이 회복해서 밥도 주는 대로 받아먹고 가끔씩 안방과 건넌방을 가로지르며 뛰놀기도 하였다.

은우어미가 은우를 안고 한쪽으로 물러가자 덕봉이 미암의 얼굴을 쳐다보며 늦게 왔다고 갑자기 투정을 하였다.*

"영감, 짐은 미리 내려보내고서 무슨 일로 이렇게 늦으셨소? 혹시 서울에서 딴 마음을 먹었던 게 아니오?"

그러자 미암은 자못 언성을 높여 말하였다.

"어허, 애들 앞에서 그 무슨 소리오!"

그리고 광문이 따른 술잔을 들어 가볍게 입술을 적신 뒤 그간의 사정을 차근차근 풀어 일렀다.

"나도 세 번씩이나 사직서를 냈소. 근데 올해는 전고에 없는 흉년이라고 일체 휴가를 내주지 않으니 난들 어떡하겠소. 할 수 없이 책 한 권을 만들어 바치고 주상께 특별히 휴가를 받아 내려왔다오."

하지만 덕봉은 여전히 의심이 풀리지 않는 듯 고개를 숙이고 혼잣말처럼 내뱉었다.

'사내들이란 살림이 늘어갈수록 딴 마음을 먹기 마련이니······.'

---

*1570.11.25._아침밥을 먹은 뒤에 발행하여 사시에 태곡의 집으로 들어가니 부인이 보고 내가 온 것을 기뻐하면서도 나더러 늦게 왔다고 한 했다.
朝飯後發行, 巳時, 入太谷家, 夫人常見, 喜我來而恨我遲.

술자리는 오후 늦게까지 이어졌다. 그리고 모처럼 식구들끼리 둘러앉아 저녁을 먹었다.

저녁을 먹은 뒤에 미암이 광문에게 밖에 나가서 뭔가를 찾아오라고 시켰다. 그것은 덕봉에게 선물하기 위해 서울에서 모공을 불러 특별히 만든 이엄이었다.

"부인에게 주려고 이엄을 만들어 왔는데 맞을지 모르겠소. 어서 한번 써보구려."

덕봉이 머리에 써보니 크기는 물론 모양새도 썩 마음에 들었다. 또 양볼까지 포근하게 감싸주어 머리가 온통 따뜻하였다. 덕봉은 이엄을 머리에 쓴 채 웃는 얼굴로 말하였다.

"나한테 딱 맞는구려!"

비로소 덕봉의 마음이 누그러지니 미암은 길게 하품을 하면서 방문 앞에 앉아 있는 몸종 옥지를 향해 잠자리를 마련하도록 분부하였다.

"내 오랫동안 여행하여 피곤하니 오늘은 일찍 금침을 베풀도록 하라."

"예이."

옥지는 얼른 요를 깔고 이불을 편 다음 머리맡에 두 개의 베개를 나란히 놓았다. 이부자리는 모두 새로 뜯어서 빨아놓은 듯 저마다 하얗고 빳빳하게 풀이 먹여져 있었다.

그러자 광문이 병풍을 가져다가 방문 앞에 가로로 길게 둘렀다. 병풍은 나무틀에 종이를 바르고 그 위에 그림이나 글씨 등을 붙여서 펴고 접을 수 있게 만든 물건으로, 바람을 막거나 무엇을 가리기 위해, 또는 장식용으로 방 안에 치곤 하였다. 특히 병풍은 겨울에 외풍을 막아주는 아주 유용한 도구였다.

이윽고 자녀들이 모두 물러가자 미암은 먼저 일어나서 겉옷을 벗고 속옷인 적삼과 바지만 입었다. 하지만 덕봉은 추위를 많이 타는 편이어서 평소처럼 겉옷을 입은 채 등불을 끄고 이불 속으로 들어갔다.

달빛이 창살 사이로 점점 환하게 비쳤다.

분주하게 일을 하는 노비들

필자미상, 「서당(書堂)」, 국립중앙박물관 소장.

양반 남성들은 부인 이외에 따로 첩을 두어 음식과 의복수발, 빨래, 방청소, 잠자리 돌보기 등 갖가지 몸시중을 들도록 하였다.

22. 첩과 서녀의 생활

양반들이 첩을 둔 이유

16세기 양반 남성들이 부인 이외에 따로 첩을 두는 것은 거의 보편화된 관행이었다. 미암 일가족만 보더라도 미암을 포함해서 장인 송준, 아들 유경렴, 사위 윤관중이 모두 첩을 두고 있었다.

 이 시기 양반 남성들이 첩을 둔 것은 대략 이러한 이유에서였다.

 첫째, 첩을 두는 것이 하나의 사회적 풍조였기 때문에 무비판적인 양반 남성들이 나이가 들면 으레 첩을 얻고자 하였다.

 둘째, 남성들의 잦은 거주 이동에서 비롯되었다. 16세기는 여전히 남자가 여자집으로 가서 결혼식을 올리고 그대로 눌러 사는 장가와 처가살이가 보다 일반화된 시대였다. 이때 남성들은 처가에 살면서 틈나는 대로 본가에 근친을 가서 한동안 머물며 부모를 모셨다. 또 수학이나 관직, 유배 등의 이유로도 자주 거주지를 옮겨다녔는데, 매번 부인과 함께 다닐 수가 없으므로 대개 현지에서 첩을 구해 생활하였다. 미암이 첩을 들인 것도 바로 이 때문이었다.

 셋째, 부인에게 병이 있어 집안일을 하지 못할 때 남성들은 첩을 얻어 부인의 일을 대신하게 하였다. 미암의 아들 유경렴이 그 대표적인 경우로, 그는 부인 김씨가 늙어갈수록 혼졸함이 심해져 의복을 전혀 만들 수 없게 되자 한 여종을 첩으로 들여 그 일을 맡기려고 하였다.

넷째, 자식를 얻거나 여색을 탐하여 첩을 들이기도 하였다. 미암의 사위 윤관중이 바로 이러한 경우였다. 지난해 10월 해남으로 근친을 간 윤관중은 애첩과 사랑에 빠져 처가로 돌아가지 않고 내내 해남에 머물러 있었다.

이처럼 16세기 양반 남성들이 첩을 둔 이유는 성적인 측면도 있었지만 그보다는 오히려 생활상의 문제에서 비롯되었다. 그렇다고 아무런 제재도 받지 않고 공공연히 첩을 둘 수 있었던 것은 아니다. 남편이 첩과 가정을 새로 꾸민다는 것은 그만큼의 경제적 손실을 의미했기 때문에 집안의 살림을 책임진 안주인의 반발도 결코 만만치 않았다. 게다가 신의를 저버린 남편에 대한 배신감 때문에 그녀들은 때때로 남편과 심하게 부부싸움을 벌이기도 하였다.

우리는 그것을 신천 강씨가 딸 순천 김씨에게 보낸 한글 편지에서 찾아볼 수 있다. 신천 강씨는 김훈의 부인으로 생몰연대는 자세하지 않으나 대략 1510~1520년에 태어난 것으로 추정된다. 김훈(金壎)도 역시 생몰연대가 미상인데 다만 예순살에 찰방(察訪 : 각 도의 역참에 근무하던 종6품의 벼슬)에 오른 사람이었다. 김훈이 첩을 얻는 문제로 두 사람은 노년에 심한 부부갈등을 벌이는데, 신천 강씨가 딸 순천 김씨에게 보낸 편지를 통해 그 내용을 간략히 살펴보자.

예순 살에 성현역(오늘날 경상도 청도)의 찰방이 된 김훈은 나만 첩이 없이 지낸다고 하면서 부인에게 사사롭게 화를 내며 첩을 들이고자 안달을 한다. 이에 강씨는 차라리 첩이 있어야 당신 마음이 편할 것이라고 하면서 첩을 얻거나 말거나 내버려둔다. 하지만 그녀는 '나를 살아 있는 것으로 생각하지 말아라', '아무리 마음을 써서 (옷을) 짓고자 하여도 던져 두고 애달파 하고 있다' 등처럼 삶의 의미도 잃고 일손도 손에 잡히지 않는다고 말한다.

결국 김훈은 한 기녀를 첩으로 들여 술과 음악으로 나날을 보내면서 부인과 집안일을 등한시해 왔다. 화가 난 강씨가 재상이 된 사람도 첩 없는 사람이 많은데 예순에 맨 끝 찰방이 된 사람이 호화롭게 첩을 얻는다고 하면서 첩을 그만두라고 하지만, 김훈은 "내 이 사람이 밉지 않으니 첩으로 삼겠다"고 하면서 들은 체도 하지 않는다. 나아가 자식들에게 "네 어머니가 시새움을 너무 많이 한다"고 말한다.

강씨는 남들이 보기에 시새움한다 할까 하여 아픈 척도 하지 않고 그저 속으로만 울분을 삭인다. 또 "아무리 마음을 잡고자 하여도 함께 살던 일을 잊지 못하고 그리우니 날 위하여 벼슬을 말겠느냐? 날 위하여 첩을 말겠느냐? 서러워 내 죽겠구나"라고 하면서 남편에 대한 배신감으로 깊은 마음의 병을 얻는다.

이후 강씨는 '이제는 매사 남인 듯이 되니 내 집의 종이나 데리고 살다가 죽으면 실어 가거나 여기 묻거나 그것만 바라고 있으니 내 팔자를 한탄하고 벼슬이 내게 큰 해가 되더구나'라는 말처럼 마음속으로부터 남편을 포기하고 만다. 이처럼 16세기 양반 여성들은 남편이 첩을 두는 문제로 심각한 부부불화를 겪었다.

첩 방굿덕

당시 첩으로 들어가는 여성들은 신분이 낮고 가난한 집안에서 태어난 여종이나 기녀가 대부분을 차지했는데, 양반 남성의 첩으로 들어가 갖가지 시중을 들어주고 보다 안정되고 풍족한 생활을 누리고자 하였다.

미암은 방굿덕(房㖛德)이란 첩을 두고 있었다. 그녀는 무자(戊子)라는 이름으로 불리기도 했는데 이는 아마 무자년인 1528년에 태어났기 때문인 듯하다. 1571년 현재 그녀의 나이는 44세였으며 미암보다 15세 아래였다.

본래 굿덕은 미암과 함께 과거에 급제한 이구(李懼)의 여종이었으나 미암이 함경도 종성에서 귀양살이를 할 때 그의 첩으로 들어가 해성(海成), 해복(海福), 해명(海明), 해귀(海歸) 등 네 명의 딸을 낳았다. 그리고 미암이 귀양에서 풀려나 다시 관직에 등용되자 딸들을 데리고 해남으로 내려가 어머니, 남동생 원생과 함께 농사를 지으며 살았다. 집은 해남 파다리(波多里)에 있었는데 일기에 따르면 집 안에 배나무 한 그루가 있었다고 한다.

그녀는 비록 적지만 나름대로 재산도 소유하고 있었다. 먼저 해남 고현내(古縣內)에 논 아홉 마지기를 가지고 있었는데 그것은 본디 미암의 어머니가 물려준 것이었다. 하지만 그녀의 어머니가 잘못 팔아서 지난 해에 6년 묵은 소 한 마리와 면포 여섯 필을 주고 되돌려받은 일이 있었다.

또한 미암에게 일무, 순지, 부용 등 세 명의 여종을 증여받아 노비도 소유하고 있었다.* 특히 부용은 덕봉의 노비였으나 미암이 허락도 없이 첩에게 주어버려 후에 부부싸움의 원인이 되었다.

이외에도 굿덕은 1576년에 옛집을 헐고 새 집을 짓기도 한다. 처음엔 17칸을 지으려고 하다가 나중엔 수 칸을 더 늘려 20칸짜리 집을 짓는다.**

굿덕이 첩으로서 하는 일은 미암이 해남에 올 때마다 딸들을 데리고 찾아가 그의 시중을 드는 일이었다. 음식과 의복 수발, 빨래, 방청소, 잠자리 돌보기 등 그녀가 하는 일은 매우 다양했다. 그래서 미암은 그녀를 시중드는 사람 즉 '시자(侍子)'라고 부르기도 하였다.

그 대신에 미암은 굿덕의 주인에게 매년 베 두 필에 해당하는 신공을 납부해주었고, 수확물 가운데 일부를 떼어서 양식을 하도록 했으며, 가끔씩 지방관에게 부탁하여 식물을 보내주기도 하였다.

---

*1569.11. 1._여종이 없기 때문에 순지를 첩에게 줬다. 일찍이 일무가 있었으나 이제는 서울 정홍의 첩(해성)에게 주어버렸기 때문에 밥 짓고 물 기를 사람이 없어서 아주 가련하여 주었다.
　　以婢順之給妾, 以無婢故也, 曾有一茂, 今送于京鄭鴻妾, 故家無炊及赤脚, 可憐之甚, 至是給之.

1569.11.20._첩이 자식만 있고 여종이 없는 것이 불쌍해서 어제 부용을 주고 오늘 부인에게 알렸다.
　　以妾有子息而無婢, 可憐, 昨日給婢芙蓉, 今日通于夫人.

**1576. 3. 2._해남의 첩이 처음에는 17칸을 지으려고 했는데 이제 들으니 수삼 칸을 더 늘려 20칸을 지으려 한다고 한다.
　　海南小家, 初營度十七間, 今聞添補數三間, 爲二十間云.

또 미암은 첩과 그 가족의 신변을 보호하기도 했다. 한번은 조석(趙石)이란 노비가 첩의 어머니를 능욕한 일이 있었는데, 미암이 그 주인을 불러 곤장 30대를 때리라고 요구하였다.

나아가 그는 첩의 딸인 서녀의 신공을 납부할 뿐만 아니라 나이가 들면 짝을 찾아 혼인시키고, 오랜 기간에 걸쳐 차례대로 속량(贖良 : 몸값을 주고 노비의 신분을 풀어 양민이 되게 하는 것)까지 시켜 주었다. 대표적인 예로서 방굿덕의 맏딸 해성의 속량 과정을 살펴보자.

1568년 4월 서울에서 관직생활을 하던 미암은 어란만호(於蘭萬戶 : 종4품의 무관직) 정홍(鄭鴻)이 해성을 첩으로 들이려 한다는 소식을 듣는다. 정홍은 '나이도 젊고 장래성도 있으며 순직하고 망령된 행위가 없다'고 하였다. 얼마 후 해성의 혼인 소식이 들려오자 미암은 몹시 기뻐한다.

해성의 속량 논의는 이때부터 본격적으로 이루어진다. 이 해 5월 해성의 주인인 홍번이 찾아오자 미암은 말을 바칠 테니 서녀를 속량시켜 달라고 간청한다. 대개 노비의 몸값은 국법인 『경국대전』에서 16~50세는 지폐 4000장, 기타는 3000장으로 정하고 있었지만 실제로는 서로의 이해관계에 따라 변동이 심하였다. 그래서 오늘날 역사가들도 각기 다르게 파악하고 있는 것이 현실이다. 미암은 말 한 필이라는 비교적 후한 조건을 제시했다. 다행히 홍번이 허락하여 미암은 매우 기뻐한다.

이 해 8월 사위인 정홍이 말을 주겠다기에 미암은 첩의 남동생 방원생을 서울로 올라오라고 한다. 그리하여 방원생을 통해 말을 바치자 홍번은 며칠 뒤에 해성의 방매문서(放賣文書)를 만들어 보낸다. 미암은 기쁨을 감추지 못하고 그 노비에게까지 선물을 준다.*

하지만 주인에게 몸값을 지불하고 풀려났다고 해서 곧바로 노비 신분에서 벗어나 양민이 되는 것은 아니었다. 일정한 법적 절차를 밟아야 했는데, 대개 보충대에 입속하여 속량했다는 증명서를 받아야만 하였다. 보충대(補充隊)란 천첩 자손으로 하여금 소정의 역에 종사하고 노비 신분을 풀어 양민이 되게 해주는 제도였다. 그렇다고 특별한 역을 지는 것은 아니고 단지 서류상의 문제에 그쳤다.

미암은 장예원의 서리에게 방매문서와 소지(소송장)를 주어 해성의 속량문서를 만들어 달라고 부탁한다. 이로써 해성은 노비 신분에서 벗어나 영구히 양민이 된다.

이처럼 미암은 서녀들을 딸인 은우어미 못지 않게 아끼고 사랑하였다.

다음 이야기는 다시 해남으로 내려온 미암이 첩 방굿덕과 함께 생활하며 새 집을 짓는 모습을 재현한 것이다.

마님이 오신다니……

1571년(선조 4년) 2월 5일 새벽이었다. 미암은 벌써 눈을 떴으나 일어나지 않고 이불 속에 누워서 멀뚱멀뚱 창문만 바라보고 있었다. 창 밖에는 아직도 어둠이 짙게 깔려 있었다.

이번에 그는 여느 때와 달리 담양에서 근 한 달을 머물며 처부모의 사당에 참배하고 자신의 생일잔치와 집안잔치를 연달아 베풀었다. 그리고는 해남으로 내려와 이전처럼 정주목사 윤행의 집을 임시로 빌려 첩과 함께 생활하며 새 집을 지었다. 새 집은 안채의 대청과 창고, 안방을 갖추고 있었다.

곁에서 잠을 자던 방굿덕이 잠결에 큰소리로 말하였다.

---

*1568.8.25._새벽에 홍번이 해성을 방매한 문서를 만들어 나에게 보내주니 이는 십분 빛이 나게 구제해준 것이다. 골육의 기쁨을 이길 수 없어 쌀 1말과 생선을 그 종에게 주고 말린 민어 2마리를 홍번에게 보냈다.
晨, 洪磻君望, 以放賣海成文記, 成送於我, 此乃十分光濟也, 余不勝骨肉之喜, 以米一斗及魚, 贈于其奴, 以乾民魚二尾, 送于洪君.

"영감마님, 같이 가시옵소서."

미암이 "으흠" 하고 헛기침을 해서 이미 일어난 기척을 보이니 그제야 굿덕은 눈을 뜨고 잠시 그의 얼굴을 쳐다보았다.

"무슨 꿈을 꾸었기에 나를 그렇게 애타게 불렀느냐?"

"영감마님이 나막신을 신고 산으로 올라가는데 아무리 불러도 혼자서만 가시잖습니까. 얼마나 야속하던지……"

"돌아가기가 아쉬운 모양이구나?"

"예, 그러한가 보옵니다. 마님께서 내일 오신다니 오늘은 그만 물러가겠사옵니다."

얼마 전에 미암은 서문 밖의 새 집을 보여주고 싶어서 덕봉에게 편지를 보내 해남으로 와달라고 간곡히 요청하였다. 그리고 정량(鄭良)이란 사람의 집을 빌려 깨끗이 수리한 뒤 식구들을 거느리고 이사를 하였다. 때마침 해남 현감이 신접살림이 어려울 것을 생각하여 각종 물건을 보내줬는데, 미암은 그 가운데에서 덕봉을 위해 그릇과 수저, 젓가락 각 하나씩을 따로 챙겨놓았다.

또 사위 윤관중과 노비 10명을 담양으로 마중을 보내고, 각 관아마다 편지를 써서 부인의 행차를 안전하게 호송해달라고 부탁하였다.

덕봉은 1571년 2월 2일 은우어미를 데리고 담양을 출발했는데, 오는 도중 미암에게 이러한 편지를 보냈다.

각 고을에서의 공대가 풍성하니 관마(官馬)가 10필, 사마(私馬)가 10필, 하인이 45~46명, 기타가 50명으로, 옛날 다섯 번이나 해남을 왕래했지만 이번처럼 성대한 적은 없었소.

덕봉이 다음날 도착하기 때문에 오늘쯤 굿덕은 자기집으로 돌아가야 하였다. 일기에 따르면 '퇴피(退避)', 즉 물러나 피했다고 한다.

사실 덕봉과 굿덕은 명분상 미암의 처와 첩이었을 뿐 실제로는 거의 무관한 사이였다. 담양과 해남에서 각각 떨어져 살았고 스스로 농사를 지어 생계를 유지하였다. 게다가 굿덕은 '해남의 관리가 부인의 편지를 가지고 왔는데 첩 무자가 성질을 잘내고 불손하다 하니 가증스럽다'라는 기록처럼 자기 나름의 자존심도 가지고 있었다.

이윽고 밖에서 닭울음 소리가 들려왔다. 굿덕은 비로소 이불을 젖히고 일어나 주섬주섬 겉옷을 주워 입은 뒤 화로에서 불씨를 찾아 등잔에 불을 붙였다. 방 안이 아직도 어둑어둑하기 때문이었다.

미암도 뒤따라 일어나서 적삼과 바지 위에 솜저고리와 솜바지를 껴입었다. 그런데 어젯밤에 너무 무리한 탓인지 옷을 입으면서 자꾸 몸을 비틀거렸다.

얼마 뒤 여종 순지가 방문 앞에서 아뢰었다.

"영감마님, 세숫물 떠왔사옵니다."

순지(順之)는 밥 짓고 물 기를 사람이 없어서 미암이 굿덕에게 준 여종이었다.

미암이 세수하러 나간 사이에 굿덕은 서둘러 방을 치우기 시작했다. 요와 이불을 개고 베개를 올려놓은 다음 걸레로 대강 방 안을 쓸어냈다. 그리고 요강을 들어 대청 밖으로 내놓으니 방금 전에 세숫물을 떠왔던 순지가 조반을 가지고 들어왔다. 여느 때처럼 밥상에는 흰죽을 비롯하여 꿩구이, 김치, 장 등이 올라와 있었다.

미암이 조반을 끝마칠 무렵 서녀 해복이 어린 동생 해명과 해귀를 데리고 들어와 아침 문안을 올렸다.

"아버님, 밤새 무고하셨사옵니까?"

"오냐, 어서 게 앉거라."

해복은 여태까지 이정의 노비로 편입되어 있었으나 지난 해에 미암이 말 한 필을 바치고 속량시켜서 지금은 어엿한 양민이었다. 그리고 올 봄에 군관(軍官) 김종려(金宗麗)의 첩으로 들어갈 예정이었다.

미암은 밥상을 물리고서 먼저 굿덕한테 물었다.

해복의 혼사를 위해 보내준 물건

1월 16일	윤홍중이 보낸 미영 20근이 왔다. 서녀의 혼사를 돕기 위해서이다.
1월 17일	윤홍중이 나의 첩집에 감장 1동이를 주니 참으로 급함을 도와준 것이다.
1월 26일	해가 기울 무렵에 수사(水使)가 이미 체직이 되었으면서도 사람을 시켜 정미 5섬, 소금 5섬을 실어보냈다. 혼사를 돕기 위하여 나는 쌀 2섬, 소금 1섬을 첩에게 줬다.
2월 1일	첩집의 혼사로 빚진 소 값 4필을 줬다.
2월 4일	수사가 금강산의 중 12명으로 하여금 땔감나무를 져다주어 첩집의 혼인에 쓰게 했다.

"혼례는 언제 치르기로 했느냐?"
"삼월 스물여드렛날이 좋은 날이라고 하더이다."
"준비는 얼마나 했느냐?"
"뻔한 살림에 해봐야 얼마나 했겠사옵니까. 아무래도 빚을 질 수밖에 없을 것 같사옵니다."
"돌아갈 때 전복이랑 미역이랑 적당히 챙겨서 가져가거라. 이 다음에도 내가 알아서 차차 물건을 보내주마."

미암은 다시 해복을 향해 다정하게 말하였다.

"넌 누구보다 슬기롭고 부지런한 아이니까 혼인해서도 잘 살 것이다."
"예, 아버님."

실제로 해복은 '김종려가 해복과 더불어 서로 뜻이 맞아 기뻐한다고 한다'라는 기록처럼 이후 순탄한 혼인생활을 한다. 미암은 해복의 혼사를 위해 1571년에 상당히 많은 물건을 보내줬는데 그것들을 차례대로 옮겨보면 위의 표와 같다.

마침내 미암은 자리에서 일어나 의관을 정제하고 일찌감치 새 집을 짓고 있는 서문 밖으로 나갔다. 굿덕도 집 안을 대충 치우고 세 딸을 데리고 돌아갔다.

송하남녀

신윤복(1758?~1813 이후), 「송하남녀(松下男女)」, 호암미술관 소장.

당시엔 벼슬하지 않는 양반들도 자식을 얻거나 여색을 탐하여 첩을 얻었는데,
이에 따라 장차 심각한 부부싸움이 일어나기도 하였다.

23 부부가 한바탕 입씨름을 벌이다

치열한 부부싸움

16세기 부부들도 집안일과 자녀교육, 남편의 외도 등 갖가지 이유로 서로 싸웠다. 하지만 부부불화가 가정파탄의 지경에까지 이르는 경우는 역시 남편이 첩을 두는 문제였다. 특히 이 시기 여성들은 독자적인 영역을 갖고 있었을 뿐만 아니라 친정 식구라는 막강한 지지세력을 가지고 있었기 때문에 후대 여성들에 비해 자기 주장을 내세우기에 훨씬 유리한 조건에 놓여 있었다.

오희문의 개인일기인 『쇄미록』을 보면 이런 이야기가 나온다. 하루는 소즐(蘇騭)이 집으로 돌아왔는데, 그는 함열에서 주양이란 여자를 사랑하여 오랫동안 돌아오지 않다가 이제야 돌아온 사람이었다. 그러자 그 아내가 질투하여 큰소리로 싸우다가 심지어는 망건과 옷까지 찢었다고 한다. 기록자인 오희문은 남성의 입장에서 '질투'라고 표현했지만, 남편이 외도를 하는 데서 문제가 비롯되었기 때문에 부인의 정당한 자기 주장이라고 해야 할 것이다.

이러한 형태의 부부싸움은 결코 예외적인 현상이 아니었다. 심지어 이 시기 여성들은 남편이 첩을 두면 집에서 내쫓고 공공연히 이혼을 선언하거나 병들어 죽게 만들기조차 하였다. 아래 예문은 『조선왕조실록』에 실려 있는 것으로 1517년(중종 12년)에 실제로 일어난 사건이었다. 이 기록은 여기에서 처음 소개되는 것이므로 전문을 옮겨본다.

중종 12년 6월 3일조. 사헌부가 이형간의 처 송씨를 감옥에 가두고 심문하고자 아뢰었으나, 임금이 허락하지 않았다.

대간(사헌부와 사간원)이 이전의 일을 두 번 아뢰고 사헌부가 단독으로 아뢰기를,
"이형간의 처 송씨는 사족부녀라 본부에서 심문하기 어려우니 청컨대 감옥에 가두고 심문하소서." 하였으나 주상께서 모두 윤허하지 않았다.

사신은 논한다. 여원부원군 송일(宋軼)이 세 딸을 두었는데 성질이 모두 투기를 잘하며 아버지의 세력을 믿고 남편을 매우 하찮게 여겼다. 하나는 홍언필(洪彦弼)에게 출가하였는데, 홍언필이 지평(持平)이 되었을 때 그 처가 홍언필이 간통한 여자를 끌어다가 머리털을 자르고 피투성이가 되게 구타하여 온몸에 성한 데가 없게 하였다. 홍언필이 관에서 돌아오는 길에 그 여자의 족친을 만나니 그들이 호소하기를 "이것이 사족부녀가 할 짓인가? 지평이 어떻게 아내를 가르쳤기에 사람을 죽을 지경까지 만들었는가?" 하니 홍언필이 부끄러워 얼굴을 들지 못하였다. 그리고 대간이 논박하여 체직(遞職)이 되었는데도 오히려 그 여자의 집에서 기식하니 사람들이 모두 홍언필을 흉보았다.

또 하나는 덕산현감 이형간에게 출가하였는데, 이형간이 날씨가 아주 추운데도 금침과 의복을 주지 않고, 또 집에 돌아오면 문을 닫고 들이지 않아 결국은 병을 얻게 되었다. 하루는 집에 들어가려 해도 들어갈 수가 없어 바깥채에 누워 있었으나 아무도 와서 돌보는 사람이 없었다. 불을 땐 구들이 과열되었으나 그는 몸을 움직일 기력이 없었으므로 그냥 지쳐서 죽은 것을 아침에야 비로소 알았다.

송일은 비록 재상까지 되었지만 본디 이렇다 할 행실이 없었다. 그 처 양씨도 성질이 매우 악하여 송일이 아직 대관(大官)이 되기 전에 흙을 가득 담아 가지고 그것을 재물이라고 사람들에게 자랑을 하기도 하였다. 가정 교육은 아무것도 없었고, 사위들은 세력에 눌리고 처에게 쥐어서 이 지경이 되었다.

법사(法司)가 송씨를 심문하도록 청하였는데도 조금도 두려워함이 없이 겨우 남편의 관을 묻고는 곧 교자를 타고 서울로 돌아왔는데 전후에 여종들이 줄줄이 늘어서니 보는 이들이 더욱 미워하였다. 감옥에 가두기를 청하니 주상께서 하교하기를 "부녀를 반드시 가두고 심문할 것이 있겠는가?" 하매, 이는 사족을 중히 여기는 것이기는 하였으나 사람들이 말하기를 "송씨의 패악은 정종보·허지의 처보다도 심하니 징벌하지 않을 수 없다" 하였다.

정종보는 지금 상주목사요 허지는 전 집의(執儀)였는데, 처가 모두 투기가 있었다. 허지의 처는 남편의 친척들을 보면 반드시 말하기를 "내 남편이 이미 죽었는데 어찌 알겠는가?" 하고는 때때로 노비에게 상복을 입혀 곡을 하게 하니 이웃 사람들이 통분히 여겼다. 그리고 정종보의 처는 남편과 대면하지 않은 지가 10여 년이 되었는데 스스로 맹세하기를 "평생 같이 살지 않겠다" 하며 여러 번 수령이 되었는데도 한 번도 따라가려 한 적이 없었다.

이 기록을 좀더 자세히 살펴보자. 우선 홍언필의 처는 남편이 첩을 두고 간통하자 그 여자를 끌어다가 머리털을 자르고 온몸이 성한 데가 없도록 구타하였다. 그리하여 고래 싸움에 새우등 터진다는 격으로 양반 부부의 싸움에 괜한 하층 여성만 피해를 입고 말았다.

다음으로 이형간의 처는 부부싸움 끝에 남편을 내쫓아 결국 죽게 만들었다. 뒤에서 보겠지만 은우어미도 남편 윤관중이 애첩을 포기하지 않자 추운 밤에 사랑방으로 내몰아 귀에 바람이 들게 한 적이 있었다.

그밖에 정종보와 허지의 처도 기록자가 '모두 투기가 있었다'라고 표현한 것으로 보아, 남편이 첩을 두자 "내 남편이 이미 죽었는데 어찌 알겠는가?", "평생 같이 살지 않겠다!" 등과 같이 말하면서 공공연히 이혼을 선언하고 따로 살았던 듯하다. 이처럼 16세기 여성들은 부부싸움을 벌이면 물러서지 않고 팽팽히 맞섰고, 특히 남편이 첩을 두는 문제는 쉽게 용납하지 않았다.

다음 이야기는 덕봉이 해남으로 내려와 미암과 한바탕 입씨름을 벌이는 장면을 재현한 것이다. 아울러 딸과 사위의 부부싸움도 살펴보기로 한다.

모녀의 추궁

1571년 2월 6일, 미암은 종에게 술병과 안주거리를 준비하게 하고 녹산역으로 나갔다. 덕봉을 비롯한 가족들의 행차를 맞기 위해서였다. 녹산역(鹿山驛)은 해남현의 남쪽 5리 밖에 있었는데, 이날따라 유난히 바람이 거세게 불어서 정자가 아닌 역리(驛吏)의 집에다 임시로 천막을 치고 기다렸다.

행차는 점심 무렵인 오시(오전 11~1시)에야 도착했다. 덕봉이 은우어미를 데리고 각기 사인교(四人轎)를 타고 오고, 그 앞뒤로 말 20여 필, 하인 100여 명이 따르고 있었다. 각 고을에서 매우 풍성하게 대접해준 듯하였다. 그리고 윤관중과 광문, 송진이 말을 타고 맨 앞에서 길을 인도해왔다.

덕봉 일행이 마을 입구에 도착하자 미암은 벅찬 가슴을 억누르지 못하고 성큼성큼 걸어나가 반갑게 맞이하였다.

"잘 왔구려! 오는 길은 내내 평안했소?"

"예, 영감. 옛날 다섯 번이나 해남을 왕래했지만 이번처럼 성대한 적은 없었소."

덕봉은 입을 벌리고 살짝 웃으면서 대답하였다. 하지만 어딘지 모르게 심기가 불편한 듯 금방 웃음을 감추고 긴 한숨을 내쉬며 가마에서 내려왔다.

미암은 식구들을 데리고 임시로 쳐놓은 천막 안으로 들어가 간단히 술과 음식을 들었다. 그리고 곧바로 길을 나서서 미시(오후 1~3시)에 해남 서쪽의 새 집으로 들어가니 누이 오매가 술병과 과일을 가지고 와서 기다리고 있었다.

새 집에선 목수들이 흙을 이겨 벽에 붙이거나, 온돌장이가 방바닥에 돌을 놓으며 온돌을 만들고 있었다. 또 한편에선 많은 일꾼들이 흙과 돌, 재목 등을 운반하고 있었다. 언뜻 보아도 구조가 정밀하니 잘 지어져 있었다. 덕봉은 안으로 들어가 새 집을 둘러보고 탄복하면서 나왔다.

그들은 집을 둘러본 후에 다시 동쪽으로 향하여 박무강(朴無彊)이란 사람의 집으로 들어갔다. 얼마 전에 빌린 정량의 집이 비좁아 이날 아침에 급히 수소문해서 빌린 집이었다. 덕봉은 시누이 오매와 함께 나란히 걸어서 집 안으로 들어갔다.

덕봉과 오매는 자주 만나지는 못했지만 아주 절친한 사이였다. 그래서 오매는 며칠 전에 집안 노비를 보내 덕봉의 행차를 마중하도록 하였고, 이날도 술병과 과일을 들고 새 집으로 마중나와 있었다. 이후로도 오매는 덕봉에게 자주 찾아와 장기를 두거나 새 집에서 함께 시를 짓기도 한다.

그로부터 이틀이 지난 2월 8일이었다. 연일 화창하던 날씨가 이날은 아침부터 비가 오고 바람까지 불었다. 그래서 모처럼 시댁에 인사하러 가려던 은우어미는 날씨가 궂어서 그만두고 말았다.

내일 광문이 남원 처갓집으로 돌아가기 때문에 이날 저녁 식구들은 조촐한 술상을 차려놓고 차분히 이야기를 나누었다. 광문은 지난 1570년 12월 남원으로 장가를 갔는데, 그 처는 고씨(高氏)로 올해 나이 스물둘이었다.

그런데 이야기 도중 미암이 계속해서 기침을 하고 콧물을 흘렸다. 이에 덕봉이 고개를 들어 미암의 얼굴을 쳐다보면서 은근히 말하였다.

"영감, 한 달 사이에 안색이 영 초췌해졌구려?"

"날이 갈수록 이빨이 벌어져서 음식을 제대로 씹어 삼키지 못하기 때문에 그런가 보오."

"영감의 나이가 올해 쉰하고도 아홉이란 걸 잊었소? 이젠 잡념을 버리고 건강을 잘 보전해야 합니다."

"알았소!"

미암은 스스로 생각해도 자신이 근래 들어 부쩍 성에 집착하고 있었으므로 더 이상 할 말이 없었다. 그래서 일기에도 '부인과 딸이 나의 안색이 초췌하다면서 건강을 잘 보전해야 한다고 말했다'라고 기록하였다.

하지만 덕봉의 추궁은 거기에서 끝나지 않았다. 또다시 미암을 쳐다보고 여종 부용을 굿덕한테 준 것에 대해 따지기 시작했다.

"그런데 부용은 왜 굿덕한테 주었소?"

"그 애가 자식은 많은데 여종도 없이 사는 것이 불쌍해서 주었다오."

"그렇다고 남의 의사도 들어보지 않고 선뜻 내줄 수는 없잖소?"

"당신한테 미리 얘기를 했어야 하는 건데, 내가 실수를 한 모양이오. 그만 용서하구려."

마침내 술자리엔 침묵만이 흐르고 밤은 점차 깊어가고 있었다. 광문이 갈수록 냉담한 분위기를 바꾸려고 몸종 옥지에게 덕봉의 잔에 술을 채우도록 하였다. 여전히 화가 풀리지 않은 덕봉은 술잔을 들다가말고 입을 열었다.

"듣기에 새로 지은 집이 성호(城壕 : 성 주위에 둘러 판 못)와 가까워서 뒷날 왜구가 깊숙이 쳐들어오면 관에서 철거할 우려가 있다고 합디다."

"절대로 그렇지가 않소. 집 둘레에 담장을 치고 담장 밖에 탱자나무를 심고 그 밖에 쇠울타리를 치면 결코 왜적이 들어오지 못할 것이오. 관에서도 철거할 이치가 없소. 벌써 쇠울타리를 준비하여 궤짝 속에 담아 두었소. 쇠울타리는 곧 철조망이오!"

그가 애써 부인했으나 몇몇 사람들은 여전히 왜구가 육지에 오르면 새 집은 철거될 것이라고 말하였다. 훗날 미암이 새 집을 포기하고 창평 수국리로 이사한 것도 바로 이 때문이었다.

그때 방 윗목에서 내내 고개를 숙이고 앉아 있던 은우어미가 남편 윤관중을 흘겨본 뒤 미암을 향해 말했다.

"아버지, 저이는 또 무엇하러 절에서 내려왔답니까?"

"이제 여색을 멀리하고 학업에 전념한다고 다짐했으니 네가 이해하거라."

미암은 이렇게 말하고 윤관중에 얽힌 과거사를 장황하게 들려주었다.

사위의 외도

지난 1569년 10월, 서울에서 내려오자마자 해남으로 근친을 간 윤관중은 애첩과 사랑에 빠진 채 사냥이나 하러 쏘다니며 거칠고 호방한 무부(武夫)가 되어 갔다. 그래서 하루는 종형 윤의중으로부터 심한 꾸지람을 듣는다. 윤의중이 집안의 모든 사촌들에게 붓과 먹을 나눠주면서 오직 윤관중에게만 주지 않고는 "음탕하고 사냥이나 하는 놈에게는 붓과 먹이 필요없겠지!"라고 크게 질책했던 것이다.

이에 그는 한편 부끄럽기도 하고 한편 분하기도 해서 '사냥하던 일을 콧물이나 침과 같이 여기고 애첩과 이별하기를 떨어진 짚신을 버리듯' 하고서 책을 싸들고 대둔사(大屯寺)로 들어갔다. 지난번에 미암이 해남으로 내려왔을 때에도 그는 절에서 내려오지 않고 이러한 편지만 보내왔다.

비로소 33년 간의 잘못을 깨닫고 하루아침에 감동하고 분발하여 왔습니다. 그러나 의지가 약하고 정신이 혼미하여 다른 사람보다 몇 갑절 공부하지 않으면 차라리 하지 않고 편히 지내는 것만 못합니다. 틈 사이로 언뜻 지나가는 망아지의 모습과 같은 세월을 잠깐이라도 버릴 수 없고, 또 마음 세운 것을 결코 무너뜨릴 수 없으므로 예에 어긋난 줄을 알면서도 가서 좌우에서 뵙지를 못하니 죄가 한이 없습니다. 엎드려 바라옵건대 용서하시고 어여삐 여기시어 허물하지 마옵소서.

며칠 뒤 윤관중은 직접 미암을 찾아와서 "근래 여색에 대한 생각이 점점 사라진데다가 학업을 오랫동안 묵혀버려 절간으로 들어갔습니다"라고 말했다. 미암은 그의 과거를 용서할 뿐 아니라 담양으로 마중을 나가겠다고 자청하자 선뜻 허락해준다. 미암의 달램에도 불구하고 거의 힐난조로 반문하였다.

"제 버릇 개 주겠습니까?"

"저런 몹쓸 년!"

미암이 호통을 치며 매를 들려고 하자 은우어미는 벌떡 일어나 자기 방으로 건너가버렸다. 덕봉도 '쯧쯧' 하고 속으로 혀를 차며 은우어미를 따라갔다.

그 뒤 윤관중은 애첩과 헤어지지 않았다. 1573년 7월 서울에서 선전관으로 근무하던 윤관중은 돌연 장마를 무릅쓰고 해남으로 내려간다. 본래 그 부친이 중추(中秋)에나 내려오라고 하였고, 미암도 장마 속에 내려가는 것을 누누이 말렸는데도, 윤관중은 첩이 그리워서 며칠을 참지 못하고 장마를 무릅쓰고 내려갔다. 미암은 그의 행색을 생각하면서 몹시 안타깝고 한스럽다고 말한다.

윤관중은 그 해 10월 다시 서울로 올라오지만 이번에는 은우어미가 가만두지 않았다. 하루는 미암이 윤관중에게 중풍 증세가 있다는 소식을 듣고 병조와 선전관청에 알리고 의원과 약을 집으로 보내준다. 사실은 은우어미와 다투고 찬 사랑방에서 자다가 귀에 바람이 들었기 때문이었다. 또 그 날 덕봉이 사랑방으로 직접 나가보니 윤관중은 한참만에 어디선가 돌아와서는 그냥 자기 방으로 들어가버렸다고 하였다.

부벽루연회

전(傳) 김홍도(1745~1806 이후), 「평양감사향연도(平壤監司饗宴圖)」의 일부분, 국립중앙박물관 소장.

임금이 백성들을 위하여 결단코 잔치를 배풀지 말라고 일렀으나, 지방관은 때로 중앙 관료가 내려오면 원근의 기녀들을 불러 모아 성대한 잔치를 배풀었다.

24 기녀 옥경아와의 사랑

향기(鄕妓)

당시 서울을 비롯한 규모가 큰 지방 관아에는 향기(鄕妓)가 있었는데 이들은 관노비 가운데에서 기녀로 뽑혀 활동하는 여성이었다.

향기가 지방 관아에서 하는 일은 크게 세 가지였다. 먼저 이들은 해당 지방관이나 출장 나온 양반 관료의 곁에서 갖가지 시중을 들어줌으로써 그들의 관직생활에 편의를 도모하였다. 이미 앞에서 언급한 것처럼 양반 관료는 새벽에 일어나 저녁에 잠들 때까지 모든 일상생활을 하인들의 시중에 의존하였는데 지방 관아에서는 기녀가 그 일을 대신했다. 이에 따라 양반 관료는 그들을 흔히 '차비기(差備妓)', '천침기(薦枕妓)', '방기(房妓)', '시아(侍兒)' 등으로 불렀다.

다음으로 이들 기녀는 양반 관료의 잠자리 시중을 들기도 하였다. 양반 관료는 외지로 나가면 으레 마음에 드는 기녀를 골라 곁에 두었는데, 때로는 한 기녀를 두고 서로 다투어 종신토록 친목하지 않는 경우도 있었다. 심지어 그들은 한 사람이 기녀의 모녀와 자매를 나란히 간음하여 풍속을 어지럽히는 경우까지 있었다고 한다. 1419년(세종 1년) 『조선왕조실록』의 기사는 그러한 사실을 잘 보여주고 있다.

평안도 감사 윤곤이 주상께 아뢰기를,

"우리 동방이 해외의 한 작은 나라로서 중국과 견주는 것은 특히 예의가 존재하기 때문입니다. 그런데 요즘 대소 사신이 명령을 받들고 외방에 나가면 혹은 관기와 사랑에 빠져 직무를 전폐하고 욕심껏 즐기어 못할 짓 없이 다하고 있사옵니다. 만약 기생과 만족을 누리지 못하면 그 수령이 아무리 어질어도 허물을 들춰내어 일부러 죄망에 몰아넣고, 명사들끼리나 한 고을 안에서 서로 좋게 지낸 자들도 기생 하나를 놓고 서로 다투어 마침내 틈이 벌어져 종신토록 친목하지 않는 일도 있사옵니다. 수령이 법을 만들어 백성을 다스리는 이상 만약 간음하는 일을 보면 반드시 법에 의거하여 처단해야 되는데, 관기에 있어서는 매양 귀객이 오면 강제로 간음하게 하며 잘 듣지 않는 자에겐 도리어 중한 죄를 더하고 있습니다. 혹은 모녀와 자매가 서로 뒤를 이어 기생이 되어 한 사람이 다 간음하는 예가 있사온대, 이는 사람의 도리를 무너뜨리고 풍속을 어지럽게 하며 예를 문란하게 하고 의를 훼손하여 문명의 정치에 누를 끼치는 일인데도 오래 전부터 행하여 왔다 해서 조금도 해괴하게 여기지 않사옵니다."

끝으로 이들 기녀는 관아잔치에서 춤과 노래로 흥을 돋우거나 술자리에 참석하여 술시중을 들기도 하였다.

이처럼 향기는 지방 관아에 소속되어 있으면서 양반 관료의 온갖 시중을 들었는데 그 대가로 양반 관료로부터 식량과 반찬거리 같은 식물을 받아 생활하였다.

다음 이야기는 1571년 미암의 전라감사 시절에 있었던 관아잔치 장면과, 기녀 옥경아와의 사랑을 사실적으로 재현한 것이다.

매월루 잔치

덕봉이 해남으로 내려온 지 얼마 되지 않은 2월 11일에 미암은 전라감사가 되

전라도 관직표

종2품	관찰사 1명, 부윤 1명 – 전주
정3품	목사 3명 – 나주, 제주, 광주
종3품	도호부사 4명 – 남원, 장흥, 순천, 담양
종4품	군수 12명 – 보성, 익산, 고부, 영암, 영광, 진도, 낙안, 순창, 금산, 진산, 김제, 광산
종5품	도사 1명, 판관 5명 – 전주, 나주, 제주, 광주, 남원
	현령 6명 – 창평, 용담, 임파, 만경, 김구, 능성
종6품	찰방 3명
	현감 31명 – 광양, 용안, 성열, 부안, 함평, 강진, 옥과, 고산, 태인, 옥구, 남평, 흥덕, 정읍, 고창, 무장, 무안, 구례, 곡성, 장성, 진원, 운봉, 임실, 장수, 진안, 무주, 동복, 화순, 흥양, 해남, 대정, 정의
종9품	훈도 49명, 심약 3명
	역승 3명.

었다는 보고를 받는다. 이에 따라 그는 '주상께서 희춘이 고향을 그리워함을 알고 특별히 중임을 주시어 부조(父祖)에까지 영화가 미치게 되었으니 감읍함을 금할 수 없다'라고 여기고서 임금께 숙배를 하기 위해 먼저 서울로 올라간다.

미암이 상경하던 날 덕봉은 다시 한번 정욕을 억제하여 건강을 보전하라고 당부하였다. 왜냐하면 감사는 기녀와 접촉할 기회가 매우 많았기 때문이다.*

감사란 일명 관찰사로서 대개 종2품관을 배정하였다. 감사가 하는 일은 가

---

*1571.2.19. 내가 식후에 부인과 작별을 했는데 부인이 정욕을 억제하여 건강을 보전하라고 하길래 나는 그러겠다고 다짐하였다.
余食後, 與夫人相別, 夫人勉以窒慾保氣, 余許之.

마를 타고 수시로 관내를 돌아다니며 공사를 결재하고 나라에 물건을 진상하는 것이었다. 미암도 작은 고을에서는 하루를, 큰 고을에서는 며칠을 머무르며 날마다 분주하게 공무를 처리하였다.

그런데 이 해 5월 미암은 서울에서 실록을 인쇄하여 전주의 사고에 보관하기 위해 봉안사(奉安使)를 내려보낸다는 소식을 듣는다. 당시 조선은 한 임금의 재위 기간에 일어난 일들을 시대순으로 기록하여 서울과 일부 지방에 보관했는데 지방의 경우는 특별히 봉안사를 파견하여 보관하도록 하였다.

임금은 다음과 같은 명령서를 보내어 봉안사가 내려갔을 때 원근의 기녀들을 불러모아 잔치를 베푸는 행위는 결단코 하지 말라고 지시하였다.

실록이 내려갔을 때 선왕의 귀중한 책을 받들어 맞는 일이니 소홀히 해서는 안 되거니와 작년에 흉년이 들어서 백성들이 굶주린 자가 얼마나 많은가. 만약 부득이한 일이 아니라면 결단코 관례란 핑계를 대고 민력(民力)을 상해서는 안 될 것이다. 들리는 바에 의하면 작년에 봉안사가 내려갔을 때 감사뿐 아니라 병사, 수사까지도 모두 한군데 모여서 잔치를 베풀고 위안을 했다고 하는데, 이런 짓은 비록 평상시일지라도 안 될 일이거늘, 하물며 큰 흉년의 뒤에 백성들의 굶주림이 극에 달하고 농사일이 시급하고 왜구가 걱정스러울 때임에랴. 각 읍에서 실록을 맞이할 즈음에 문 밖에다 채색비단을 내거는 정도는 임금을 공경한 데 관계된 일이니 없앨 수 없겠지만, 여러 고을의 광대를 불러 모아 말 앞에서 희롱을 하게 하는 따위는 있으나 없으나 관계가 없을 듯하니 우선 미문들 무슨 해로움이 되겠는가. 또 주육을 많이 마련하고 원근의 기녀들을 불러 모아 큰 잔치를 벌이는 것은 커다란 폐단이니 그대는 일체 정지하고 개혁하여 백성들로 하여금 조그만 혜택이라도 받게 하라.

하지만 미암은 봉안사 박순이 전주에 도착하자마자 곧바로 매월루(梅月樓)에 올랐다. 그를 위안하는 큰 잔치를 베풀기 위해서였다.

매월루는 전주부 객관(客館)의 동북쪽 구석에 있었는데, 정자 안에는 커다란 술상이 놓여 있고 처마 끝에는 흰 차일이 쳐져 있었다. 또 정자 밖의 넓은 뜰에는 악기를 연주하는 악공과 노래를 부르는 기녀가 즐비하게 늘어앉아 있었다.

미암이 박순과 함께 매월루에 오르니 여러 기녀들이 달려나와 몸을 굽혀 공손히 맞이하였다. 그들은 모두 얼굴에 분을 바르고 입술을 칠했으며 누렇고 붉은, 화려한 색깔의 옷을 입고 있었다.

미암과 박순은 이전부터 잘 아는 사이였다. 지난해에도 박순이 병으로 자리에 눕자 미암이 쌀 두 되로 수박을 사서 보내준 적이 있었다.* 그래서인지 자리를 차지하기에 앞서 박순이 미암한테 이렇게 제의하였다.

"영감, 오늘은 서로 거리낌없이 마주 대하고 앉읍시다."

"아니올시다. 대감은 정2품이고 나는 종2품인데 어찌 그럴 수 있겠습니까. 어서 상좌에 오르시지요."

"영감의 학문이 정확하고 착실해서 늘 스승으로 여기고 있습니다. 그러니 어려워하지 말고 나와 마주 대하고 앉읍시다."

미암은 할 수 없이 박순과 더불어 커다란 술상을 가운데 두고 동서로 마주하고 앉았다. 그러자 전주부의 우두머리인 부윤과 박순을 수행해온 두 종사관도 동서로 나뉘어 서로 마주보고 앉았다.

이윽고 풍악이 울리고 기녀들이 그들 옆에 앉아서 노래를 부르며 술을 권하기 시작하였다. 이날 박순의 자리에는 준향(峻香)이란 기녀가 앉아서 술시중을 들었는데, 두 사람은 초면이 아닌 듯 내내 즐겁게 수작을 하였다. 반면에 미암은 여느 기녀가 따라주는 술을 홀짝홀짝 마시고 있었다. 그것을 보고 박순이 넌지시 물었다.

---

*1570.7.28._쌀 2되로 좋은 수박 한 개를 사서 박판서(순)에게 보냈다.
　　　　以米二升, 買好西瓜一介, 送于朴判書(淳).

24. 기녀 옥경아와의 사랑　**223**

"들으니 영감께서 요즘 옥경아란 아이를 가까이 한다구요?"
"예, 그 애가 유독 친근하게 굴어서 가까이하고 있습니다."

미암이 순순히 대답하자 박순은 행수기녀(기녀의 우두머리)를 찾아 즉시 옥경아를 불러오도록 하였다.

기녀 옥경아

옥경아(玉瓊兒)는 기해생(1539년)으로 나이는 서른셋이었다. 본이름은 막개(莫介)이고 옥경아는 기명(妓名)이었다. 전주부에 소속된 관기로서 춤과 노래에 재주가 있어 주로 연회에 참석하여 음악을 연주하였다.

미암이 그녀를 처음으로 알게 된 것은 지난해 홍문관 부제학에 제수되어 서울로 올라갈 때였다. 하지만 그때는 좌우에서 술잔을 들고 시중만 들도록 했다.

그러다가 올해 전라감사가 된 뒤로는 전주부에 들를 때마다 항상 그녀를 불러 온갖 몸시중을 들게 하였다. 대신에 가끔씩 동료 관원에게 부탁하여 식물을 주곤 하였다.

미암은 그녀를 꿈에서 보거나 시를 지어줄 정도로 매우 좋아하였는데, 다음 시는 이 해 9월 전주부에 있을 때 미암이 옥경아에게 지어준 것이다.

옥의 경이여,	玉之瓊矣
온화하면서도 쟁그랑 소리가 난다.	溫潤鏗鏘.
마음으로 사랑하노니	心乎愛矣
어느 날인들 잊으리오.	何日忘之.

어느새 옥경아가 박순의 앞으로 나와 공손히 무릎을 꿇고 앉았다. 어딘지

모르게 나이가 꽤 들어 보였다.
"네 나이가 몇이더냐?"
"기해생으로 금년 서른셋이옵니다."
"무슨 재주를 가지고 있느냐?"
"춤과 노래를 조금 하옵니다."
"그럼 내 앞에서 한 곡조 불러주겠느냐?"
옥경아는 "예이" 하고 대답하고 일어나, 어느새 익혔는지 지난해 미암이 임금의 은혜에 감격하여 지은 노래를 불렀다.

머리를 고쳐 끼워
옥잠(옥비녀)은 갈아 꽂으오이다.
다른 이는 지나가되
임이 혼자 일컫으시니
그에 더한 일이 있으리이까.

악공은 뜰에서 악기를 연주하고 옥경아는 목청을 떨구어 노래를 불렀다. 박순과 미암을 비롯한 좌객들은 몸을 들썩이고 감탄사를 연발하면서 그녀의 노래에 호응하였다. 옥경아가 노래를 마치니 박순은 특별히 술잔을 들어 직접 건네주면서 말하였다.
"아주 구성지게 잘 부르는구나. 영감이 평생토록 여색을 가까이하는 일이 드물다가 유독 너를 귀여워한다고 해서 이상하게 여겼는데 이제 보니 과연 그럴 만하구나. 앞으로도 영감을 잘 모시거라."
"예이, 명심하겠나이다."
잔치는 날이 완전히 저문 뒤에야 파하였다. 풍악을 울리고 번갈아 술을 권하다가 미암이 소주 몇 잔을 마시고 크게 취하자 박순이 그만 술자리를 파하고 일어섰다.

며칠 후 박순이 사람을 보내 준향을 돌봐달라고 부탁하니 미암은 즉시 준향의 집에 식물을 보내주고, 또 다음날에는 면포 10필을 주었다. 그러자 박순도 장지(壯紙) 30장을 옥경아에게 주었다.*

---

*1571.5.14._봉안사가 김시흡을 보내 준향을 돌봐달라고 부탁하므로 나는 그 집에 식물을 주었다.
奉安使遣金時洽, 諭以收蓄俊香之意, 余給食物于其家.
1571.5.15._속목 10필을 봉안사와 종사관의 기녀에게 나누어주었다.
以贖木十匹, 分給奉安使及從事官之妓.
1571.5.16._봉안사 박공이 장지 30장을 옥경아에게 줬다.
奉安使朴公, 以公狀紙三十張, 給玉瓊兒.

【노후생활】

1571년 2월 전라감사로 부임한 미암은 그 해 10월 다시 사헌부의 으뜸 벼슬인 대사헌에 제수된다. 이후 그는 4년 여 동안 덕봉과 함께 서울에서 내직생활을 하다가 선조 8년인 1575년 10월 다시금 벼슬을 그만두고 담양 인근의 창평 수국리로 내려온다. 비록 중간에 임금의 명령으로 잠깐씩 벼슬길에 나아가기도 했지만 그는 세상을 떠나기 전까지 이 곳에서 덕봉과 더불어 한가한 노후생활을 보낸다. 손자들을 가르치고 장가를 보내며, 또 생일을 맞아 성대한 집안잔치를 베풀면서 노후를 보낸다.

25장에서 29장까지는 이처럼 창평으로 내려온 뒤부터 세상을 떠나기 직전까지의 일기를 토대로 미암과 덕봉의 노후생활을 재현해 보았다. 특히 이 시기에 며느리 김씨가 본격적인 시집살이를 하게 되는데, 이에 대해서도 살펴보기로 한다.

기와 이기

김홍도(1745~1806 이후), 「단원풍속화첩(檀園風俗畫帖)」 중 '기와 이기', 국립중앙박물관 소장.

조선 중기 중국의 주자학이 본격적으로 수용되면서 사랑채에 대한 관심이 점점 높아갔다.
미암도 벼슬을 그만두고 창평으로 낙향한 뒤 인근 사찰의 승려들을 동원하여 사랑채를 짓기 시작한다.

25 초야로 물러나 한가롭게 지내다

벼슬을 그만둔 이유

1575년 10월 미암은 벼슬을 그만두고 담양 인근의 창평 수국리로 내려왔다. 이번에 그가 벼슬을 그만둔 데에는 여러 가지 이유가 있었다.

우선 당시 조정은 김효원과 심의겸 일파가 동·서 분당이 되어 서로 원수처럼 치열하게 다투고 있었다. 『미암일기』에 따르면, 애초에는 심의겸이 김효원을 나무라고 김효원이 심의겸을 흉보아 각기 분당이 되어 서로를 모함하였다고 한다. 그러다가 결국은 심의겸의 세가 우세하여 김효원 파의 나이 어린 선비들이 많이 배격을 당했다고 한다.

이때 미암은 율곡 이이처럼 어느 한쪽에 치우치지 않고 중립을 지켰다. 하루는 유몽정이란 사람이 미암을 찾아와 김효원과 심의겸 일파가 서로 공격하는 상황을 설명하면서 "사림(士林)들이 선생과 이이만이 중립을 지키며 편벽되지 않는다고 한답니다"라고 말하였다. 하지만 그 때문에 오히려 날카로운 선비들이 싫어하여 간혹 우활(迂闊)하다고 흉을 보기도 하였다.

또 이즈음 미암은 윗니가 모두 빠지고 한 개만 남아서 음식을 먹을 때면 입을 오므리고 부드럽게 우물거리기만 하는 실정이었다. 게다가 하부의 냉증과 침이 자주 마르는 소갈증까지 앓아서 덕봉이 고향으로 돌아가자고 강력하게 요구하였다.

결국 미암은 1575년 가을에 임금께 사서오경(四書五經) 등 경전에 토를 달아 바치겠다고 말하고 벼슬을 그만두고 창평 수국리로 내려왔다.

창평 집 건축

미암과 덕봉이 말년에 살았던 창평 집은 이미 그 자취를 잃어버려 겨우 문헌을 통해서만 그 모습을 그려볼 수 있다.

창평 집은 뒤로는 산이 둘러 있고 앞으로는 물이 감도는 그야말로 '배산임수(背山臨水)'의 지형이었다. 그래서 미암과 덕봉은 일찍부터 말년엔 시끄럽고 비좁은 담양과 왜구가 출몰하는 해남을 떠나 이곳으로 이사하여 살고자 하였다.

창평 집의 이름은 '삼벽(三碧)'이라 하였는데, 그것은 산·물·대나무의 세 가지 푸른 빛에서 취한 것이었지만, 모두 세 번에 걸쳐서 푸른 기와집 한 채를 지었기 때문에 붙여진 이름이기도 하였다.

창평 집은 순전히 덕봉이 설계해 1546년에 안채, 1568년 봄에 행랑채, 금년 1575년에 사랑채 순으로 지어졌다.

안채는 겹집(여러 채가 잇달린 집)에 뒷마루를 더하고, 행랑채는 전면 13칸에 옆으로 3칸씩이 덧붙여졌으며, 사랑채는 홑집(한 채로 된 집)으로 4칸의 대청과 양쪽에 2칸씩의 방과 서실이 딸린 모두 18칸 규모였다.

그러면 미암이 귀향한 후 짓기 시작한 사랑채의 건축 과정을 간략히 살펴보자.

창평으로 낙향한 미암은 용천사(龍泉寺)의 승려들을 동원하여 먼저 재목부터 운반한다. 그들은 인근 산에서 채취한 기둥, 들보, 서까래 등은 물론 주춧돌과 섬돌까지 운반해주었다. 지난 10월 14일부터 운반하기 시작하여 11월 3일에 끝났으니 근 20일 만에 운반한 셈이었다.

이렇게 해서 건축 자재가 어느 정도 갖추어지자 미암은 다시 창평현감이 보낸 일꾼들을 시켜 집터를 다지도록 한다. 그리고 이틀 만에 터 닦기를 마치자 곧바로 목수를 불러 남쪽 서실의 주춧돌을 묻고 기둥을 세우라고 한다.
　대개 기둥을 세우고 대들보를 올릴 때면 상량제를 지내기 마련이었다. 미암도 1575년 11월 하순에 상량제를 지낸 뒤 날이 점점 추워져 두 달여 동안 공사를 중단한다. 상량제란 기둥에 보를 얹고 그 위에 마룻대(상량)를 놓을 때 올리는 의식으로, 집의 골격이 완성되는 단계이기 때문에 특별한 의식을 갖는 것이 상례로 되어 있었다.
　새해가 지나자 목수는 다시 대청의 기둥을 세우고 들보를 올리는 등 착실히 공사를 재개한다. 미암은 덕봉과 함께 밖으로 나가 대들보를 구경하면서 무척 기뻐한다.
　이 무렵 덕봉은 대청을 절묘하게 세운 것에 감탄하여 시 한 수를 짓는데, 중국 고대의 이름난 장인인 반수(班垂)에 빗대어 자신의 설계 솜씨를 마음껏 뽐내었다.

규모를 세우기를 누가 기특히 했나.	營度規模誰是奇
부인의 마음 솜씨 반수와 같다.	夫人心匠似班垂.
남쪽에 서실 열어 새롭게 환하고	南開書室新明朗
북쪽의 서까래 밑에 다락을 놓았도다.	北接樓厰舊桷楣.
늙은이 창에 기대어 거드름 피우고	老叟倚窓長寄傲
자손들 책을 펴고 글을 읽으리.	兒孫開卷效吾伊.
문득 선친의 이사하란 말씀을 생각하니	却思先子遷居訓
우리 자손에게 백세의 복을 열어주셨도다.	啓我雲仍百世禧.

　그 뒤로 목수들은 '혹은 흙을 파서 이기기도 하고 혹은 기와와 흙을 지고 지붕 위로 올라가기도 하였다'라는 기록처럼 지붕에 기와를 덮기 시작한다.

그리하여 일을 시작한 지 6개월 만인 1576년 4월에 마침내 18칸의 사랑채 공사가 대충 마무리된다.*

다음 이야기는 1575년 11월 상량제를 지내던 날에 있었던 일들을 사실적으로 재현한 것이다.

상량제 지내는 날

1575년(선조 8년) 11월 22일, 사랑채 남쪽 서실의 기둥을 세우고 일꾼들한테 술자리를 베풀기로 약속한 날이었다. 지난 밤부터 내리던 눈이 아침에도 그치지 않고 계속 내렸다.

미암은 송진에게 집 짓는 일을 맡겨두고 이른 아침부터 책방에 앉아 책을 보고 있었다. 송진은 늘 덕봉의 곁에 머물며 각종 바깥일을 도와줬는데, 이번에도 역시 광문과 교대로 찾아와서 집 짓는 일을 감독하였다.

그때 대청 밖에서 시동 옥석이가 나지막한 소리로 아뢰었다.

"영감마님, 목수가 상량제를 지내겠다고 하옵니다."

"오냐, 곧 나가 보마."

미암은 책상을 밀치고 일어나 천천히 의관을 정제하고 밖으로 나갔다.

마당 건너편의 부엌에선 덕봉이 며느리 김씨와 인부들에게 나눠줄 음식을 장만하고 있었다. 은우어미가 선전관으로 근무하는 윤관중을 따라 아직까지 서울에서 살고 있었기 때문에, 며느리 김씨가 대신 시댁에 와서 집안일을 도

---

*1576.4.21._지난해 10월 초사흘부터 일을 시작하여 섣달은 일을 멈추었고 지금까지 모두 6개월 만에 18칸이 대충 끝났다.
自去歲十月初三日始役, 臘月停役, 至今凡役六箇月, 而十八間, 大槪粗訖.

와주고 있었다. 찬모 유지를 비롯한 집안 여종들도 고기를 삶고 술을 퍼담으며 바쁘게 손을 놀리고 있었다.

미암이 중문을 지나 바깥사랑채로 나가니 목수의 우두머리인 도목수 지운(智雲)이 세 명의 목수를 데리고 남쪽 서실에서 한창 상량제를 지내고 있었다. 돼지머리를 놓고 술을 따르고 절을 올린 다음 마지막으로 다섯 방향에 소지를 올렸다. 소지(燒紙)란 신령 앞에서 비는 뜻으로 종이를 불살라 공중으로 올리는 것을 말하였다.

이들 목수는 농사를 지으면서 틈틈이 남의 집을 지어주고 생계를 유지했는데 뒷날 미암은 그들에게 품삯으로 각각 면포 8필씩을 준다.*

이윽고 사시(오전 9~11시)에 이르러 눈이 조금 그치자 목수들은 나머지 기둥을 세우기 시작하였다. 내내 한 켠에 서서 구경하던 미암은 그제야 발걸음을 옮겨 도목수에게 다가가 물었다.

"기둥은 여덟 척으로 했느냐?"

"예, 분부대로 거행했사옵니다. 원래는 아홉 척은 되어야 하는데 나중에 기둥이 너무 낮지는 않을지 모르겠사옵니다."

"아니다, 내 말대로 적당하게 짓거라."

미암은 기둥을 너무 높지도 크지도 않게 적당하게 짓고 싶었다. 물론 '이것은 부인이 생각하여 계획한 것이다'라는 기록처럼 무엇보다 덕봉의 설계에 따른 것이었다.

목수들이 남쪽 서실의 기둥을 모두 세우고 일손을 놓았다. 미암은 옥석이

---

*1576.3.15. 목수들에게 전날 산에서 일한 대가를 별도로 준 것 외에도 성조일에 대한 대가로 모두 무명베 27필, 중미 20말을 줬고, 또 도목수에게는 상으로 백미 3말을 더 줬다. 모두 해서 32필이다.
木手前日山役報施別給外, 成造報施, 通計給五升木二十七匹, 中米二十斗, 上匠賞加白米三斗, 凡三十二匹矣.

를 불러 안채에 들어가 음식을 내오라고 분부하고, 또 송진한테는 흩어져서 일하는 일꾼들을 모두 불러오라고 지시하였다.

이날 덕봉은 목수와 일꾼 들에게 술, 고기 등 푸짐한 음식을 대접하였다. 또 절친한 노비들도 많은 음식을 가지고 와서 목수들을 대접했다.*

술자리가 끝날 무렵 도목수 지운이 미암에게 다가와 아뢰었다.

"영감마님, 이젠 손이 얼어서 일을 못하겠으니 새해가 지나고 날이 풀리면 다시 와서 일을 하겠사옵니다."

"음, 그렇게 하거라."

미암은 꼭 다시 와서 일해주도록 당부하고 그들을 모두 돌려보냈다.

일꾼들이 연장을 챙겨서 돌아가자 마침내 덕봉이 중문을 열고 나와 미암과 함께 남쪽 서실의 기둥 세운 곳을 둘러보았다.

"기둥이 높지도, 낮지도 않고 꼭 알맞구려. 만약 여기다가 좋은 기와만 덮는다면 영원히 탈이 없을 것이오."

그녀는 기둥을 바라보면서 매우 좋아하였다.

이날 밤 덕봉과 미암은 사랑채를 두고 몇 편의 시를 주고 받았다.

30년 전의 집에	三十年前舍
이제야 나란히 말고삐를 잡고 돌아왔네.	如今並轡還.
동당이 새로 시원하게 지어졌으니	東堂新洒落
당신은 벼슬을 버리고 한가롭게 지내시구려.	君可舍簪閑.
40년 전의 꿈이	四十年前夢

---

*1575.11.22._절친한 노비들이 각기 주찬을 가지고 와서 목수들을 먹였다.
切親奴婢, 各備酒饌, 來餉木手.

이제야 징험하여 비로소 돌아왔네.	如今驗始還.
신당에 봄빛이 이르렀으니	新堂春色至
함께 태평한 때를 즐겨봅시다.	同樂太平閑.

이처럼 덕봉이 먼저 옛집에 돌아와 사랑채를 지었으니 당신은 더 이상 벼슬할 생각일랑 버리고서 남은 인생을 한가롭게 지내라는 내용의 시를 읊자, 미암이 차운하여 역시 과거에 꾸었던 꿈이 이제야 징험하여 돌아와서 사랑채를 지었으니 앞으로는 함께 태평한 세월을 보내자고 화답한다.

주상의 사랑이 융성하니 어찌 물러나리오만	聖眷方隆何事退
벼슬을 그만두고 임하(林下)에서 정신을 수양하시오.	休官林下養精神.
황금이 궤에 가득함이 나의 소원 아니요,	黃金盈櫃非吾願
새 집과 맑은 시내도 하나의 보배느니.	新室淸溪亦一珍.

경전을 읽으신 지 9년 동안에 덕음(德音)을 자주 내리시니	讀經九載德音頻
주상을 인도하길 조용히 한 바 마음이 통한 지 오래로다.	啓玉從容久會神
전원으로 돌아가 지극한 즐거움을 찾도록 허락하신다면	恩許歸田尋至樂
새 집에 만 권의 책이 나의 보배라오.	新堂萬卷是吾珍.

이처럼 덕봉은 자신이 진정 원하는 것은 부귀영화가 아니라 이 집에서 부부가 함께 즐거움을 누리는 것이니 벼슬을 그만두고 대자연 속에서 정신을 수양하라고 미암에게 권고한다. 그러자 미암은 이에 확실히 대답하지 못하고 머뭇거린다. 왜냐하면 경연에 참여하여 글을 가르친 지 9년 동안 임금으로부터 받은 은혜를 저버릴 수 없었기 때문이다. 하지만 만약 임금이 전원으로 돌아가도록 허락한다면 자신은 언제든지 이 집에서 만 권의 책을 쌓아두고 말년을 보내겠다고 약속한다.

안릉신영도

전(傳) 김홍도(1745~1806 이후), 「안릉신영도(安陵新迎圖)」의 일부분, 국립중앙박물관 소장.

당시 여성들은 결혼한 뒤에도 계속 부모를 모시며 자녀들을 낳고 기르다가 늘그막에 시댁으로 와서 시집살이를 하였다. 하지만 친정 부모가 부르면 언제든지 자녀들을 데리고 찾아가곤 하였다.

26 며느리 김씨가 본가로 돌아가다

유경렴과 김씨

아들과 며느리가 부모를 모시는 것이 전통적인 관례라고 일반적으로 알고 있지만, 16세기에는 딸과 사위가 친정부모를 모시고 살았기 때문에 며느리가 시댁 식구들과 대면할 기회는 별로 없었다. 미암과 덕봉의 며느리 김씨도 줄곧 본가에서 살다가 불과 몇 해 전에 자녀들을 데리고 시댁으로 와서 생활하고 있었다.

　미암의 며느리 김씨는 하서 김인후의 셋째딸이었다. 김인후(金麟厚 : 1510~1560)는 당대의 저명한 유학자였는데 허균의 『성소부부고(惺所覆瓿藁)』에 따르면, 김인후는 인품이 높고 학문과 문장이 뛰어나서 스스로 터득함이 있었으나 일찍 벼슬에서 물러나 은거하였다. 인종 임금이 동궁으로 있을 때 그를 인재로 여겨 왕위에 오르자 맨 먼저 발탁했으나 그가 서울에 올라왔을 때 임금이 승하하였다. 그리하여 다시 조정에서 누차 불러도 벼슬길에 나오지 않았다. 고향에서는 그의 덕에 감화되어 선량해진 자가 매우 많았다 한다.

　미암은 김인후와 막역한 사이였다. 허균은 다시 두 사람의 관계를 이렇게 기록하였다.

　김인후가 과거에 급제하기 이전 성균관에 있을 때였다. 그가 전염병에 걸려 위독했으나 사람들은 감히 돌보지 못하였다. 미암은 당시 성균관 관원으로 있었는데 그의 사람됨을 애석히 여겨 자기집에 모시고 밤낮으로 돌보아 끝내 다시 일어나게 되었고, 김인후는 이를 감사하게 여겼다. 뒷날 미암이 함경도 종성으로 유배되었을 때 하나 있는 자식이 매우 어리석었다. 김인후가 그를 사위로 맞으려 하자 온 집안이 찬성하지 않았지만 끝내 듣지 않고 혼인을 치루니 사람들이 미암과 김인후를 모두 훌륭하게 여겼다.

유경렴과 김씨의 혼인은 그렇게 이루어진 것이었다.
당시 유경렴과 김씨의 혼인은 인구에 널리 회자되었던 듯하다. 이정형도 『동각잡기(東閣雜記)』에서 김인후를 설명한 뒤 이같이 덧붙였다.

미암이 종성으로 귀양갈 때 김인후가 가서 작별하면서 "자네가 멀리 귀양가고 처자가 의탁할 데가 없으니 자네의 어린 아들을 내가 마땅히 사위로 삼겠네. 염려하지 말게"라고 하였다. 미암의 아들 유경렴이 못났으며 나이가 그의 딸과 서로 맞지 않는데도 마침내 사위로 삼았다.

김씨는 1565년 혼인한 뒤로 계속 본가에서 어머니를 모시고 살았다. 물론 가끔씩 시댁에 인사하러 오기도 했으나 어머니가 부르면 금방 돌아갔다.*
당연히 자식들인 계문(광선), 홍문(광정), 봉례도 모두 외가에서 태어나고 또 그곳에서 주로 자랐다.
김씨가 시집살이를 하기 시작한 것은 미암이 전라감사를 지내고 덕봉과 함께 서울에서 내직생활을 할 때부터였다. 그때 김씨는 집을 지키기 위해 와 있

---

*1570.4.26._부인의 편지에 말하기를, 이 달에 며느리 김씨가 장성으로 돌아갔다고 하며 그 모친이 외롭게 지내기 때문에 불렀다고 한다.
夫人書云, 今月子婦金氏歸長城, 以其母氏孤居而招之也.

었는데 이후 미암과 덕봉이 돌아온 뒤에도 계속 머물면서 본격적인 시집살이를 하였다.

그런데 김씨는 나이가 들수록 정신이 어둡고 몸이 약하여 다만 방 안에서 예를 지킬 뿐이었다. 심지어는 의복조차 전혀 만들 수 없어서 유경렴이 한 여종을 첩으로 들여 의복 짓는 일을 맡기려고 하였다. 실제로 그는 복수(福壽)라는 여종을 첩으로 들여 연문(衍文)이란 아들을 낳았다.

그러나 시부모가 곁에 있으니 의복도 제법 빨리 만들고 또 시댁에 온 뒤 처음으로 친척 나들이를 다녀오기도 하였다.

한편 유경렴은 장가간 뒤로 처가에 살면서 계속 본가에 근친을 다녔다. 특히 그는 20여 년 동안 아버지의 유배지에 따라가 살았고, 그 뒤로도 7년 간 영릉참봉을 지내면서 자주 집을 비웠다. 하루는 그가 미암에게 편지를 보내 자신의 처지를 하소연하였다.

제가 본시 성격이 어둡고 졸하여 모든 일을 잘 살피지 못하옵고 혼자서 깊은 산 속에 있은 지 어언 7년이 되었습니다. 위로는 부모 슬하의 즐거움을 잃고 아래로는 처자의 안전에서 즐김을 볼 수 없습니다. 내년 유월에 6품이 되면 그나마 찰방(察訪)이라도 바라볼 수 있겠지만 그렇게도 안 된다면 어버이를 모시는 것이 천하 제일의 행복이겠습니다.

이처럼 유경렴도 아버지 못지 않게 평생 동안 집 밖에서 떠도는 생활을 하였다.

다음 이야기는 1575년 12월 며느리 김씨가 본가로 돌아가는 모습과, 손자 흥문에게 가학(家學)을 하는 모습을 재현하였다.

며느리 친정 가는 날

1575년 12월 24일, 연일 눈이 내리다가 모처럼 화창하게 갠 날이었다. 이날 김씨는 장성 본가로 돌아가게 되었다. 어머니 여흥 윤씨가 혼자서 외롭게 지내면서 노비 세동이를 보내 그녀를 불렀기 때문이다.

세동(世同)은 미암의 마름인 석정이처럼 주인을 대신해서 전답을 관리하는 김인후 집의 마름이었다. 또 예전에 경렴의 병을 힘껏 구했을 뿐만 아니라 미암을 위해 함경도 종성까지 심부름을 다녀오기도 하였다. 그래서 미암은 그를 깊이 사랑하여 비록 사돈댁의 노비였지만 자기집의 노비와 똑같이 생각하였다.

며느리가 출발하기에 앞서 미암은 세동이를 방 안으로 불러들여 다정하게 이야기를 나누었다.

"댁은 다 무고하냐?"

"예, 모두 평안하옵니다. 다만 마님께서 날로 기력이 쇠해지셔서 걱정이옵니다."

"연세가 많으시니 해가 갈수록 더할 게다."

미암은 긴 한숨을 내쉬었다.

김씨의 어머니는 한 해가 조금 지난 1577년 2월에 세상을 떠난다. 당시 김씨는 시댁에 있었는데 어머니의 부음(訃音)을 듣고 목놓아 통곡을 한다.*

미암이 다시 세동이를 향해 물었다.

"지금 짓고 있는 저 사랑채는 보기에 어떠하냐?"

---

*1577.2.5._사시에 장성 사돈집 김교리의 노비가 와서 교리의 처 윤씨의 부음을 알렸다. 지난밤 삼경 말에 작고했다고 한다. 김씨의 통곡하는 소리를 차마 들을 수가 없다.
巳時, 長城姻家金校理奴, 來報校理妻尹氏訃音, 乃昨日三更末逝矣, 金婦號慟大聲, 不忍聞也.

"예, 우리 주인집은 너무 높고 크게 지어서 100칸이나 되는데도 주춧자리가 굳지 못하고 기왓장도 제대로 익지를 않아 날로 퇴락하고 있사옵니다. 이제 겨우 20년밖에 안 되었는데 지탱을 못하게 생겼습니다. 거기에 비하면 저 사랑채는 과히 높지도 크지도 않아 적중하고 완고하옵니다."

세동이는 미암의 사랑채를 극찬하였다.

두 사람이 방 안에 앉아 두런두런 얘기를 나누고 있을 때였다. 문 밖에서 옥석이가 나지막한 목소리로 길게 아뢰었다.

"영감마님, 담양부에서 보낸 가마꾼이 도착했사옵니다."

미암은 며느리가 편안하게 본가에 다녀올 수 있도록 세심한 배려를 아끼지 않았다. 담양부에 숙련된 가마꾼을 보내달라고 요청하고, 또 그녀가 가고 오면서 묵을 관아마다 편지를 써서 후한 대접을 해달라고 부탁하였다.

"오냐, 알았느니라."

미암은 곧 세동이를 데리고 밖으로 나갔다.

그때 덕봉은 행랑채의 곳간 앞에서 찹쌀 세 말을 자루에 담아 생노루 한 마리와 함께 집안 노비들의 등에 매어주고 있었다. 그제 인근 지방관이 보내준 것인데 사돈댁에 선물로 보내려는 모양이었다.

미암도 신발을 신고 곳간으로 나가 종들로 하여금 개가죽 모포를 꺼내서 며느리가 타고 갈 가마의 안을 따뜻하게 두르게 하였다.

이윽고 김씨가 가볍게 단장하고 건넌방에서 나왔다. 큰아들 광선과 막내딸 봉례도 뒤따라 나왔는데 둘 다 말끔한 의복에 머리를 뒤로 가지런히 땋아서 댕기(끈)를 드리우고 있었다. 광선은 내년 초에 장가갈 예정이었으나 아직까지 상투를 틀지 않고 있었다.

다만 둘째아들 홍문만이 꾀죄죄한 옷차림으로 지어미의 팔목을 붙잡고 나오면서 "나도 가면 안 되어요? 나도 가면 안 되어요?" 하고 울먹이는 목소리로 칭얼대었다. 그러자 미암이 두 눈을 부릅뜨고 단호하게 말하였다.

"홍문아, 어제 어머니를 따라가지 않겠다고 단단히 약속했지?"

어제 오후였다. 미암이 글공부를 계속 시키고자 홍문에게 이번 행차에는 따라가지 말라고 일렀으나 홍문은 지어미와 떨어지지 못한다고 안달을 부렸다. 그러자 미암이 호통을 쳐서 인근의 문수사(文殊寺)로 보냈는데 홍문은 눈물을 흘리면서 가다가 고개 위에 이르러 대성통곡을 하고 절간에 이르러서도 즉시 도망쳐 나와 온달이란 노비집에 숨어 있었다.

집안 여종을 통해 들으니 홍문이 절에서 내려올 때 사나운 개를 만나 손으로 흙을 쥐어 던지고 또 막대기를 던지자 개가 놀라 산 속으로 도망을 쳐 무사히 내려왔다고 하였다. 미암은 하는 수 없이 여종을 시켜 데려다가 "내가 저번에 좋은 약으로 네 아픈 곳을 낫게 해줬으니까 이번에 추위를 무릅쓰고 장성(외가)에 가면 안 되느니라" 하고 달래었다. 다행히 홍문은 그 말에 순순히 따랐다.

미암의 단호한 태도에 겁을 먹은 듯 아이는 얼른 지어미의 팔목을 놓고 마당 한쪽으로 물러갔다.

마침내 김씨는 딸 봉례를 안고 개가죽 모포를 두른 따뜻한 가마에 올랐다. 비록 이틀이면 닿을 거리였지만 그녀의 마음은 벌써 본가인 장성에 가 있었다.

손자 홍문

홍문(興文)은 어릴 적부터 매우 영민한 아이였다. 그의 나이 겨우 여덟 살 때였다. 제 아비가 첩을 취할 것이란 소리를 듣고 개연히 제 어미의 앞날을 걱정하며 탄식하였다.

"내가 과거에 급제하지 못하면 우리 어머니를 구할 수가 없다!"

그리고는 집에 알리지도 않고 혼자 걸어서 절에 올라가 스님한테 글을 가르쳐달라고 하였다.

또 그 이듬해 여름에는 영릉참봉을 지내고 있는 제 아비를 생각하여 울면

서 하는 말이,

"우리 아버지가 멀리 천리 밖에 있으니 원컨대 날으는 새가 되어 한번 가서 뵙고 왔으면 싶다!"

하였다.

이에 미암이 그 지극한 효성을 기특하게 여겨 시 한 수를 지었는데 그것을 옮겨 보면 다음과 같다.

과거에 올라 모친 구한다며 산사로 가고	登科救母趨山寺
눈물을 흘리며 아비 생각해 날개 돋기를 생각했다.	垂淚思爺願羽翰.
강하 땅의 향기로운 난처럼 이미 자라니	江夏黃童蘭已茁
훗날 벼슬하면 너 때문에 기쁘리라.	他年華袞荷君歡.

미암은 일찍부터 홍문이 장차 과거에 급제하여 가문을 빛내주기를 내심 기대하고 있었다. 그래서 이곳 창평으로 내려오자마자 즉시 문수사의 승려 청진을 불러 홍문한테 『신증유합』을 비롯한 글을 가르쳐달라고 부탁하였다. 청진은 글을 가르치는 스님, 곧 사승(師僧)으로서 불교뿐만 아니라 일반 학문에도 해박했다. 『신증유합(新增類合)』은 『천자문』과 같은 한자 학습 입문서로, 3000자의 한자를 의미에 따라 모아놓았다. 이는 미암이 30여 년 간 『유합』을 수정, 증보하여 1576년에 완성한 것이다.

홍문은 문수사로 올라가 『신증유합』을 배웠는데 하루에 네 행씩 외우고 또 모래판에다 쓰기도 하였다. 본래 총명한 아이여서 아주 쉽게 배웠다. 미암이 홍문한테 지어미를 따라가지 말라고 강요한 것도 사실은 그것을 계속 가르치기 위함이었다.

그러나 홍문 역시 놀기를 좋아하는 어린아이였다. 지어미가 떠난 뒤로 그는 계속 집에서 공부했는데 날이 갈수록 글공부를 게을리하고 피해가기를 잘해서 덕봉과 미암에게 자주 매를 얻어맞았다.*

게다가 성깔마저 있어서, 한번은 저녁밥을 먹고 있을 때 어린 여종이 곁에서 코를 풀자 화를 내어 밥그릇을 던지며 혼쭐을 냈다. 그래서 하루는 덕봉이 미암에게 말하였다.

"홍문의 성격이 총명하고 말재주가 있으니 『양몽대훈(養蒙大訓)』이나 『소학(小學)』과 같은 글을 읽혀야 하는데 『신증유합』같이 어렵고 깊은 문자를 읽히고 있으니 마치 견고한 성곽 아래서 군사의 기운만 손상시키는 격이오. 아직 늦춰주어 문장으로 이루어진 책을 읽히는 것이 낫지 않겠소?"

미암은 크게 깨닫고 다음날부터 덕봉이 일러준 책을 가르치니 홍문도 매우 좋아하였다.

이듬해인 1576년 1월 미암은 홍문을 다시 절로 올려보낸다. 집에서는 공부를 게을리하기 때문이었다. 절에 올라간 홍문은 처음엔 『신증유합』을 9~10행씩 외우며 열심히 공부했으나 며칠 지나지 않아 또다시 글읽기를 게을리하고 선생을 피하였다. 게다가 함께 공부하는 아이들과 어울려 절의 약초밭에 불을 지르는 사고까지 저질렀다. 스님들이 일찍 발견하여 불을 끄기는 했지만 홍문은 매맞을 것이 두려워 재빨리 도망쳐 내려왔다.

이 소식을 전해 들은 미암은 그 죄를 꾸짖으며 호되게 매를 때렸다. 그리고 이후로는 직접 단속해서 글을 가르치는 데도 홍문은 여전히 게으름을 피워 자주 매를 맞는다.

급기야 이 해 4월 중순에는 일이 벌어지고야 말았다. 홍문이 너무나도 거만하고 사나워 말을 듣지 않자 미암이 화를 참지 못하고 그 머리채를 붙잡고

---

*1575.12.29. 홍문(광연)이 글공부를 게을리하고 피해가기를 잘하므로 부인이 화를 내어 매를 때렸더니 즉시 고쳤다.
　　　　　　光延, 懶書善避, 夫人怒而撻之, 興文卽悛.
　1576. 1. 7. 홍문이 태만하여 글을 읽지 않으므로 내가 손수 네 번의 매를 때렸다.
　　　　　　興文, 怠慢不讀書, 余手撻四度.

주먹으로 볼기를 쳐서 똥을 싸기까지 하였다. 이즈음 김씨는 큰아들 광선의 혼례 때문에 시댁에 있었는데 그녀가 덕봉과 함께 달려가 말려서야 겨우 진정되었다.

그 뒤로 홍문은 미암이 부르는 소리를 들으면 무서워하여 즉시 달려오고 글공부에도 힘을 쏟았다. 하루는 홍문이 전날 배운 것을 외우고 미암에게 말하기를,

"제가 세 번씩이나 할아버지의 심기를 건드려 맞았는데 앞으로는 영원히 게으른 병을 고치고 부지런히 글을 읽겠습니다."

하였다.

혼인식

김홍도(1745~1806 이후), 「모당홍이상평생도(慕堂洪履祥平生圖)」 중 '혼인식(婚姻式)', 국립중앙박물관 소장.

후대와 달리 16세기엔 의혼·납채·혼례 등의 순서로 혼인이 이루어졌다.
그리고 이후 남자는 처가에 살면서 틈나는 대로 본가에 근친을 다녔다.

27 큰손자 장가가는 날

혼인풍속

16세기만 해도 한국 사회는 남자가 여자집으로 가서 혼례를 올리고 그대로 눌러 사는 장가와 처가살이 혹은 친정생활이 보편적인 혼인풍속이었다. 이는 고려 이래 계속된 한국 고유의 혼인풍속으로 가족사·여성사에서는 매우 중요한 의의를 지니고 있다.

그러나 17세기 이후 조선 후기에 이르면, 중국의 주자학적 혼인풍속의 영향을 받아 이전과는 정반대로 여자가 남자집으로 가서 사는 시집살이로 바뀌게 된다.

이에 따라 혼례풍습에도 적잖은 변화가 있었던 듯하다. 우선 조선 후기 사람들은 육례를 거쳐 혼례를 올렸다. 육례(六禮)란 중매를 통해 혼인을 의논하는 의혼(議婚), 신랑측에서 신랑의 태어난 연월일시, 곧 사주단자를 써서 신부측에 보내는 납채(納采), 신부측에서 혼인날짜를 정해서 신랑측에 보내는 연길(涓吉), 신랑측에서 신부의 옷감 같은 예물을 함에 넣어서 보내는 납폐(納幣), 신랑이 신부집으로 장가가는 의식인 대례(大禮), 신랑이 신부를 데려오는 신행(新行) 등을 말한다.

하지만 그 이전 시대의 혼례풍습은 자료가 희귀하여 지금까지 알려진 바가 거의 없다. 다만 『미암일기』의 후반부에 기록된 유광선과 김씨의 혼사를 통해 조금이나마 엿볼 수 있을 뿐이다.

미암은 큰손자 광선의 혼례 과정을 비교적 상세히 기록하였는데, 대체로 양쪽 부모가 혼사를 의논하는 의혼(議婚), 신부집으로 혼서(婚書)와 채단(采緞)을 보내는 납채(納采), 신랑이 신부집으로 가서 의식을 치르는 혼례(婚禮) 등의 순서로 이루어졌다.

그리고 신랑은 처가에 살면서 틈나는 대로 본가에 근친을 다녔다. 이 기록은 한국 고유의 혼례풍습을 약간이나마 엿볼 수 있는 매우 중요한 자료이므로 가급적 설명체로 살펴보고자 한다.

의혼(議婚)

큰손자 광선의 혼사가 처음 논의된 것은 1572년이었다. 당시 미암은 전라감사를 지내고 서울에서 내직생활을 하고 있었는데, 하루는 어떤 무관이 찾아와 광선의 혼처로 남원 상사리에 사는 김장을 소개하였다. 김장(金鏘)은 정6품의 무관인 사과(司果) 벼슬을 역임한 이로서 가풍이 좋고 형편도 넉넉하다고 하였다. 자녀는 1남 2녀를 두었는데 큰딸이 17세로 가히 혼인할 만하였다. 미암은 덕봉과 상의한 뒤 곧바로 사람을 보내 통혼한다.

하지만 김장의 둘째딸이 갑자기 죽어서, 놀라고 슬픈 나머지 사주 보는 사람한테 물어보니, "금년에 혼인을 하면 부부가 서로 이별할 우환이 있으니 반드시 병자년(1576)을 기다려야 가장 길하다"라고 하였다. 자연히 광선과 김씨의 혼사는 그때까지 미루어지지 않을 수 없었.

그들의 혼사가 다시 논의된 것은 미암이 벼슬이 그만두고 창평 수국리로 내려온 뒤였다. 김장이 먼저 사람을 보내 말하기를,

"제가 단단히 승낙을 했는데 영감께서 내려오신 뒤로는 전혀 소식이 없으니 이상합니다."

하였다. 그러자 미암이 대답하기를,

"내가 그대와 더불어 4, 5년 동안을 기다리다가 이루어진 일이니 혼사가 이루어진 뒤에는 반드시 볼 만할 것이오."

하였다. 그와 함께 미암은 납채와 혼례 시기를 묻는 편지를 써서 김장에게 보냈다.

며칠 뒤 김장은 다음과 같은 답장을 보내왔다.

엎드려 편지를 받자와 혼사가 어김이 없음을 살피게 되니 우러러 기쁘기 한량이 없습니다. 새 역서(曆書)를 살펴보고 혼례할 날을 정하여 아뢰겠습니다.

또 심부름을 보낸 노비에게 들으니, 김장이 마침 작은 병이 났다가 미암이 보낸 사람이 왔다는 소리를 듣고 즉시 나와 보고는 술과 음식을 아주 깨끗하고 풍성하게 차려주고, 또 광선의 눈썹 사이에 난 점이 아주 드문 것이라고 말했다고 하였다.

얼마 지나지 않아 김장이 다시 편지를 보내 납채와 혼례 시기를 알려줬는데, 납채는 1월 13일이 좋고 혼례는 2월 18일이 길일이라고 하였다.

이로부터 미암과 덕봉은 혼사 준비에 들어간다. 덕봉은 사랑채를 지으면서 광선의 혼례 때 입을 흑색 단령을 재봉하고 미암은 장가가는 날 신랑을 데려갈 위요(圍繞)를 구한다. 그리고 1576년 1월 1일 설날이 되자 광선으로 하여금 관을 쓰게 한다.* 이른바 관례(冠禮)로서, 망건과 초립을 쓰고 조상의 신주

---

* 1676.1.1. 묘시에 광선으로 하여금 관을 쓰게 하였다. 바로 초립과 망건을 쓴 것이다. 쓰고 난 뒤에 들어가 조상의 신주 앞에 절을 하게 하고 우리 두 사람에게 절을 하라고 했다. 광선이 머리가 커서 초립과 망건을 쓸 수 있으니 좋다.

卯時, 令光先加冠, 卽著草笠網巾也, 旣著而入拜祖考神主前, 然後拜於吾二人, 光先頭大, 而耐笠網巾, 可喜可喜.

앞에 절을 한 뒤 미암과 덕봉에게도 절을 하게 하였다. 다행히 광선은 머리가 커서 망건과 초립을 아주 보기좋게 쓸 수 있었다.

납채(納采)

신랑측에서 사주단자를 써서 신부집에 보내는 납채는 예정대로 1월 13일에 행하였다. 그런데 후대와 달리 이 시기의 납채는 신랑의 사주단자를 써서 보내는 것이 아니라 혼서와 채단만을 보냈던 듯하다.

미암은 먼저 붉은 직령을 입고 붉은 털방석을 안방에 깐 다음 광선한테 먹을 갈도록 해서 이렇게 혼서(婚書)를 쓴다.

> 초봄이 따뜻해지는데 삼가 묻노니 어떠하십니까. 우러러 사모합니다. 우리집 장손 광선이 나이가 이미 장성했는데도 짝이 없어 삼가 납채의 예를 행합니다. 엎드려 살펴보시기 바라옵고 삼가 절하며 글월 올립니다.

그런 다음 덕봉이 손수 재봉을 해서 함(函)에 넣었다. 그녀는 또 신부의 옷감인 여러 가지 색깔의 채단도 함께 넣었는데 검은 비단 한 필, 붉은 비단 한 필, 붉은 실 한 필, 자줏빛 무늬의 천 한 단, 푸른 무늬의 비단 한 필, 명주 한 필이었다.

이윽고 납채하는 날이 되자 미암은 이른 새벽에 축문을 써서 조상의 신주께 고하였다.

> 장손 광선이 나이가 차도록 짝이 없다가 이제 남원 김장의 집에 납채를 하므로 감히 고하나이다.

그리고 진시(아침 7~9시)에 이르러 혼서와 채단을 넣은 함을 옥석의 아버지인 마귀석에게 지게 하고, 몽근, 한수, 옥석 등 10명의 노비로 하여금 그를 따라가게 하였다. 두 명은 창을 들고 앞을 인도하고 나머지는 그 뒤를 따랐다. 덕봉이 갓과 이엄을 찾아 마귀석과 옥석에게 주니 그들이 아주 좋아하며 떠났다.

일기에 따르면 그들이 출발할 때 하늘은 맑고 바람은 화창했다고 한다.

혼례(婚禮)

신랑이 신부집으로 장가가는 의식인 혼례는 납채한 지 한 달 가량이 지난 1576년 2월 19일에 치러졌다.

장가가기에 앞서 광선은 두 차례에 걸쳐 혼례 연습을 하였다. 한 번은 미암과 덕봉이 저녁에 등불 아래서 대략 예절을 익히게 하였고, 또 한 번은 장가가기 전날에 미암이 사랑방 앞에서 이처럼 세 번씩 연습을 시켰다.

> 식후에 나는 사랑으로 나가 앉아 광선으로 하여금 예를 익히게 하였다. 경렴, 광문이 네 객과 더불어 좌우로 나뉘 서고 그 가운데 자리를 설치하였다. 광선이 밖으로부터 들어와 배석(拜席)에 가깝자 중방(中房)이 기러기를 건네주었다. 신랑이 받아들고 가운데로 나아가 좌편의 자리 윗부분에 놓았다. 그리고 조금 물러서서 재배의 예를 행했는데 손을 돌려 활을 당기는 형세를 하였다. 절을 할 때는 먼저 왼쪽 다리를 꿇고 다음에 바른쪽 다리를 꿇었다. 모두 세 번을 익혔는데 사람들이 모두 잘한다고 하였다.

광선의 아버지 유경렴은 이틀 전에 은우어미와 함께 서울에서 내려와 있었다.

마침내 2월 17일이 되자 큰손자 광선은 혼례를 치르기 위해 남원 처갓집으로 길을 떠났다. 이날은 때마침 하늘도 맑고 날도 따뜻했으며 바람조차 불지 않았다. 미암은 새벽에 일찍 일어나 조상의 신주께 광선이 장가감을 고하였다. 온 집안 식구도 새벽 닭이 울 때 일어나 채비를 하였다.

신랑에게는 덕봉이 손수 재봉한 흑색 단령을 입히고 사모와 관대를 착용하게 하였다. 원래 사모와 관대는 관복이었지만 경사스러운 혼례를 위하여 임시로 변통하였다. 광선이 몸도 과히 짧지 않고 용모도 단아해서 온 집안 식구가 놀라고 기뻐하였다.

신랑을 데려 가는 위요는 경렴을 비롯해서 광문, 운봉현감 박광옥, 참봉 김종호가 서기로 하였고, 시중을 드는 중방은 윤순이란 사람이 해주기로 하였다. 그밖에 마귀석, 옥석, 몽근 등 수많은 집안 노비가 따라가기로 하였다.

시간이 묘시(오전 5~7시)에 이르러 모든 것이 갖추어지자 일행은 드디어 남원 신부집을 향해 길을 떠났다. 신랑이 먼저 중방을 데리고 길을 나서고 곧이어 경렴과 광문이 출발하였다. 또 8, 9명의 노비가 그 뒤를 따라갔다.

그런데 행차가 모두 떠난 뒤에 여종 막덕이 광선이 빠뜨린 동곳(상투가 풀어지지 않게 꽂는 물건)을 주워서 바치니 미암은 즉시 봉해 보내면서 다음과 같은 점들을 명심하라고 일렀다.

중문에 들어설 때 왼발을 먼저 들여놓을 것, 기러기의 머리를 왼쪽으로 할 것, 절을 할 때는 왼쪽 발을 먼저 꿇을 것, 잔을 받을 때는 왼손을 먼저 내밀 것.

왜냐하면 왼쪽이 길한 방향이기 때문이었다.

혼례는 이틀 뒤인 2월 19일 저녁에 치렀다. 이 시기 사람들은 과거와 달리 당일에 혼례를 올리고 다시 삼일의 잔치는 하지 않았다.* 그래서 경렴은 19일 저녁에 아들의 혼례를 치르고 그 다음 날 혼자서 집으로 돌아온다.

남원 처갓집에서의 혼례 모습은 대략 다음과 같다.

19일 미시(오후 1~3시)에 약간 비가 내리다가 그치자 신랑 일행은 미시 말에 남원부를 떠나 저물녘에 서문 밖에 있는 신부집에 이르렀다. 네 명의 위요가 먼저 들어가서 자리에 나아가 서 있었고 신랑이 마지막에 중방을 거느리고 들어왔다. 신랑이 대문에 이르자 주인측의 집사가 검은 단령을 입고 문에서 맞아 들어가자고 하였다. 신랑이 세 번을 사양한 뒤 집사의 인도에 따라 들어가니 중방이 기러기를 바쳤다. 신랑이 받아서 머리를 좌측으로 향하게 하고 들어가서 배석의 가운데로 나아가 무릎을 꿇고 자리의 왼쪽 위에 올려 놓았다. 그리고 잠시 엎드렸다가 일어나 조금 물러서서 재배의 예를 행하였다.

집사가 손을 끌어주니 신랑은 중당(中堂)에 들어가 신부의 자리를 향하여 섰다. 그러자 신부가 처음으로 나와 상대하였다. 신부가 신랑을 향해 4배를 하고 신랑은 재배로서 답하였다. 신랑이 읍(揖)을 하여 상에 나아가 앉기를 청하고 먼저 나아가 상을 대하여 서니 신부가 따라서 상에 나아갔다. 중간에 상을 두고 부부가 상대하여 각기 석 잔씩을 따라주고 석 잔씩을 마셨다.

시중드는 자가 신랑을 인도하여 별막(別幕)의 병풍 안으로 가고 찬부(혼례 때 신부를 시중드는 여인)와 유모가 신부와 함께 방으로 들어가서 겉옷을 벗겼다. 찬부와 유모는 물러가고 시중드는 자가 신랑을 인도하여 방으로 들어갔다. 조금 있다가 신부는 안으로 들어가고 신부의 17살 된 남동생이 나와서 마주 대하여 저녁밥을 먹었다. 어두울 때에 신부가 다시 방으로 돌아왔다.

다음날 사시(오전 9~11시)에 김장이 들기를 청하여 경렴과 광문, 김종호가 들어갔다. 경렴이 가장 먼저 들어가 김장의 부인인 사돈 유씨와 상견을 하였다. 하지만 유씨는 잠깐만 보고 다시 들어가고 경렴은 광문, 김종호와 함께 신부를 만나봤다. 신부는 틀어올린 머리 모습으로 그들을 보았는데 경렴에게는

---

*1576.2.16._남원의 사과 김장이 사람을 시켜 편지를 보내와 묻기를 "혼례에 3일의 잔치를 해야 합니까?" 하기에 "서울에서도 수년 이래로 당일에 예를 행하고 다시 3일의 잔치를 하지는 않으니 이것이 간편하고 합당합니다"라고 답하였다.
南原金司果鏘, 伻書來, 問以婚禮三日宴爲否, 余答以洛中自數年來, 當日行合巹之禮, 更不爲三日宴, 似爲簡當云.

두 잔의 술을 올리고 광문, 김종호에게는 각각 한 잔의 술을 올렸다.

경렴의 말에 따르면, 신부의 용모와 거동이 단정하고 신랑도 단아하여 사람들이 '양미(兩美)'라고 칭찬했다고 한다. 또 장인 김장이 신랑을 보고 좋아하고 신랑도 역시 신부를 흡족하게 여겼다고 한다.

그로부터 이틀 뒤에 광선이 홀로 남원 처가에서 왔는데 모든 의복 치장이며 안장 말까지 갖춘 채 사돈댁에서 보낸 음식을 가지고 왔다. 또 들으니 김장이 서울에 집을 마련해 줄 뜻이 있다고 하였다. 광선은 하루를 머물고 장성 외갓집에 갔다가 곧 남원 처가로 돌아갔다.

처가살이

광선은 혼인한 후 미암과 경렴처럼 처가에 살면서 틈나는 대로 본가에 근친을 다녔다.

1576년 3월, 하루는 광선이 남원 처가에서 놀러오자 미암은 그를 앉혀 놓고 여러 가지를 물었다. 먼저 미암이 그 처의 생김새와 재능을 물었더니 광선은 순진하고 얌전하며 능히 온 집안 살림을 하여 괜찮은 점이 심히 많다고 대답하였다. 또 장가든 뒤에 무슨 꿈을 꾸었느냐고 묻자 광선은 꿈에 용을 탄 적이 많았고 매도 많이 보았으며 그 처도 역시 매를 많이 보았다고 하였다. 미암이 다시 누가 본 매가 더 크더냐고 물으니 광선은 자신이 본 매가 더 크고 황

---

*1576.4.27._식후에 광선이 하직하고 남원 처갓집으로 갔다. 흥문과 봉례가 울면서 눈물을 줄줄 흘렸다. 우애의 지극한 정이 어려서부터 나타나니 실로 우리집의 기맥인 것이다.
食後, 光先辭歸南原杖家, 興文及小妹奉禮啼泣, 涕淚漣漣, 友悌至情, 已著於髫齓中, 固吾宗之氣脈也.

금방울까지 달려 있었다고 하였다.

    광선은 한 달이 넘게 머물다가 처가로 돌아갔는데, 동생 흥문과 봉례가 그 형이 가는 것을 보고 눈물을 줄줄 흘렸다.*

    이후로도 광선은 수시로 처가와 본가를 왕래하며 혼인생활을 한다.

회갑잔치

필자미상, 「회혼례첩(回婚禮帖)」의 일부분, 국립중앙박물관 소장.

양반들은 생일이나 명절, 승진과 같은 특별한 날에는 제법 규모가 큰 집안잔치를 열었다.

28 생일을 맞아 집안잔치를 열다

집안잔치

미암과 덕봉은 가족끼리 조촐한 술자리를 자주 가졌을 뿐만 아니라 생일이나 명절, 승진과 같은 특별한 날에는 제법 규모가 큰 집안잔치를 열었다.

그들은 생일을 무척 중요하게 여겨서 매번 생일이 돌아오면 술과 음식을 장만하여 한바탕 집안잔치를 벌였다.

또 간혹 명절에 잔치를 벌이기도 하였는데, 지난 1574년 9월 9일 중양절에는 덕봉이 가족들에게 술자리를 베풀고 가비(歌婢) 죽매와 말덕으로 하여금 거문고를 뜯게 하였다. 그리고 경렴과 윤관중이 차례로 일어나 음악에 맞춰 춤을 추니 미암과 덕봉은 아주 기뻐하였다. 이날은 여느 때와 달리 시회(詩會)도 가졌는데, 먼저 윤관중이 이러한 시를 지었다.

경사스럽게 고당의 위에서 모시니	慶侍高堂上
추풍에 해가 비치는 때로다.	秋風日照時.
거문고 노래에 흥취가 일어나니	絃歌情興發
이 모임을 백년이나 기억하세.	斯會百年期.

그러자 경렴이 이렇게 차운하였다.

백발의 부모님이 당상에 함께 계시니	鶴髮俱堂上
색동옷을 입고 이때에 춤을 춘다.	班衣舞此時.
우리집의 무한한 즐거움은	吾家無限樂
이밖에 다시 무엇을 바라리요.	此外更何期.

다음으로 미암이 차운하기를,

대궐에서 은총을 받던 날,	紫極承恩日
국화를 술잔에 띄우는 때,	黃花泛酒時.
한 집에 친한 이 오륙인이	一堂親五六
함께 태평의 때를 즐긴다.	同樂太平期.

하였다. 뒤이어 덕봉이 차운하였다.

옛날 남북으로 헤어져 있을 때	昔日分南北
어찌 이때가 있을 줄 알았으리요.	那知有此時.
맑은 가을 좋은 명절에 모이니	清秋佳節會
천리에서 서로 기약이라도 한 듯하여라.	千里若相期.

이밖에 그들은 관직이 높이 오를 때에도 잔치를 베풀었다. 지난 1571년 2월 미암이 종2품 전라감사가 되었을 때이다. 하루는 누이 오매의 아들이자 미암의 조카인 이유수(李惟秀)가 술자리를 베풀었는데, 덕봉은 안방에 앉아 여러 부인들과 함께 술을 마셨고, 미암은 사랑방에 앉아 윤관중과 이유수를 비롯한 여러 자제들을 거느리고 술을 마셨다. 이날 미암은 자제들을 데리고 안으로 들어가 술을 따라준 뒤 다시 밖으로 나와 술을 들었다. 그리고 날이 저물어서야 파했다.

미암의 생일은 12월 4일이고 덕봉의 생일은 12월 20일이었다. 그래서 이 날이 되면 자녀들은 술과 음식을 풍성하게 장만하여 부모에게 술잔을 올리고 가비의 연주에 맞춰 춤을 추곤 하였다. 또 두 사람의 생일이 같은 달에 들었기 때문에 그 사이의 적당한 날을 잡아 집안잔치를 베풀기도 하였다.*

금년(1576)에도 창평에서 살았기 때문에 여느 때와 마찬가지로 집안잔치를 베풀었으리라 추정된다. 하지만 이때의 일기는 너무 소략하게 기록되어 있다. 그러므로 아래에서는 기록들을 참조하여 이 해 12월에 있었던 미암과 덕봉의 생일연 모습을 나름대로 재현해보았다.

생일연

1576년 12월 20일, 은우어미는 며느리 김씨와 함께 이른 아침부터 부엌에 들어가 음식을 장만하였다. 지난 밤에도 한밤중까지 잠을 자지 않고 음식을 준비하였다. 찬모 유지에겐 화로에 불을 피워 고기를 굽도록 시키고 자신의 몸종 돌금에겐 솥에 불을 지펴 국수를 삶도록 하였다. 옥지와 옥매를 비롯한 나머지 여종들은 미리 준비해둔 떡, 실과, 어물 등을 그릇마다 담아서 큰 상에 올렸다.

그때 옥석이가 부엌에 대고 큰소리로 아뢰었다.

"아씨! 어서 상을 들이랍니다요."

---

*1570.12.13._이날 잔치를 베풀었다. 나의 생일은 초나흘이고 부인의 생일은 20일이기 때문에 적당히 오늘로 잡은 것이다. 겸하여 절친한 사람들을 모아 회포를 풀자는 것인데, 부인의 동생 삼촌, 사촌, 오촌 조카까지를 불렀다.
是日設宴, 以余生辰在初四日, 夫人生辰在念日, 酌取今日, 兼爲會叙切親, 以夫人同生三寸四寸五寸姪也.

경렴이 벌써 자리 배치를 끝마친 모양이었다. 그도 이른 아침부터 윤관중, 광문, 송진 등과 함께 노비들을 데리고 잔치준비를 하였다. 안방에 병풍을 두르고 방바닥에 돗자리를 펼친 다음 여러 가지 꽃무늬를 놓아서 짠 털방석을 깔았다. 또 처마 끝에는 흰 차일을 쳤다.

"오냐! 알았다고 전하거라."

은우어미는 서둘러 안방으로 들어가 종들에게 다담상을 들여오라고 분부했다.

대개 경사스러운 잔치 때에는 부부가 함께 큰 상을 받았다. 그래서 이날도 은우어미는 미암과 덕봉의 자리에는 두 사람이 함께 먹도록 차린 큰 상을 놓고, 나머지는 각각 혼자서 먹도록 차린 독상을 놓았다.

이윽고 잔치준비가 어느 정도 끝나가자, 내내 책방에 앉아 기다리던 미암과 덕봉이 문을 열고 안방으로 건너왔다. 미암은 검은 갓에 흰 직령을 입고, 덕봉은 담비가죽으로 만든 이엄에 아청색 장옷을 입고 있었다.

지난 5월 미암은 사헌부 대사헌에 제수한다는 임금의 명령서를 받았으나 질병을 이유로 거절하였다. 그러나 한 달 뒤에 임금이 또다시 홍문관 부제학에 제수하자 미암은 하는 수 없이 서울로 올라갔다가 지난 10월 사직서를 제출하고 다시금 이곳 창평으로 내려왔다.

미암과 덕봉이 큰 상을 앞에 두고 자리에 앉자 경렴과 은우어미를 비롯한 모든 자녀들이 좌우로 앉았다. 이날은 절친한 사람들도 참석했는데 그들 가운데 여자들은 건넌방에 앉고 남자들은 사랑방에 앉아 다담상을 받았다. 또 동네에서 구경 나온 사람들은 가까이서 혹은 멀리서 지켜보았다.

자리에 앉으면서 덕봉이 그 성대한 상차림을 보고 깜짝 놀란 표정을 지었다.

"어이쿠! 왜들 이렇게 많이 준비했느냐?"

"어머니, 어서 앉으셔서 저희들이 올리는 술잔이나 받으시오."

은우어미가 남편 윤관중과 함께 앞으로 나아가 먼저 헌수를 하였다. 헌수

(獻壽)란 환갑 잔치 등에서 장수를 비는 뜻으로 술잔을 올리는 것을 말한다.

현존하는 기록화나 풍속화에도 나타나 있듯이, 이 시기 사람들은 주로 술동이에 담긴 술을 국자로 떠서 커다란 잔에 담아 마셨다. 그러니까 잔치 때에는 병술보다 잔술을 즐겼던 것이다. 다음은 1572년 11월 『조선왕조실록』 기사인데 그러한 모습이 잘 나타나 있다.

> 오후에 도승지 목첨이 궁온(宮醞)을 가지고 왔다. 중국 사신이 재상들에게 묻기를,
> "이 술을 어떻게 할 것입니까?"
> 하니, 재상들이 답하기를,
> "대인의 처분대로 하십시오."
> 하였다. 사신이 음주하는 의식을 의논하니 목첨이 술동이 앞으로 가서 금대(金臺)의 잔에 술을 담아 받쳐들고 사신에게 나아가 공경히 읍하니 사신이 답례하고 받았다. 승지는 그대로 잔대를 두 손으로 받쳐든 채 사신이 잔을 비울 때까지 기다렸다가 잔을 받아서로 읍하고 또 술동이 앞으로 가서 잔에 술을 채워 앞서와 같이 두 사신에게 각각 두 잔씩을 권하였다.

은우어미와 윤관중도 찬모 유지가 술동이에서 국자로 떠준 술잔을 받아들고 부모 앞으로 나아가 무릎을 꿇고서 두 손으로 술잔을 바쳤다.

"부디, 만수무강하옵소서."

그리고 부모가 잔을 비우기를 기다렸다가 뒤로 물러나서 절을 올리고 제자리로 돌아갔다. 곧이어 경렴과 김씨, 광문, 송진도 차례대로 앞으로 나아가 헌수하였고, 그때마다 미암과 덕봉은 흐뭇하게 받아 마셨다.

마침내 자녀들의 헌수가 끝나자 경렴이 몸종 옥지를 시켜 가비들을 불러오라고 하였다.

이 시기 양반층은 여종들 가운데 음악에 소질이 있는 자를 가르쳐서 집안 잔치가 있을 때 음악을 연주하도록 하였다. 악기를 연주하고 노래를 부르는

여종인 악비(樂婢) 혹은 가비(歌婢)가 바로 그들이다.

하루는 미암이 송순(宋純)을 방문한 적이 있었는데, 송순이 가비를 불러내어 자신이 지은 노래를 부르게 하였다. 미암도 전라감사 시절에 박순과 더불어 전주 진남루에 올라 잔치를 벌이면서 지은 「헌근가(獻芹歌)」를 보여주니 그 가비가 즉시 노래를 불렀다. 미암은 그 가비에 대해 '노래를 부를 줄 아는 자다'라고 일기에 기록하였다.

덕봉도 죽매와 말덕이란 가비를 두고 있었다. 지난 1573년 1월 서울생활을 할 때이다. 덕봉이 여종 죽매에게 음악을 가르치자고 청하니 미암이 웃으면서 허락하였다. 다음날 죽매가 장악원 전악(典樂)에게 가서 해금을 배우고 왔는데 장래성이 있어 보인다고 하였다.*

이후 죽매는 집안잔치가 있을 때마다 말덕과 함께 악기를 연주하고 노래를 불렀다.

본디 죽매(竹梅)는 옥석이의 여동생으로 어머니는 덕봉의 여종 설매였고 아버지는 미암의 구종 마귀석이었다. 죽매는 그들 사이의 다섯째 딸로 태어나 노비수모법(奴婢隨母法)에 따라 덕봉의 노비가 되었다. 계해생(1563)으로 나이는 열네 살이었다.

그녀가 평소 집안에서 하는 일은 은우를 돌보는 것이었다. 한번은 은우가 비슷한 나이의 어린 여종과 함께 마당에서 놀고 있었는데 어쩌다가 그 여종이 손가락을 상하고 울자 죽매가 은우한테 물었다.

"아가씨는 왜 울지 않아요?"

---

*1573.1.27._부인이 죽매에게 가창을 가르치자고 청하므로 내가 듣고 웃었다. 그리고 허락을 했다.
夫人請敎竹梅歌唱, 余聞而笑之, 仍許之.
1573.1.28._아침에 죽매가 장악원 전악에게 가서 해금을 배우고 왔는데 장래가 있어 보인다고 한다. 우습다.
朝, 竹梅學奚琴於典樂來, 有將來可笑.

그러자 은우는 당돌하게 대답하였다.

"만약 우리 어머니가 우신다면 나도 함께 울지만 종이 우는데 내가 왜 우느냐?"

그것을 본 미암이 일기에다 기록하기를, '은우가 친소와 존비를 분간할 줄 아니 어찌 기특하지 않은가'라고 하였다.

얼마 후 죽매와 말덕이 거문고를 들고 대청으로 올라왔는데 모두 품이 넓은 직령의 저고리를 입고 얹은머리를 하고 있었다.

죽매와 말덕은 대청에 앉아 거문고를 무릎 위에 비스듬히 올려놓고 줄을 뜯으면서 미암이 지은 「헌근가」를 부르기 시작하였다.

미나리 한 떨기를 캐어서
사신이 가는 길에 맡겨 보내
우리 님께 바치오리다.
맛이야 별로 없지만
다 씹어보소서.

비록 하찮은 미나리지만 캐어서 바치오니 다 씹어보라는, 임금에 대한 미암의 충성심이 잘 드러난 노래였다.

가비들은 거문고를 연주하면서 목청을 떨구어 노래를 불렀다. 그러자 경렴과 관중, 광문 등이 번갈아 일어나 춤을 추었다. 음악에 맞춰 어깨를 움직이며 머리를 가로로 떨고 두 다리를 들먹여 발을 디디며 너울너울 춤을 추었다. 미암과 덕봉도 몸을 들썩이면서 매우 기뻐하였다.

이날 가족들은 즐겁게 술을 마시다가 저녁 무렵에야 파하였다. 겨울 해는 어느새 서산 너머로 기울고 있었다.

사당

미암과 덕봉의 신주가 모셔져 있는 사당(祠堂)이다. 사당 안에는 새를 묘사한 벽화가 옛 모습 그대로 남아 있고, 사당 옆 담벼락에는 미암이 탔다는 가마틀이 앙상한 뼈대만 남은 채 걸려 있다.

29 후일담

이듬해인 1577년(선조 10년) 3월, 임금은 또다시 미암에게 정2품 자헌대부 홍문관 부제학에 제수하여 속히 역마를 타고 올라오라고 한다. 미암은 차마 임금의 은혜를 저버릴 수 없어 4월 하순에 아들 경렴을 데리고 서울로 올라간다. 하지만 피로와 열이 크게 발하여 음식을 적게 먹고 소변이 붉고 노랗기까지 하였다. 그래서 5월 11일에 베개에 누워 사직서를 올리기를,

> 신이 먼 길을 달려왔더니 피로와 열이 크게 발하여 음식을 들지 못하니 며칠 사이에 회복될 형편이 아닙니다. 경연의 중요한 자리를 오랫동안 비워둘 수 없으니 지극히 황송하고 민망합니다. 신의 자리를 다른 사람으로 갈아주소서.

하였다.

이로부터 그는 병이 극히 위중하여 일기를 적지 못하고 5월 15일에 세상을 떠나고 만다.

미암이 세상을 떠난 지 8개월 뒤인 1578년 1월 1일 덕봉도 향년 58세의 일기로 생을 마감한다. 그녀가 갑자기 생을 마감한 이유는 알려져 있지 않다. 평소 잔병을 자주 앓았기 때문일 수도 있겠지만, 서로 '지우(知友)'라고 여길 정도로 금슬 좋게 지냈던 자신의 동료를 잃어버린 슬픔 때문이 아니었을까 생각해본다.

미암과 덕봉은 현재 전라남도 담양군 대덕면 비철리에 쌍분으로 나란히 묻혀 있다. 그리고 두 사람의 묘지 오른편 약간 아래에 첩 방굿덕이 잠들어 있다.

조선조 첩의 무덤이 아직까지 남아 있고 그것도 선산에 함께 모셔져 있는 경우는 매우 드문데, 종가집 할머니에 의하면 첩 방굿덕이 세상을 떠나면서 "내가 죽으면 영감 곁에 묻어서, 제사 지내고 남은 퇴주라도 부어줄 수 있게 해주시오"라고 간곡히 부탁했기 때문이라고 한다.

맺음말

16세기 한국 가정은 열린 공간이었다

16세기는 정치·경제·사회·문화 등 모든 것이 가족을 중심으로 이루어진 자급자족 사회였다. 이 시기는 소금이나 옷감 같은 일부 품목을 제외하곤 의식주를 비롯한 생활필수품 거의 대부분을 집에서 직접 만들어 사용하거나 이웃 간의 선물에 의해 해결하였다. 마찬가지로 질병도 집에서 치료하였고, 자녀교육에서도 집안 교육인 가학이 중요했으며, 전별연이나 생일연 같은 문화활동도 가족 중심으로 이루어졌다.

우리는 현대적인 시각으로 전통사회를 공(公)과 사(私)로 구분한 채 가족이 차지하는 비중을 낮게 평가하고 있지만, 과거 한국의 가족은 오늘날 웬만한 기업체와 맞먹을 정도로 거대한 사회였고 집안일도 엄연한 사회활동이었다.

또한 16세기 사람들은 이전의 전통적인 생활방식에 따라 의식주를 비롯한 경제적 측면은 여성이 주도하고, 외부와의 접촉이나 관직을 통한 집안의 지위 상승 같은 대사회적 측면은 남성이 주도하였다. 하지만 이 시기 남성들은 근친, 수학, 관직, 유배 등의 이유로 자주 집을 비우고 떠돌아다녔기 때문에 실질적으론 여성들이 안팎의 집안일을 거의 다 주관하였다.

예컨대 덕봉의 역할은 실로 방대했는데, 그녀는 가족들의 일상생활에서 봉

제사 접빈객, 재산증식, 농업경영, 정신적 지주역할에 이르기까지 안팎의 집안일을 거의 다 주관하였다. 심지어 그녀는 미암의 서책정리와 저술작업 및 관직생활에까지 관여하였다.

물론 덕봉은 집안일을 주관하면서도 틈나는 대로 부녀모임이나 어가관람 같은 나들이를 다녔는데, 이로써 집 안에서 쌓인 스트레스를 해소하고 세상사에 대한 견문을 넓혀갔다. 또한 그녀는 경서와 사서를 두루 섭렵하여 여성선비로서의 풍모를 갖추었으며, 평생 동안 시를 써서 『덕봉집』이란 시집을 남기기도 하였다. 이들 작품에서 그녀의 의식은 특히 잘 드러나는데, 앞에서 살펴본 것처럼 그녀는 당당하게 세상을 살았을 뿐만 아니라 가족들의 정신적 지주역할까지 담당하였다.

그렇다고 가정 내에서의 미암의 역할을 폄하하는 것은 결코 아니다. 그도 역시 당대 여느 양반 남성들처럼 집안의 경제활동에 적극적으로 참여하였다. 비록 후대인이 '(미암은) 성품이 매우 오활해서 가사를 다스릴 줄 몰랐고 의관과 버선이 해어져도 부인이 새 것으로 바꿔주지 않으면 꾸밀 줄을 몰랐다'고 했지만, 그는 집안에 나고드는 물건을 일기에 꼬박꼬박 기록할 정도로 가정경제에 관심을 갖고 있었다. 또 휴가를 내어 고향에 내려가면 지방관의 도움으로 전답을 사들이고 새 집을 짓는 등 적잖은 재산을 증식하기도 하였다.

또한 미암은 부인을 비롯한 가족들이 하는 일을 존중할 줄 아는 개방적 성격의 소유자였다. 덕봉이 부녀들을 초청하여 이야기를 나누고 있으면 기꺼이 자리를 피해주고, 나라에 특별한 구경거리가 있으면 딸 은우어미를 데리고 나가서 구경하도록 하였다. 나아가 일생을 살아가면서 덕봉과 술을 마시며 시를 주고받거나 그녀가 지은 시를 한 권의 책으로 묶어줄 정도로 여성의 창작활동도 장려하였다.

이처럼 부부가 대등한 관계를 유지하면서 서로를 존중할 줄 알았기 때문에 그들은 오늘날 부부들과 별반 차이가 없을 정도로 돈독한 부부애를 누렸다. 미암과 덕봉은 제사를 지내기 전이나 혹은 누군가 죽어서 애도를 표할 때를 제외하고는 늘 안방에서 식사도 같이 하고 잠자리도 같이 하였다. 사랑방은 미암이 손님을 접대하거나 혼자서 책을 보고 싶을 때만 잠깐씩 이용할 뿐이었다. 또한 미암은 혼자 떨어져 관직생활을 할 때에도 정신적으로 늘 덕봉에게 의지하였고, 덕봉도 역시 나이가 들수록 미암과의 관계를 새삼스럽게 여겼다. 비록 미암이 고향 해남에 첩 방굿덕을 두고 있었지만 그녀는 단지 시중드는 여성에 불과하였다.

이러한 미암과 덕봉의 생활 모습은 자녀들인 유경렴과 김씨, 은우어미와 윤관중뿐 아니라 손자 세대인 유광선과 김씨의 관계에서도 그대로 확인된다. 이들도 역시 부인은 친정에서 부모를 모시고 살면서 자녀를 낳고 길렀고, 남편은 처가살이를 하면서 끊임없이 집 밖으로 떠도는 생활을 하였다. 그리고 남편이 첩을 두는 문제로 적잖은 갈등을 겪기도 했지만 비교적 금슬이 좋은 부부였다.

한편 16세기 양반가정의 일상생활에서 결코 빼놓을 수 없는 사람이 바로 집안의 수많은 노비들이다. 이 시기 양반가정은 이들의 손발에 의해 운영되었다고 해도 과언이 아니다. 이미 '서울생활편'에서 지적했듯이 미암은 새벽에 일어나면 종들이 등불을 켜주고 세숫물과 밥상을 갖다 바치며, 집을 나설 때는 의관과 신발까지 준비해주었다. 마찬가지로 퇴근 후에도 종들이 저녁밥을 차려주고 요와 이불을 깔아서 편안히 잠들도록 해주었다.

물론 양반과 노비의 관계가 결코 일방적인 것만은 아니었다. 양반은 노비를 수족처럼 부리는 대신에 그들의 의식주를 비롯해서 건강과 신변을 보호해주어야 했고, 또 서울에 올라와 근무하는 노비에게는 매달 월급을 지급하고 때때로 휴가를 보내주어야 했다. 이렇게 양반과 노비의 관계도 서로의 이해관계가 맞았기 때문에 유지될 수 있었다.

결국 16세기 한국 가정은 서로 독립적인 개체들이 '가족'이란 이름으로 함께 살아간 공동체였으며, 그 성격도 권위적이지 않고 개방적이었다. 지금까지 우리는 조선 후기적 시각에 사로잡혀, 전통 가정을 철저히 닫힌 공간이자 부

(夫)에 의한 지배가 강하게 자리잡고 있는 것으로 인식하였다. 하지만 이 책에서 보았듯이 16세기만 하더라도 한국 가정은 열린 공간이었고, 여성의 힘이 강하게 자리잡고 있었다.

참고문헌

1. 『미암일기』 관련자료

『미암일기』, 모현관 소장본.
『미암일기초』, 조선사편수회.
『미암일기』, 담양향토문화연구회, 1992~1996.
「미암집」, 『한국문집총간』 34, 민족문화추진회, 1988.
『덕봉문집』, 담양 개인소장본.
『고문서』 4, 전남대학교 박물관, 1996.
구원회, 「조선 중엽 사족얼자녀의 속량과 혼인」, 『경북사학』 8, 1985.
정재훈, 「미암 유희춘의 생애와 학문」, 『남명학연구』 3, 1993.
정창권, 「미암일기에 나타난 송덕봉의 일상생활과 창작활동」, 『어문학』 78집,
　　　한국어문학회, 2002.
송재용, 「미암일기 연구」, 단국대 박사학위논문, 1996.
송재용, 「여류문인 송덕봉의 생애와 문학」, 『국문학논집』 15, 단국대, 1997.
이성임, 「조선 중기 어느 양반가문의 농지경영과 노비사환」, 『진단학보』 80, 1995.
이성임, 「16세기 조선 양반 관료의 사환과 그에 따른 수입」, 『역사학보』 145, 1995.
황패강, 「단가 감상은고」, 『국문학논집』 1, 단국대, 1967.
황패강, 「몽참고」, 『국문학논집』 2, 단국대, 1968.

2. 참고자료

오희문, 『쇄미록』(상·하), 해주오씨추천공파종중, 1990.

남평조씨, 『병자일기』, 예전사, 1991.

조항범 주해, 『순천김씨묘출토간찰』, 태학사, 1998.

『구례 유씨가의 생활일기』(상·하), 한국농촌경제연구원, 1991.

동월, 『조선부』, 까치, 1995.

서거정, 『태평한화골계전』, 태학사, 1998.

유몽인, 『어우야담』, 한국문화사, 1996.

이문건, 『양아록』, 태학사, 1997.

은진 송씨, 『금행일기』, 정훈출판사, 1992.

의유당 김씨, 『의유당일기』, 신구문화사, 1974.

빙허각 이씨, 『규합총서』, 보진재, 1975.

『국역 대동야승』, 민족문화추진회, 1982.

허균, 『성소부부고』, 민족문화추진회, 1967.

정약용, 『목민심서』 1~6, 창작과비평사.

임형택·고미숙 엮음, 『한국고전시가선』, 창작과비평사, 1997.

임형택·이우성 편역, 『이조한문단편선』(상·중·하), 일조각, 1973.

임형택 편역, 『이조시대서사시』(상·하), 창작과비평사, 1992.

강한영 교주, 『신재효 판소리 사설집』, 민중서관, 1978.

홍명희, 『林巨正』 1~10, 사계절, 1992.

미야지마 히로시, 노영구 역, 『양반』, 강, 1996.

박태원, 『천변풍경』, 깊은샘, 1980.

이문열, 『선택』, 민음사, 1997.

설중환, 『꿈꾸는 춘향』, 나남출판, 2000.

이사벨라 버드 비숍, 이인화 역, 『한국과 그 이웃나라들』, 살림, 1994.
H.B.헐버트, 신복룡 역주, 『대한제국멸망사』, 집문당, 1999.
헨드릭 하멜, 이병주 역주, 『하멜표류기』, 일조각, 1989.
L. H. 언더우드, 신복룡 역주, 『상투의 나라』, 집문당, 1999.
A. H. 새비지-렌도어, 신복룡 역주, 『고요한 아침의 나라 조선』, 집문당, 1999.
E. 와그너, 신복룡 역주, 『한국의 아동생활』, 집문당, 1999.
베르나르트 슬리허 반 바트, 이기영 옮김, 『한국의 촌락』, 까치, 1999.
김관봉, 『한국의 풍물수필』, 가정문고사, 1977.
한상숙 구술, 『밥해 먹으믄 바느질허랴 바느질 아니믄 빨래허랴』, 뿌리깊은나무, 1991.
성춘식 구술, 『이부자리 피이놓고 암만 바래도 안와』, 뿌리깊은나무, 1990.
이봉원 구술, 『그때는 고롱고롬 돼 있제』, 뿌리깊은나무, 1990.
김점호 구술, 『베도 숱한 베짜고 밭도 숱한 밭매고』, 뿌리깊은나무, 1990.
최소심 구술, 『시방은 안해, 강강술래럴 안해』, 뿌리깊은나무, 1990.
박나섭 구술, 『나 죽으믄 이걸로 끄쳐 버리지』, 뿌리깊은나무, 1990.
채정례 구술, 『에이 짠한 사람! 내가 나보고 그라요』, 뿌리깊은나무, 1991.
송문옥 구술, 『대라, 틀어라, 박아라!』, 뿌리깊은나무, 1991.
이광용 구술, 『여보, 우리는 뒷간밖에 갔다온 데가 없어』, 뿌리깊은나무, 1991.

3. 생활사

진동원, 『중국부녀생활사』, 대만상무인쇄관, 1978.
岸邊成雄, 천이두 역, 『중국여성 사회사』, 일월서각, 1992.
자크 제르데, 김영제 역, 『전통 중국인의 일상생활』, 신서원, 1995.
조너선 스펜서, 설순봉 역, 『왕여인의 죽음』, 이대 출판부, 1995

김복래, 『서양생활문화사』, 대한교과서, 1999.
한국고문서학회, 『조선시대 생활사』, 역사비평사, 1996.
한국고문서학회, 『조선시대 생활사 2』, 역사비평사, 2000.
민족문제연구소, 『한국인의 생활과 풍속』(상), 아세아문화사, 1995.
박정로, 『우리네 세상살이 말도 많고』, 여강출판사, 1992.
이훈종, 『흥부의 작은 마누라』, 한길사, 1994.
신정숙, 『한국전통사회의 여성생활문화』, 대광문화사, 1984.
안길정, 『관아를 통해서 본 조선시대 생활사』(상·하), 사계절, 2000.
정연식, 『일상으로 본 조선시대 이야기』, 청년사, 2001.

4. 가족사 · 여성사

F. 엥겔스, 김대웅 역, 『가족 사유재산 국가의 기원』, 아침, 1987.
다이애너 기틴스, 안호용 외 역, 『가족은 없다』, 일신사.
엘리 자레스키, 김정희 역, 『자본주의와 가족제도』, 한마당, 1983.
문숙재 · 채옥희, 『가사노동』, 신광출판사, 1985.
최재석, 『한국가족제도사연구』, 일지사, 1983.
노명호, 가족제도, 『한국사』 15, 국사편찬위원회, 1995.
역사학회 편, 『한국친족제도연구』, 일조각, 1992.
허흥식, 『고려사회사연구』, 아세아문화사, 1981.
송준호, 『조선사회사연구』, 일조각, 1987.
이동원 외, 『우리 이웃 열한 가족 이야기』, 이대 출판부, 1997.
이능화, 『조선여속고』, 동문선, 1990.
김용숙, 『한국여속사』, 민음사, 1989.
『한국사 시민강좌—한국사상의 여성』 15, 일조각, 1994.

한국여성개발원, 『한국 역사 속의 여성인물』(상·하), 1988.
변원림, 『역사 속의 한국 여인』, 일지사, 1995.
김수진, 「여성의 사회적 지위」, 『고려시대사강의』, 늘함께, 1997.
이배용 외, 『우리나라 여성들은 어떻게 살았을까 1』, 청년사, 1999.
정창권, 「조선 후기 장편 여성소설 연구」, 고려대 박사학위논문, 1999.
정창권, 『한국 고전여성소설의 재발견』, 지식산업사, 2002.
조혜정, 『한국의 남성과 여성』, 문학과지성사, 1988.
강명관, 『조선시대 문학예술의 생성공간』, 소명출판, 1996.
신경숙, 「안민영과 기녀」, 『민족문화』 10집, 한성대, 1999.

5. 미술사

『단원 김홍도』, 한국의 미 21, 중앙일보사, 1985.
『풍속화』, 한국의 미 19, 중앙일보사, 1985.
『한국민화』, 한국의 미 8, 중앙일보사, 1978.
『유럽박물관 소장 한국문화재』, 한국국제교류재단, 1995.
이태호, 『풍속화』(하나·둘), 대원사, 1995.
서울대박물관, 『한국 전통 회화』, 1993.
조흥윤, 『기산풍속화첩』, 범양사, 1984.
조풍연, 『사진으로 보는 조선시대—생활과 풍속』, 서문당, 1986.
조선미, 『한국초상화연구』, 열화당, 1983.
박정혜, 『조선시대 궁중기록화 연구』, 일지사, 2000.
정병모, 「조선 후기 풍속화 연구」, 동국대 박사논문, 1993.
이태호, 「조선 후기 풍속화와 기록화에 나타난 연주장면」, 『한국학연구』 7, 1995.
이태호·백대웅, 「옛그림과 우리음악 3」, 『가나아트』 1989, 1·2.

이영숙, 「윤두서 회화세계」, 『미술사연구』 창간호, 1988.
이미야, 「17세기 조선중기 경수연도의 실적」, 『년보』 8, 부산시립박물관, 1985.
박정혜, 「수원능행도병 연구」, 『미술사학연구』 189, 1991. 3.
박정혜, 「조선시대 의령남씨 가전화첩」, 『미술사연구』 2, 1988, 미술사연구회.

6. 음식사

윤서석 외 역, 『제민요술』, 민음사, 1993.
빙허각 이씨, 『규합총서』, 보진재, 1975.
김기숙·한경선, 『음식과 식생활 문화』, 대한교과서, 1997.
강인희, 『한국식생활사』, 삼영사, 1990.
윤서석, 「한국인의 삶과 식문화」, 『한국의 기층문화』, 한길사, 1987.
주영하, 『음식전쟁 문화전쟁』, 사계절, 2000.
황혜성, 『음식디미방』, 궁중음식연구원, 1999.
한상숙 구술, 『밥해 먹으믄 바느질허랴 바느질 아니믄 빨래허랴』, 뿌리깊은나무, 1991.
성춘식 구술, 『이부자리 피이놓고 암만 바래도 안와』, 뿌리깊은나무, 1990.
박록담·윤숙자, 『우리의 부엌살림』, 삶과꿈, 1997.
김광언, 『한국의 부엌』, 대원사, 1997.
신미혜, 『엄마도 모르는 양념공식 요리법』, 세종서적, 1996.
한복려, 『우리가 정말 알아야할 우리음식 백가지』 1·2, 현암사, 1998.

7. 복식사

블랑쉬 페인, 이종남 외 역, 『복식의 역사』, 까치, 1998
박경자, 『한국의 복식』, 한국문화재보호협회, 1982.
이팔찬, 『리조복식도감』, 동문선, 1991.
조효순, 『한국복식풍속사연구』, 일지사, 1988.
이여성, 『조선복식고』, 1947.
김동욱, 『증보 한국복식사연구』, 아세아문화사, 1973.
석주선, 『한국복식사』, 보진재, 1971.
권규순, 『우리옷의 변천과 재봉』, 수학사, 1965.
국립민속박물관, 『한국복식 2천년』, 1996
국립민속박물관, 『오백년의 침묵, 그리고 환생』, 2000.
『한국복식사자료선집』 조선편 1, 교문사, 1982.
박성실, 『한국사』 25, 국사편찬위원회, 1994.
심부자·전혜숙, 「문익신묘의 출토복식」, 『복식』 10, 1986.
이주원, 「평안감사 환영도의 복식고찰」, 『복식』 4, 1981.

8. 건축사

리화선, 『조선건축사 I』, 발언, 1993.
신영훈, 『궁실 민가』, 중앙일보, 1984.
신영훈, 『한국사』 25, 국사편찬위원회, 1994.
장경호, 『한국의 전통건축』, 문예출판사, 1992.
김동욱, 『조선시대 건축의 이해』, 서울대 출판부, 1999.
박영순 외, 『우리 옛집 이야기』, 열화당, 1998.

김광언, 『정읍 김씨집』, 열화당, 1980.
국립민속박물관·전라남도, 『구례 운조루』, 1988.
승주군, 『낙안성 민속보존마을 조사연구보고서』, 1979.
선우전, 「우리의 의복비 거주비 오락비에 대하여」, 『개벽』 24, 1922, 6월호.
최순우, 「한국의 화로와 그 역사」, 『세대』, 세대사, 1963.
정래혁, 『한국의 고등기』, 한국전력주식회사, 1968.
김정호, 『걸어서 가던 한양 옛길』, 향지사, 1999.
손정목, 『조선시대 도시사회 연구』, 일지사, 1977.
조성윤, 「조선 후기 서울 주민의 신분 구조와 그 변화」, 연대 박사논문, 1992.

9. 농업사·노비사

오스카 루이스, 이덕성 역, 『떼뽀스뜰란 마을』, 교문사, 1998.
베르나르트 슬리허 반 바트, 이기영 역, 『서유럽농업사』, 까치, 1999.
농촌진흥청, 『농가집성』, 1972.
장국종, 『조선농업사』, 백산자료원, 1998.
서병폐, 「강릉 선교장의 추수기 분석」, 『서지학보』 3, 1990.
이호철, 「조선 전기의 농업환경과 그 경영」, 『농업경제사연구』, 경북대 출판부, 1992.
김안숙·이호철, 「조선 전기 농장경영과 노비」, 『경영사학』 1, 1986.
김건태, 「16세기 양반지주층의 경제활동」, 『역사와 현실』 16, 1995.
이재룡, 『조선 전기 경제구조 연구』, 숭실대 출판부, 1999.
김종현, 「장원의 구조」, 『경제사』, 1979.
김석형, 『조선봉건시대 농민의 계급구성』, 신서원, 1957.
지승종, 『조선 전기 노비신분연구』, 일조각, 1995.
전형택, 「한국 노비의 존재양태」, 『노비·농노·노예』, 일조각, 1998.

이종하, 「조선왕조에서의 노비 고공 및 비부의 법적 지위」, 『영남대논문집』 10, 1997.

한영국, 「조선 중엽의 노비결혼양상(상·하)」, 『역사학보』 75~77, 1977~1978.

백승종, 「경상도 단성현 도산면 문태리의 私奴 흥종과 흥룡 일가」,
　　　『진단학보』 70, 1990

김광언, 『정읍 김씨집』, 열화당, 1980.

홀로 벼슬하며 그대를 생각하노라

2003년 1월 20일 1판 1쇄
2020년 3월 6일 1판 15쇄

지은이 | 정창권

편집 | 류형식·강현주
디자인 | 김수미
제작 | 박흥기
마케팅 | 이병규·양현범·이장열
홍보 | 조민희·강효원

출력 | 블루엔
인쇄 | 천일문화사
제책 | 정문바인텍

펴낸이 | 강맑실
펴낸곳 | (주)사계절출판사
등록 | 제406-2003-034호
주소 | (우)10881 경기도 파주시 회동길 252
전화 | 031)955-8588, 8558
전송 | 마케팅부 031)955-8595 편집부 031)955-8596
홈페이지 | www.sakyejul.net 전자우편 | skj@sakyejul.com
블로그 | skjmail.blog.me 페이스북 | facebook.com/sakyejul
트위터 | twitter.com/sakyejul

ⓒ 정창권, 2003

값은 뒤표지에 적혀 있습니다.
잘못 만든 책은 구입하신 서점에서 바꾸어 드립니다.

사계절출판사는 성장의 의미를 생각합니다.
사계절출판사는 독자 여러분의 의견에 늘 귀 기울이고 있습니다.

이 책은 저작권법에 따라 보호받는 저작물이므로 무단전재와 무단복제를 금합니다.

ISBN 978-89-7196-932-8 03910